해피 니팅
Happy Knitting

대바늘로 뜨는 귀여운 동물과 생활 속 무늬 100가지

이부키 히로코 지음 / 제리 옮김

시작하며

《플라워 니팅》에 이은 두 번째 패턴집은 '내 마음속에 쌓아 왔던 모티브를 뜨기'로 하였습니다. 의욕에 넘쳐 책상 앞에 앉아 많은 모티브를 스케치북에 그렸습니다. '이건 뺄 수 없지. 저것도 뜨고 싶어!'라며 한 해에 걸쳐 뜬 패턴은 100장! 여러가지 동물이나 주변의 물건, 나답게 배치한 페어아일이나 아란 무늬 등 팝하고 컬러풀한 뜨개 바탕이 완성되었습니다. 아, 귀여워라!

이 책은 내가 좋아하는 것을 나타낸 것이라는 생각을 줄곧 해왔습니다. 새로 생각한 뜨개 바탕이지만 발상의 뿌리는 어린 시절부터 지금까지 마음 속에 담아 둔 것입니다. 마음 속 서랍을 열면 어린 시절에 읽었던 책, 올려다 보던 하늘, 손에 쥔 나무 열매, 서늘한 감촉, 활기찬 동물들, 다양한 색과 형태가 차례차례 눈 앞에 떠올랐습니다.

그것들을 뜨개 도안으로 만들고 실을 골라 부지런히 손을 움직였습니다. 이렇게 탄생한 뜨개 바탕을 여러분께서 즐겨 주시면 진심으로 기쁠 것입니다. 급히 생각해낸 것이 아니라 몇십 년간 소중하게 마음속에 간직하고 있던 것이니까요.
100장에 넘쳐나는 즐거움과 귀여움을 아무쪼록 즐겨 주시길 바랍니다.

이부키 히로코 伊吹広子

이 책에 대하여

이 책에는 100장의 패턴과 스와치가 게재되어 있습니다. 동물을 유쾌하기 그린 것, 생활 속에서 사용하는 물건들을 반복하여 떠 넣은 것, 귀여운 모양, 전통적인 무늬의 배열, 심플한 배색에 입체감이나 자수도 더한 것 등 여러가지 뜨개 기법에도 도전했습니다.

스와치만으로도 예쁜데 '이 패턴을 작품으로 만들면 얼마나 예쁠까'라는 마음에 의류, 가방, 소품을 떴습니다. '나라면 이 패턴으로 이 색'이라고 골라서 떠 놓았습니다만 여러분은 어떤 패턴을 어떤 색으로 뜰까요? 생각만으로도 기쁘고 두근두근합니다.

작품은 되도록이면 간단하고 취향에 맞춰 변경하기 쉬운 형태로 만들었습니다. 뜨는 법의 과정, 컬럼에 약간의 어드바이스도 넣어 두었으므로 참고해 주세요.

스와치 페이지에 대하여

스와치 사진 옆 페이지에 도안을 실었습니다. 스와치가 말리지 않도록 가장자리에 가터 뜨기를 했습니다. 도안에서는 테두리를 생략했습니다.

- 반복 무늬는 부분적인 도안으로 게재하기도 하였습니다.
- 패턴에 따라 배색 무늬 부분의 실을 미리 잘라두기도 합니다. 그 때의 실의 길이는 근삿값입니다. 실에 따라 길이가 달라집니다. 시험뜨기를 했다가 실을 다시 풀어 길이를 재서 자신의 길이를 구합시다.
- 10코, 10단마다 굵은 선을 그어 놓았으니 기준선으로 사용해 주세요.
- 색이 다른 스와치는 실의 색 번호만을 게재했습니다.
- 8, 58, 73, 76, 78, 100, 101, 118, 119, 134, 136, 137페이지의 뜨는 법 해설 사진도 참고해 주세요.

차례

동물

생활

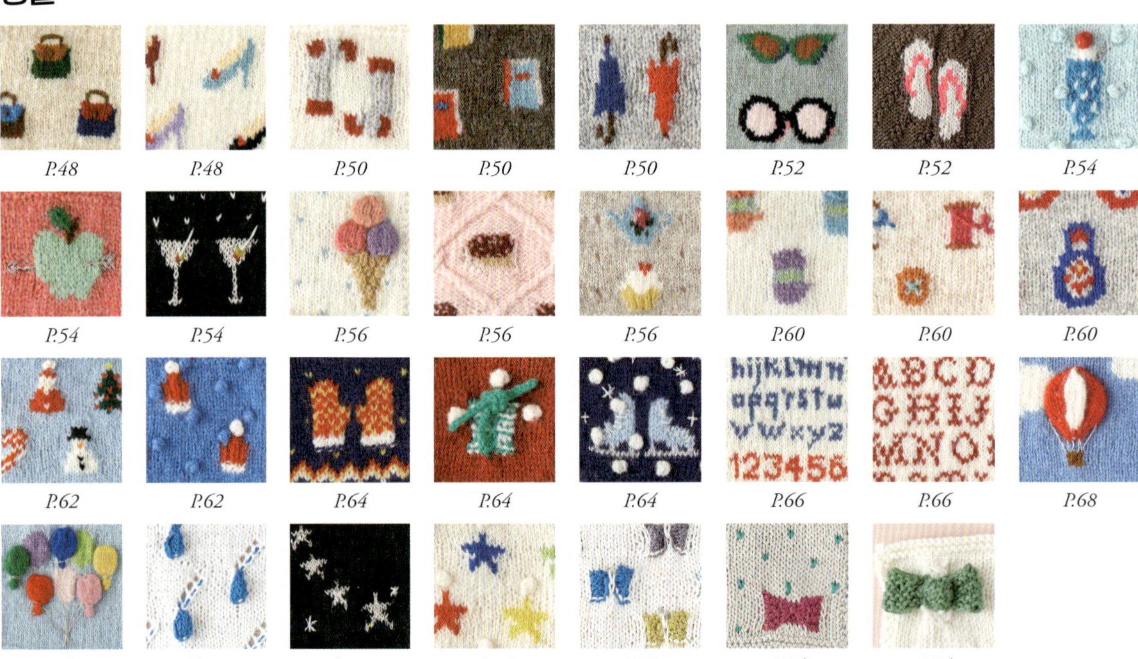

기타 무늬

P.86　　P.86　　P.88　　P.88　　P.90　　P.90　　P.92　　P.92

P.94　　P.94　　P.94　　P.96　　P.96　　P.98　　P.98　　P.102

P.102　　P.102　　P.104　　P.104

단색 무늬

P.108　　P.108　　P.110　　P.110　　P.110　　P.112　　P.112　　P.114

P.114　　P.114　　P.116　　P.116　　P.116

도구   이 책에서 사용한 도구를 소개합니다.

1. **줄바늘** 대바늘에 코드(줄)를 연결한 바늘. 원통뜨기에 사용합니다. 평면뜨기할 때에 사용해도 좋습니다.
옷을 뜰 때에는 줄이 긴 것을 사용하고, 핸드워머 등에는 짧은 것을 사용합니다. 콧수에 맞춰서 길이를 선택하면 됩니다.
2. **막대바늘** 평면뜨기(왕복뜨기)에 사용합니다. 여러 가지 소재의 바늘이 있으므로 자신에게 맞는 것을 선택해 주세요
3. **자수바늘** 뜨개실이 통과하는 끝이 뾰족한 자수바늘. 뜨개 바탕을 꿰맬 때, 이을 때, 실을 정리할 때에 사용합니다.
4. **핀쿠션, 핀, 재봉 바늘** 핀은 뜨개 바탕끼리 고정시킬 때 등에 사용합니다. 재봉 바늘은 펠트나 비즈를 꿰매거나 장식할 때에 사용합니다.
5. **꽈배기바늘** 교차 무늬를 뜰 때에 사용합니다. 교차시키고 싶은 코에 끼워서 쉼코로 두고 나서 뜹니다.
6. **콧수링** 대바늘에 끼워서 콧수를 표시합니다.
7. **자, 줄자** 게이지나 편물의 크기를 잴 때에 사용합니다.
8. **코바늘** 바늘 끝이 고리 모양으로 뜨개실을 걸도록 되어 있습니다. 뜨개 바탕끼리 꿰맬 때나 구슬뜨기에 사용합니다
9. **어깨핀** 뜨는 도중에 뜨개 바탕의 코를 쉬어둘 때에 사용합니다. 실 등을 대신 사용해도 괜찮습니다.
10. **가위** 실을 자를 때에는 작은 것으로 충분합니다. 가방의 주머니의 원단을 재봉할 때에는 재봉 가위를 사용합니다

다림질 하는 법   뜨개를 끝내면 꼭 다림질을 합시다. 뜨개코가 깔끔하게 정돈됩니다.

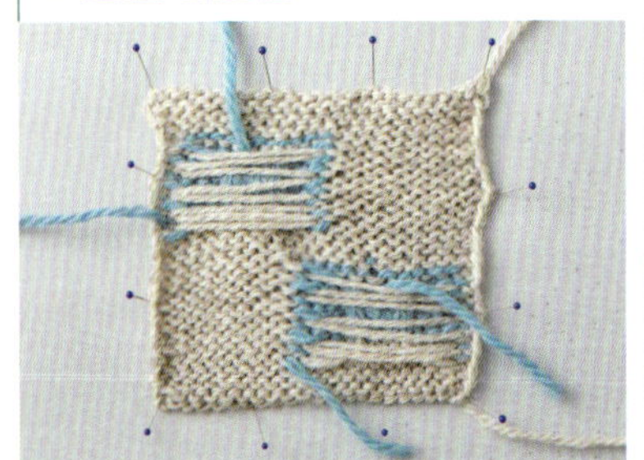

1 다리미판에 뜨개 바탕의 안면을 위로 보이게 놓고, 모양을 정리하여 핀으로 고정합니다.

2 스팀다리미를 살짝 띄워서 안면만을 다림질합니다. 그대로 뜨개 바탕을 식힙니다.

3 완성. 뜨개코가 정돈되어 무늬도 또렷하게 나오게 되었습니다. 이 상태로 게이지를 계산합니다.

재료

이 책의 작품을 만들 때 사용한 실을 소개합니다. 수예점이나 온라인 쇼핑몰 등에서 구입할 수 있습니다.

다루마(DARUMA)

라메레이스 #30, 린넨라미코튼(병태), 긱, 수퍼워시 스패니시 메리노, 체비엇울, 셰틀랜드울, 포클랜드울, NEON, 손으로 짠듯한 탐실

퍼피(Puppy)

브리티시 에로이카, 모나르카, 차스카, 미라 울(펄), 퍼피 린넨100, 퀸 애니, 베이비 애니, 코튼 코나, 실크 스핀 라메, 알바, 키드모헤어 파인, 유리카 모헤어, 브리티시파인, 셰틀랜드

디엠씨(DMC)

해피코튼

※ 스와치에는 제이미슨스 스핀드리프트를 다수 사용했으나 퍼피의 브리티시 파인 등, 중세사中細糸로 바꿔서 뜰 수도 있습니다.
실은 수예점이나 온라인몰에서 구입할 수 있습니다.

* 중세사: 표준 게이지 27코×32단 정도의 실

로완(ROWAN)

펠트트위드, 키드실크헤이즈

제이미슨스(Jamieson's)

셰틀랜드 스핀드리프트

자수실

DMC

라이트이펙트 자수실, 25번

배색뜨기 기본 기법

실을 가로로 보내며 뜨는 법(가로 배색)과 세로로 보내며 뜨는 법(세로 배색)이 있습니다. 두 방법 모두 안면에서 건너는 실이 당겨지거나 늘어지지 않도록 당기는 힘을 일정하게 조정하여 뜹니다. 가로로 길게(5cm 이상) 건너는 경우에는 도중에 실을 걸어줍니다.

가로 배색

1 실을 걸 코의 바로 앞 코를 뜨기 전에 배색실(검정)을 교차시켜서 끼워 넣습니다.

2 색을 바꿀 코의 바로 앞 코를 바탕실(하늘색)으로 뜹니다.

3 뒤에서 실을 교차시켜서 배색실로 뜹니다. 같은 단에서 배색실과 바탕실이 위아래가 바뀌어 꼬이지 않으면 괜찮습니다. 바탕실을 아래에 놓았다면 계속 아래에 오도록 교차시켜 주세요.

실 걸기

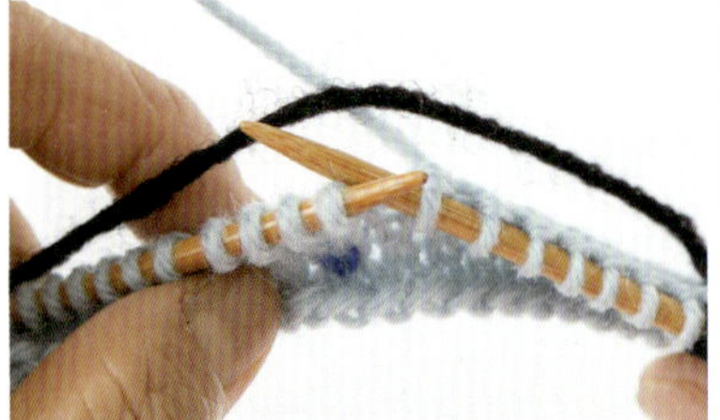

1 안면에서 실이 가로로 길게 건너는 경우에는 뜨는 도중에 실을 걸어둡니다. 바탕실과 배색실을 교차시킵니다.

2 바탕실로 1코를 뜹니다. 안면에서 배색실이 걸려있는 상태입니다. 그대로 바탕실로 필요한 콧수만큼 뜹니다.

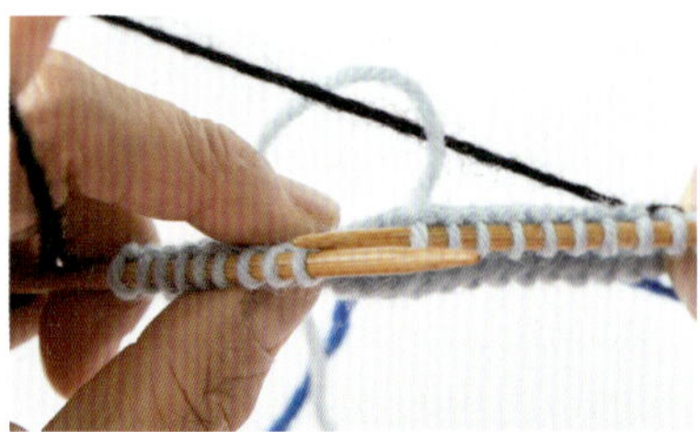

3 배색실로 바꿀 때에는 뒤에서 실을 교차시켜 뜹니다.

세로 배색

1 안뜨기를 세로 배색으로 뜹니다. 실을 바꿀 코의 앞 코를 뜨기 전에 배색실을 교차시킵니다. 바탕실이 아래에 배색실이 위에 있습니다.

2 그대로 바탕실로 1코를 뜹니다. 배색실이 오른 바늘로 건너가는 형태가 되었습니다.

3 다음 코를 배색실로 바꿔서 뜹니다.

Point

이 책의 패턴 중에는 배색에 필요한 실을 미리 잘라두도록 설명한 것이 있습니다. 실을 잘라두느라 번거롭고 정리할 것도 많아지지만 건너는 실이 적어지고 서로 엉키지 않아 뜨개가 손쉬워집니다. 각 패턴에 기재된 길이를 참고해 주세요.

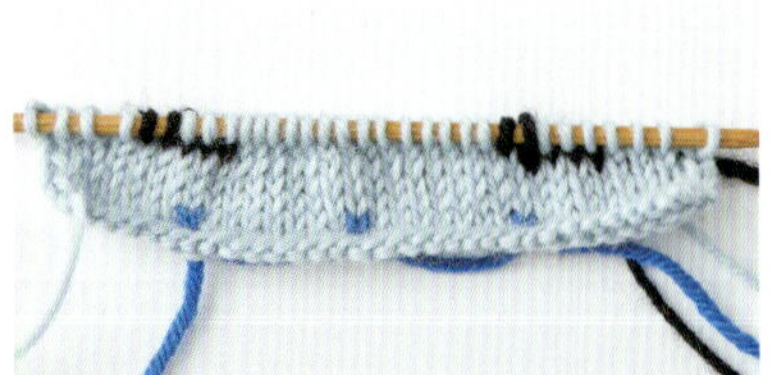

4 실이 사진과 같은 모습으로 걸렸습니다. 뜨개코에서 그대로 세로로 건너는 것이 아니라 1코 전에서 실을 교차시켜 두는 것을 잊지 맙시다.

5 겉면에서 보면 사진처럼 세로로 뜨개코가 연결되어 있습니다.

뜨개를 끝내면 실 끝을 안면에서 꿰어서 빠지지 않도록 정리합니다.

1 자수바늘(돗바늘)에 실을 꿰어 같은 색 실로 넣습니다.

2 실의 아래를 지나는 것이 아니라 실을 갈라 그 사이로 바늘을 넣습니다.

3 마지막으로 실을 손으로 단단히 잡고 편물을 살짝 눌러 당깁니다. 이렇게 함으로써 겉면의 코가 딱 적당한 크기가 됩니다. 여분의 실을 잘라냅니다.

스와치의 뜨개 기호

이 책의 스와치 100장에 사용한 뜨개 도안 기호입니다. 뜨는 법은 사진 해설과 뜨는 법 그림 해설을 참고하세요.

대바늘

- 겉뜨기
- 안뜨기
- 걸러뜨기
- 돌려뜨기
- 돌려뜨기(안뜨기)
- 덮어씌우기 코막음
- 감아코로 늘리기
- 오른코 위 2코 모아뜨기
- 왼코 위 2코 모아뜨기
- 오른코 위 2코 모아뜨기(안뜨기)
- 왼코 위 2코 모아뜨기(안뜨기)
- 오른코 위 3코 모아뜨기
- 왼코 위 3코 모아뜨기
- 중심 3코 모아뜨기
- 실 앞 걸러뜨기
- 걸러뜨기
- 걸러뜨기(안뜨기)
- 끌어올려 뜨기

- 왼코 위 1코 교차뜨기
- 오른코 위 1코 교차뜨기
- 왼코 위 1코 교차뜨기(아래코 안뜨기)
- 오른코 위 1코 교차뜨기(아래코 안뜨기)
- 오른코 위 1코 교차뜨기(가운데 겉뜨기1코)
- 오른코 위 2코 교차뜨기
- 왼코 위 2코 교차뜨기
- 오른코 위 2코 교차뜨기(아래코 안뜨기)
- 왼코 위 2코 교차뜨기(아래코 안뜨기)
- 오른코 위 2코 교차뜨기(가운데 안뜨기 1코)
- 오른코 위 2코 교차뜨기(가운데 안뜨기 2코)
- 왼코 위 2코 교차뜨기(가운데 안뜨기 2코)
- 오른코 위 3코 교차뜨기(가운데 안뜨기 1코)
- 오른코 위 4코 교차뜨기(위, 아래 2코 안뜨기)
- 왼코 위 4코 교차뜨기(위, 아래 2코 안뜨기)
- 오른코 위 2코와 1코 교차뜨기(아래코 안뜨기)
- 왼코 위 2코와 1코 교차뜨기(아래코 안뜨기)
- 오른코 위 1코와 2코 교차뜨기(아래코 안뜨기)
- 왼코 위 1코와 2코 교차뜨기(아래코 안뜨기)

- 오른코 위 5코 모아뜨기
- 오른코 위 7코 모아뜨기
- 오른코 위 11코 모아뜨기

- $\boxed{3}$ = I O I
- $\boxed{5}$ = I O I O I   코늘림(1코에 떠넣기)
- $\boxed{11}$ = I O I O I O I O I O I

- 엠보스 스티치
- =

코바늘

- 사슬뜨기
- 긴뜨기 3코 구슬뜨기
- 긴뜨기 2코 구슬뜨기

구슬뜨기

코바늘로 빼뜨기
사슬뜨기 1코
= I O I
코늘림
(1코에 겉뜨기-걸어뜨기-겉뜨기)
늘림코에 빼뜨기

※ 대바늘 구슬뜨기에는 뜨개 바탕을 뒤집어가며 떠서 구슬을 만들고 바늘에 되돌린 후 떠 나가는 위 그림의 방법(뜨개 도안에서는 1단이 됩니다. 134페이지 참조)과 58페이지의 구슬뜨기와 같이 몇 단에 걸쳐 뜨는 방법이 있습니다.

동물

큰 패턴도 있고 연속되는 작은 패턴도 있습니다. 한눈에 어떤 동물인지 알 수 있도록 기본적으로는 실제 색깔로 떴습니다만 여러분이 좋아하는 색으로 도전해 보는 것도 즐거울 것입니다.

사자

실

[제이미슨스] 스핀드리프트

■ #259 레프러콘　□ #104 내추럴 화이트

■ #1190 어두운 갈색　■ #1160 양골담초

■ #999 블랙

[퍼피] 키드모헤어 파인

□ #54 라이트베이지

2겹으로 합쳐 뜨기

■ #1160 양골담초 + #54 라이트베이지

바늘　대바늘 4호(3.3㎜), 코바늘 4/0호

뜨개 바탕　35코×42단

게이지　24코×34단/10㎝×10㎝

난이도　★★☆

※ 더블 체인은 136페이지 참조

⊠ 더블 체인 3코　　　⊠ 더블 체인 4코

□ = ■

Point

사자의 갈기를 입체적인 더블 체인으로 표현했습니다.
선호하는 길이만큼 만듭시다.

양의 꿈

실

[제이미슨스] 스핀드리프트

■ #999 블랙　□ #104 내추럴 화이트

□ #764 하늘색

바늘　대바늘 4호(3.3㎜), 코바늘 2/0호

뜨개 바탕　38코×36단

게이지　28코×32단/10㎝×10㎝

난이도　★★☆

※ 코바늘 구슬뜨기는 135페이지 참조

◉ =

긴뜨기 2코 구슬뜨기
코바늘 2/0호

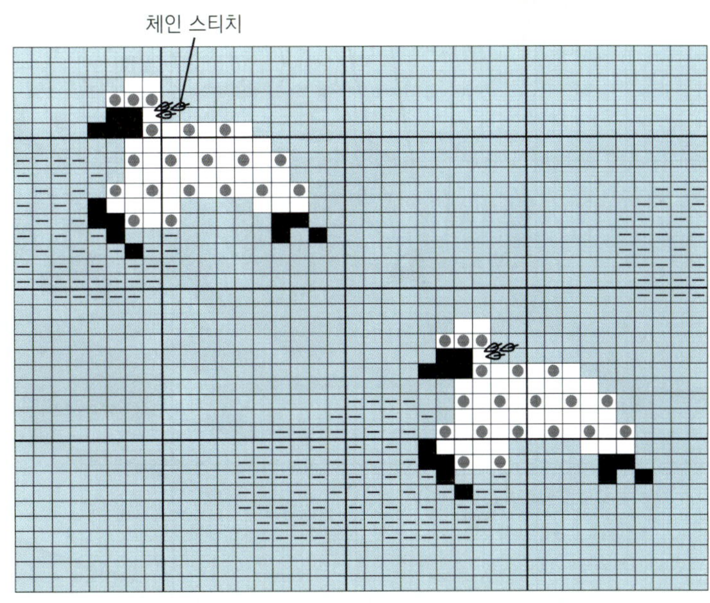

Point

잠들기 전에 한마리, 두마리… 하며 세는 중에 떠오르
는 이미지를 뜨개 바탕으로 만들었습니다. 꿈 속에서는
양도 하늘을 나네요.

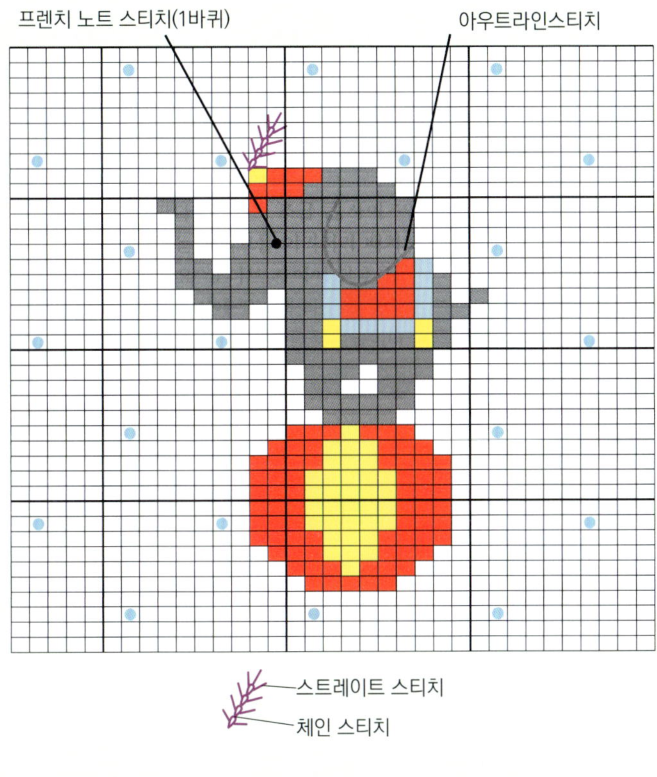

서커스

실

[제이미슨스] 스핀드리프트

□#104 내추럴 화이트　■#320 스틸　■#500 스칼렛

■#400 미모사　□#929 아쿠아

[DMC] 라이트이펙트　E718

바늘　대바늘 4호(3.3mm), 코바늘 2/0호

뜨개 바탕　35코×40단

게이지　26코×34단/10cm×10cm

난이도　★★☆

※ 코바늘 구슬뜨기는 135페이지 참조

※ 눈 자수에는 25번 자수실이나 가지고 있는 실을 사용한다.

바탕실

◙ =

긴뜨기 2코 구슬뜨기
코바늘 2/0호

Point
합태사 정도 굵기의 실로 아이용
스웨터를 뜨면 귀엽겠지요?

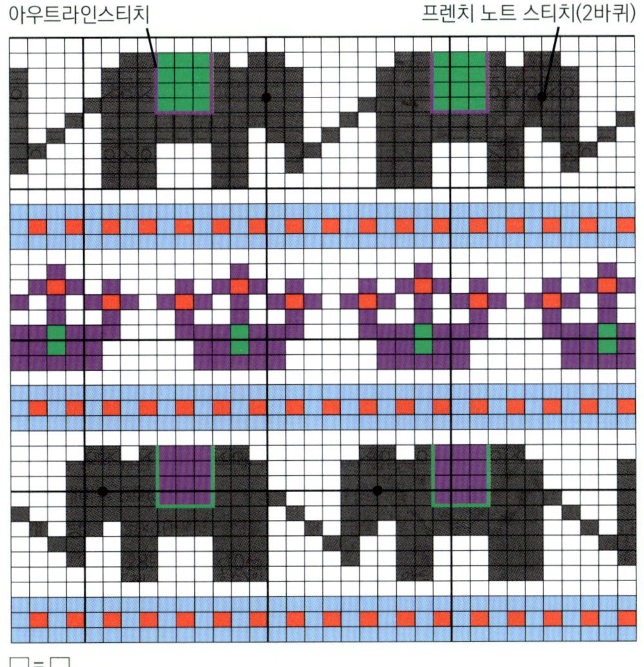

코끼리의 행진

실

[제이미슨스] 스핀드리프트

□#105 연베이지　□#660 라군　■#500 스칼렛

■#630 비둘기　■#599 조디악　■#792 에머랄드

바늘　대바늘 4호(3.3mm)

뜨개 바탕　34코×40단

게이지　27코×32단/10cm×10cm

난이도　★★☆

※ 눈 자수에는 25번 자수실이나 가지고 있는 실을 사용한다.

□ = □

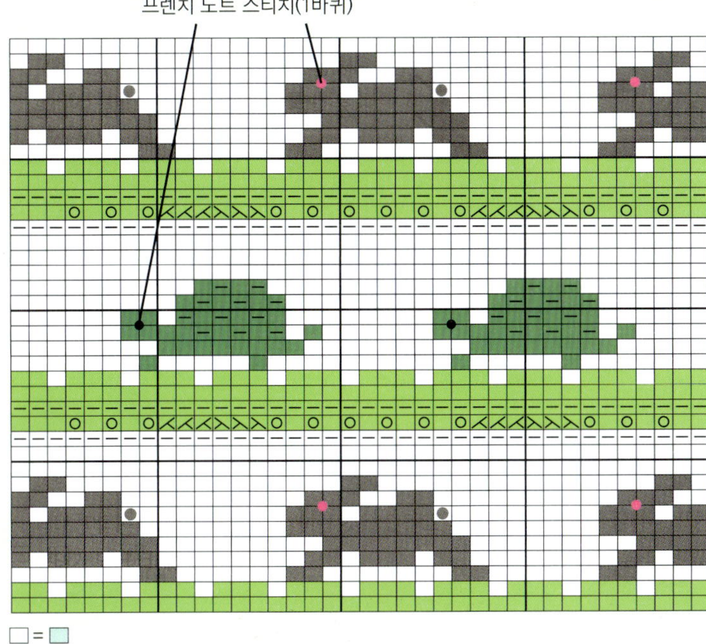

토끼와 거북이

실

[퍼피] 브리티시 파인

■ #080 연두　■ #055 녹색

■ #024 차콜그레이　□ #074 연파랑

■ #085 네온 핑크

바늘　대바늘 4호(3.3mm), 코바늘 2/0호

뜨개 바탕　38코×38단

게이지　32×32단/10㎝×10㎝

난이도　★★☆

※ 코바늘 구슬뜨기는 135페이지 참조

※ 눈 자수에는 25번 자수실이나 가지고 있는 실을 사용한다.

◉ =

긴뜨기 2코 구슬뜨기
코바늘 2/0호

버섯과 고슴도치

실

[퍼피] 브리티시 파인

■ #055 녹색　■ #080 연두　■ #006 빨강　□ #001 흰색

□ #021 라이트 베이지　■ #037 갈색

바늘　대바늘 4호(3.3mm)

뜨개 바탕　36코×38단

게이지　30코×30단/10㎝×10㎝

난이도　★★☆

※ 눈과 코 자수에는 25번 자수실이나 가지고 있는 실을 사용한다.

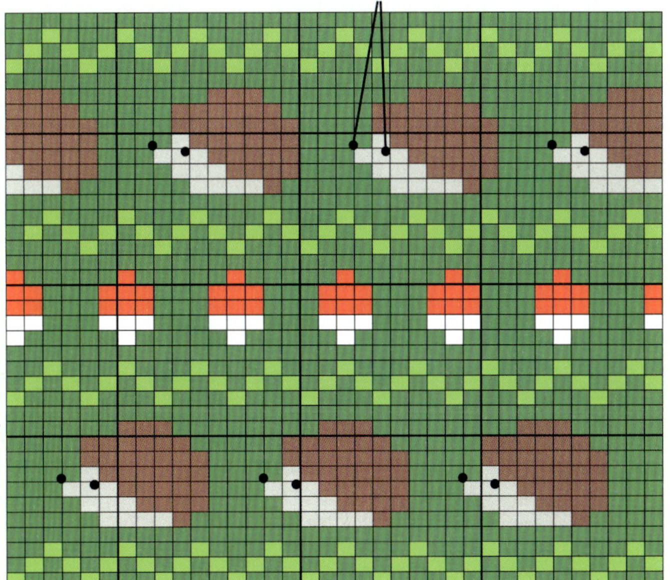

Point

스웨터 전체보다는 가슴이나 옷단에
보더 무늬로 넣어봅시다!

아기 양

실

[제이미슨스] 스핀드리프트

- ■ #259 레프러콘　□ #104 내추럴 화이트
- ■ #570 소르베　■ #788 리프　■ #390 수선화

[DMC] 25번 자수사 #310(양의 얼굴에 3겹으로 사용)

바늘　대바늘 4호(3.3㎜), 코바늘 2/0호

뜨개 바탕　40코×40단

게이지　26코×32단/10㎝×10㎝

난이도　★★☆

※ 배색무늬 실 분량: 양 무늬용으로 120㎝ 잘라 둔다.

꽃

코바늘2/0호

안면을 겉으로 하여 양의 머리에 꿰매 달고
가운데에 프렌치 노트 스티치로 수놓는다.

여우

실

[로완] 펠티드 트위드　■ #145 트리클

[퍼피] 알바

- ■ #1265 오렌지　□ #1219 아이보리

[퍼피] 코튼 코나　■ #18 검정(여우의 얼굴용)

바늘　대바늘 5호(3.6㎜)

뜨개 바탕　37코×40단

게이지　24코×30단/10㎝×10㎝

난이도　★☆☆

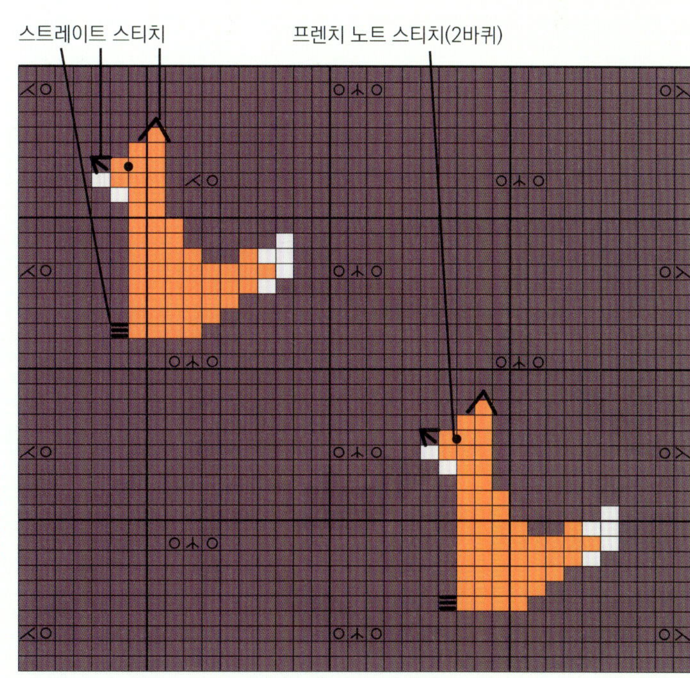

※ 배색무늬 실 분량:
　#1265는 130㎝, #1219는 60㎝로 잘라 둔다.
※ 이 무늬는 40페이지의 조끼에 사용한다. 140페이지 참조

산책하기 좋은 날

실

[제이미슨스] 스핀드리프트

☐ #105 연베이지　■ #879 구리　☐ #104 내추럴 화이트

■ #999 블랙　■ #700 로열 블루　■ #500 스칼렛

바늘　대바늘 5호(3.6㎜)

뜨개 바탕　36코×46단

게이지　26코×32단/10㎝×10㎝

난이도　★★☆

※ 배색무늬 실 분량: #879는 100cm, #104는 25cm,
　 #999, #700, #500은 40cm로 잘라 둔다.

가벼운 발걸음에, 콧노래라도 들려올 것 같은 즐거운
패턴입니다. 자잘한 배색 무늬이므로 실을 바꿀 때에
는 늘어지지 않도록 실을 당겨 뜹시다.

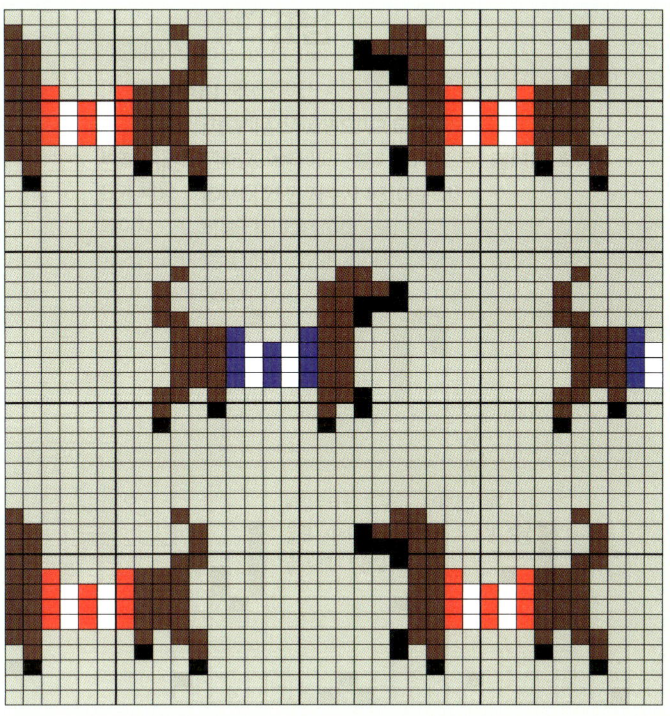

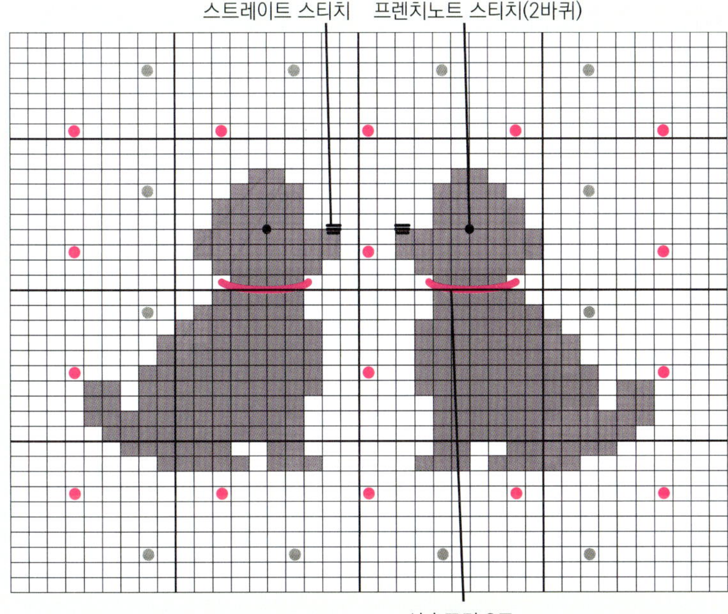

푸들 북엔드

실

[퍼피] 브리티시 파인

☐ #001 흰색　■ #085 네온 핑크

■ #040 베이지　■ #008 검정

[퍼피] 유리카 모헤어

■ #311 로즈 그레이

바늘　대바늘 5호(3.6㎜), 코바늘 3/0호

뜨개 바탕　39코×37단

게이지　24코×30단/10㎝×10㎝

난이도　★★☆

※ 코바늘 구슬뜨기는 135페이지 참조

※ 바탕실인 #001은 2가닥을 한 번에 잡아 뜬다.

■☐ ■● =

긴뜨기 2코 구슬뜨기
코바늘 3/0호

a

b

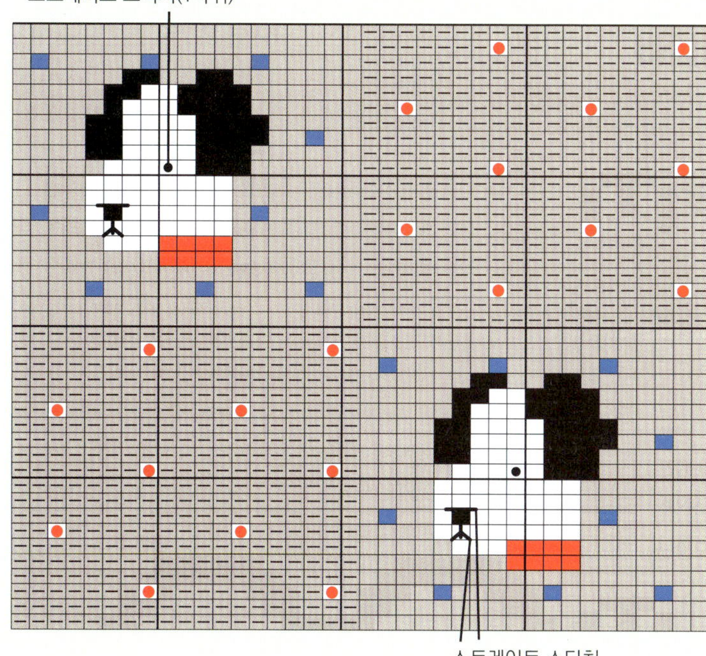

스코티시테리어의 얼굴

실

[제이미슨스] 스핀드리프트

☐ #106 무스킷　■ #999 블랙

☐ #104 내추럴 화이트　■ #500 스칼렛

■ #676 사파이어

바늘　대바늘 4호(3.3㎜), 코바늘 2/0호

뜨개 바탕　38코×40단

게이지　26코×36단/10㎝×10㎝

난이도　★★☆

※ 코바늘 구슬뜨기는 135페이지 참조

◉ =

긴뜨기 2코 구슬뜨기
코바늘 2/0호

뜨개코　　　스트레이트 스티치

스코티시테리어

실

[제이미슨스] 스핀드리프트

a

■ #103 쇼밋　■ #999 블랙

■ #500 스칼렛　■ #788 리프

■ #570 소르베　■ #676 사파이어

☐ #104 내추럴 화이트

☐ # 1160 양골담초

b

■ #478 앰버　☐ #104 내추럴 화이트

■ #999블랙　■ #684 코발트

☐ #550 로즈　■ #525 진홍색

☐ #760 카스피 해

바늘　대바늘 5호(3.6㎜), 코바늘3/0호

뜨개 바탕　44코×54단(b는 36코×40단)

게이지　26코×32단/10㎝×10㎝(b는 34단)

난이도　★★☆

※ 코바늘 구슬뜨기는 135페이지 참조

※ 배색무늬 실 분량:

　#999는 150cm, #500은 200cm,

　#788은 100cm, #570은 30cm로 잘라 둔다.

바탕실

 =

긴뜨기 2코 구슬뜨기
코바늘 3/0호

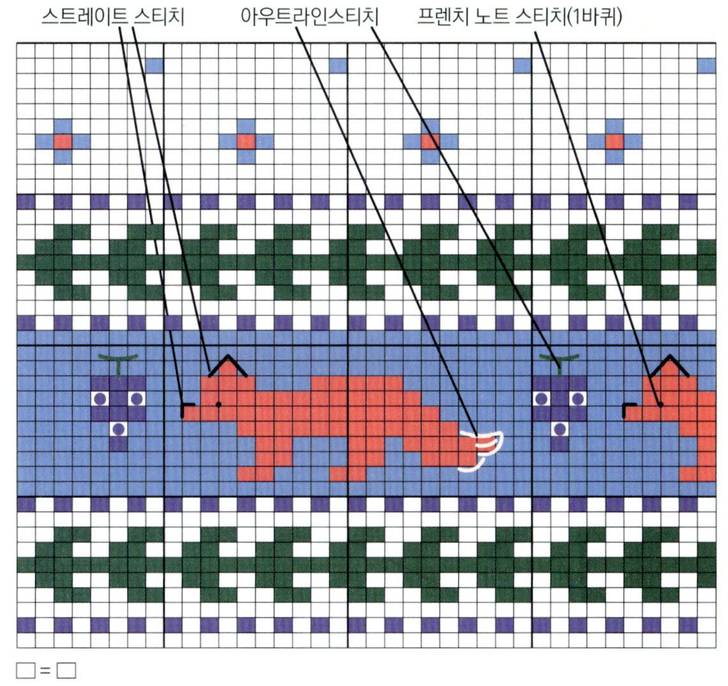

여우와 포도

실

[제이미슨스] 스핀드리프트

□#343 아이보리　■#524 양귀비　■#788 리프

■#1300 오브리에타　■#665 블루벨

바늘　대바늘 4호(3.3mm), 코바늘 2/0호

뜨개 바탕　38코×40단

게이지　26코×30단/10cm×10cm

난이도　★★☆

※ 코바늘 구슬뜨기는 135페이지 참조

※ 눈, 코, 귀는 25번 자수실이나

　가지고 있는 실을 사용한다.

 =

긴뜨기 2코 구슬뜨기

코바늘 2/0호

□ = □

숲의 쌍둥이

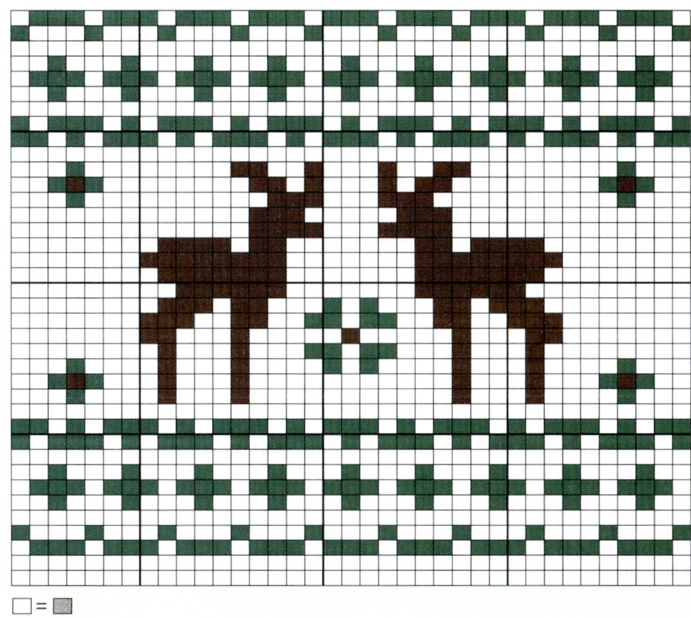

실

[제이미슨스] 스핀드리프트

■#119 무스킷/쇼밋　■#880 커피

■#788 리프

바늘　대바늘 4호(3.3mm)

뜨개 바탕　37코×38단

게이지　26코×30단/10cm×10cm

난이도　★★☆

□ = ■

발바닥

실

[퍼피] 브리티시 파인

□#001 흰색　■#031 핑크

바늘　대바늘 5호(3.6㎜)

뜨개 바탕　33코×41단

게이지　24코×36단/10㎝×10㎝

난이도　★★☆

※ #031은 2가닥을 한 번에 잡아 뜬다.
　60㎝로 2가닥씩 잘라 둔다.

뜨는 것만으로도 힐링되는 반려동물의 발바닥
육구肉球. 말랑말랑한 촉감을 내기 위해 발
바닥 부분은 2겹의 실로 뜹니다.

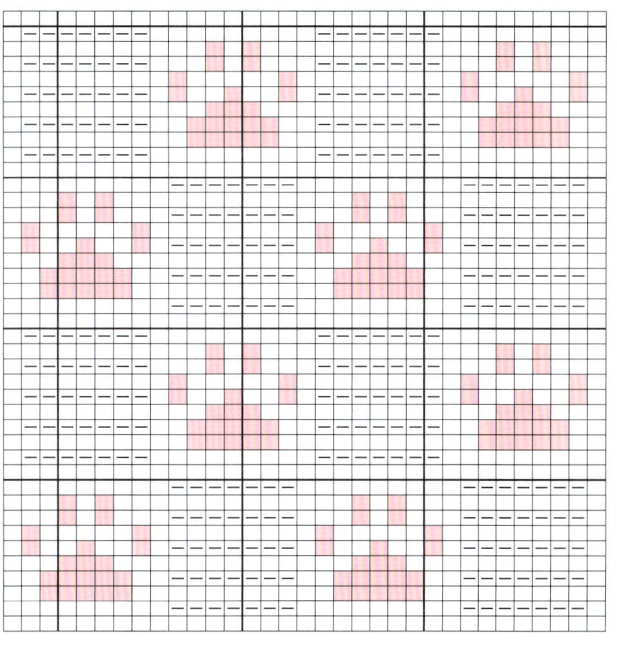

프렌치 노트 스티치(코는 1바퀴, 눈은 3바퀴)

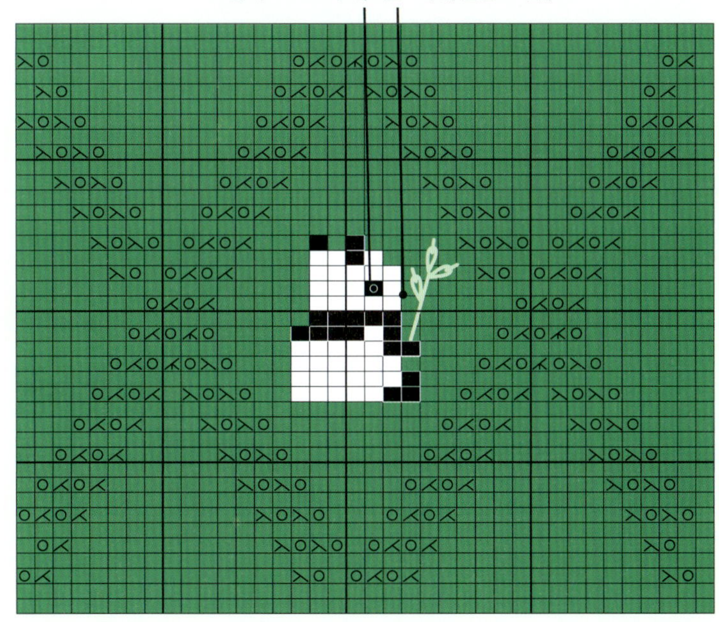

판다

실

[제이미슨스] 스핀드리프트

■#790 켈틱　■#999 블랙

□#104 내추럴 화이트　■#785 애플

바늘　대바늘 4호(3.3㎜)

뜨개 바탕　38코×39단/10㎝×10㎝

게이지　24코×30단/10㎝×10㎝

난이도　★★☆

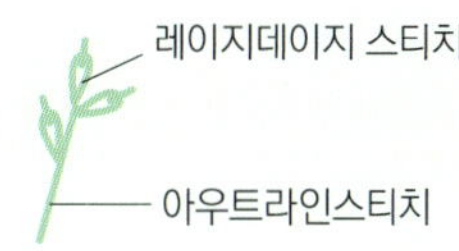

단독 생활을 하는 판다. 가장 좋아하는 대나무를
먹고 있는 모습을 모티브로 했습니다.
비침무늬로는 불어오는 바람을 표현했습니다.

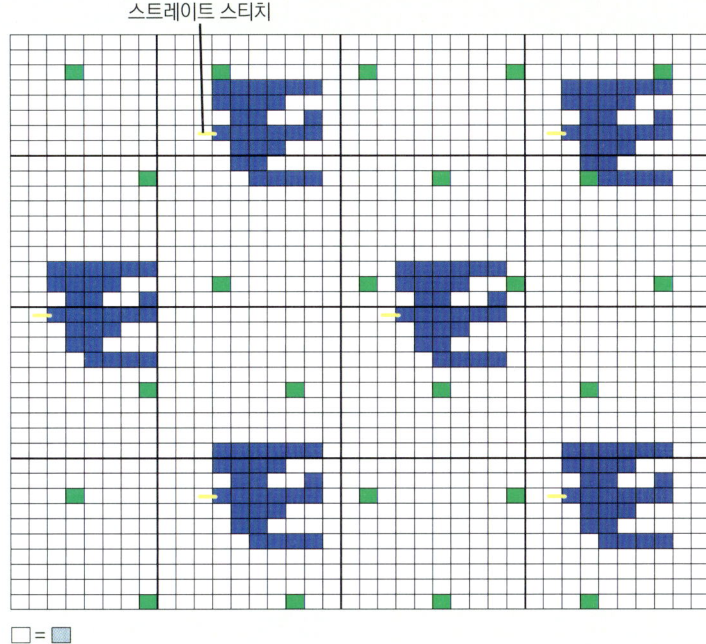

□ = （연하늘색 칸）

제비

실

[제이미슨스] 스핀드리프트

■ #684 코발트　■ #792 에메랄드

□ #655 차이나 블루　□ #400 미모사

실　대바늘 4호(3.3㎜)

뜨개 바탕　38코×38단

게이지　26코×32단/10㎝×10㎝

난이도　★☆☆

Point

제비 한 마리를 브로치로 만들어도 귀엽겠지요?

플라밍고

실

[다루마] 슈퍼워시 스패니시 메리노

■ #103 네온 피치

[제이미슨스] 스핀드리프트

■ #999 블랙　■ #540 코랄　■ #188 셔벗

□ #660 라군　□ #104 내추럴 화이트

실　대바늘 4호(3.3㎜), 코바늘 3/0호

뜨개 바탕　35코×42단

게이지　26코×34단/10㎝×10㎝

난이도　★★☆

※ #103은 2겹으로 뜬다

※ 코바늘 구슬뜨기는 135페이지 참조

□ =

긴뜨기 2코 구슬뜨기
코바늘 3/0호

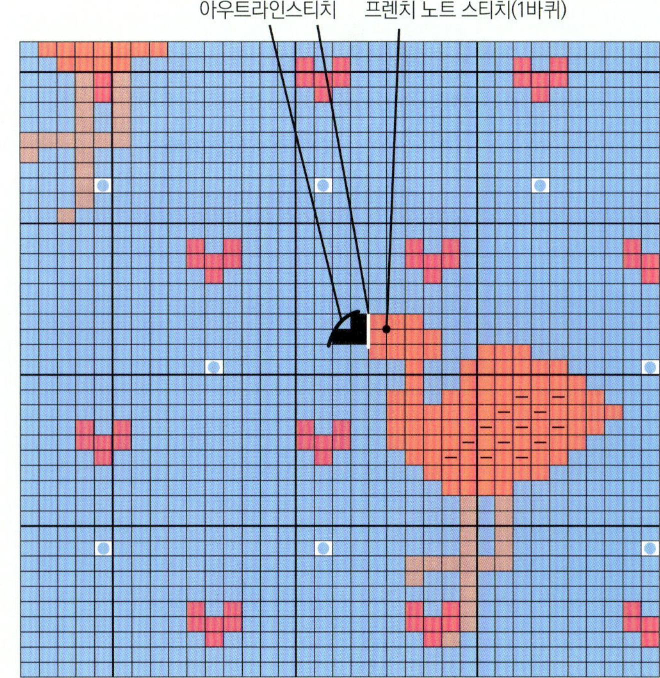

Point

플라밍고의 색으로 딱 맞는 실, 하트와 구슬뜨기로 팝&레트로적인 플로리다의 분위기를 표현했습니다.

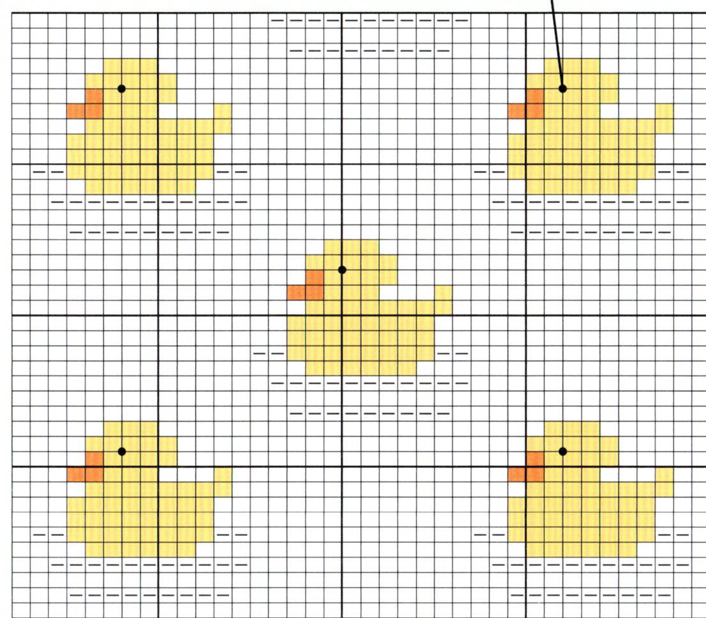

더키

실

[퍼피] 베이비 애니

☐#101 흰색　☐#102 노랑

[퍼피]셰틀랜드

■#43 오렌지

바늘　대바늘 5호(3.6㎜)

뜨개 바탕　38코×40단

게이지　26코×32단/10㎝×10㎝

난이도　★★☆

※ 배색무늬 실 분량:

　#102는 110cm, #43는 20cm로 잘라둔다.

※ 눈은 25번 자수실이나 가지고 있는 실을 사용한다.

Point

아기용 담요를 뜨는데 좋은 부드러운 실로 뜬 뜨개 바탕입니다. 무늬의 갯수를 조절할 때에는 오리 사이의 간격을 벌입니다.

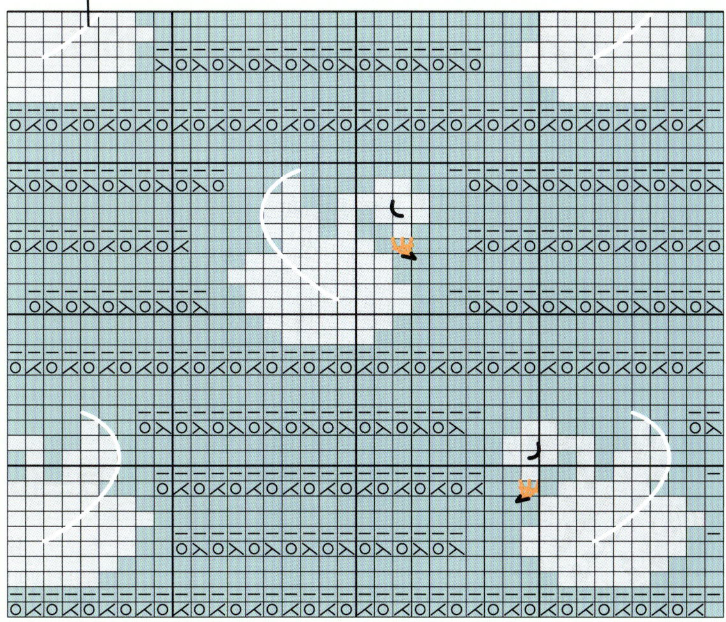

오데트

실

[제이미슨스] 스핀드리프트

☐#720 이슬방울　☐#104 내추럴 화이트

■#410 옥수수밭

[퍼피] 미로 울(펄)

☐#401 실버

[DMC] 25번 자수실 #310 (눈·부리)

2겹으로 합쳐 뜨기

☐#104 내추럴 화이트+#401 실버

바늘　대바늘 4호(3.3㎜)

뜨개 바탕　39코×40단

게이지　26코×34단/10㎝×10㎝

난이도　★★★

※ 배색무늬 실 분량:

　백조용으로 170cm 잘라 둔다.

Point

발레 〈백조의 호수〉의 오데트를 이미지로 만든 뜨개 바탕입니다. 흑조로 하면 오딜이 될까요?

부리　당겨서 고정　**코**

플라이 스티치　스트레이트 스티치　25번 자수실 6겹 스트레이트 스티치 고정

□ = ▨

마주침

실

[제이미슨스] 스핀드리프트

■#180 미스트　■#999 블랙　■#268 개장미

■#188 셔벗　■#792 에메랄드

[퍼피] 키드모헤어 파인

■#15 그레이

2겹으로 합쳐 뜨기

■#999 블랙+#15 그레이

바늘　대바늘 4호(3.3㎜), 코바늘 3/0호

뜨개 바탕　36코×42단

게이지　26코×34단/10㎝×10㎝

난이도　★★☆

※ 코바늘 구슬뜨기는 135페이지 참조

바탕실

● =

긴뜨기 2코 구슬뜨기
코바늘 3/0호

고양이×고양이

실

[제이미슨스] 스핀드리프트

■#320 스틸　■#999 블랙

□#104 내추럴 화이트　■#525 진홍색

■#684 코발트　■#792 Emerald

바늘　대바늘 4호(3.3㎜)

뜨개 바탕　40코×42단

게이지　22코×32단/10㎝×10㎝

난이도　★★☆

※ 배색무늬 실 분량:
　#999와 #104를 90cm로 잘라 둔다

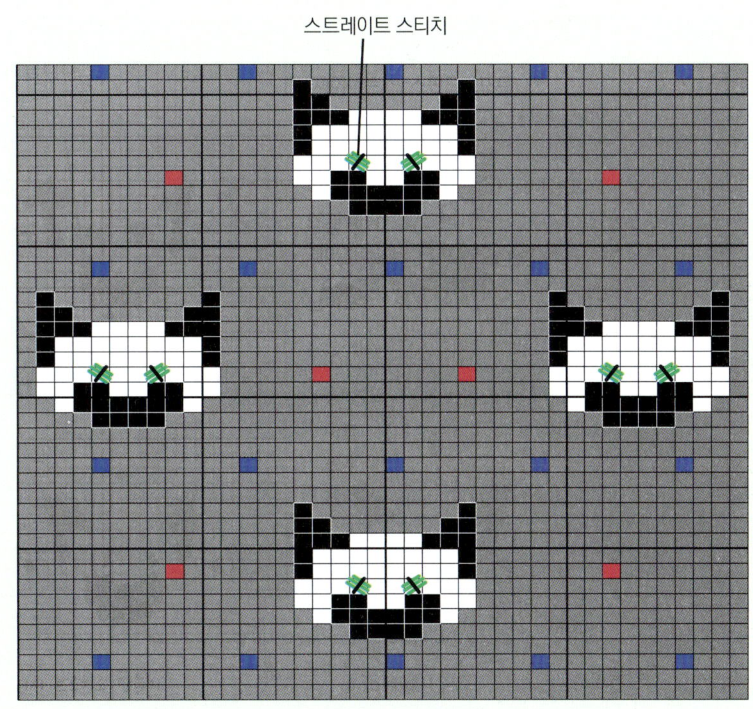

고양이와 털실

실

[퍼피] 브리티시 파인

☐#021 라이트 베이지　■#022 짙은 갈색

■#062 코발트 블루　■#035 머스터드

■#091 피스타치오

바늘　대바늘 4호(3.3mm)

뜨개 바탕　37코×38단

게이지　29코×32단/10cm×10cm

난이도　★★☆

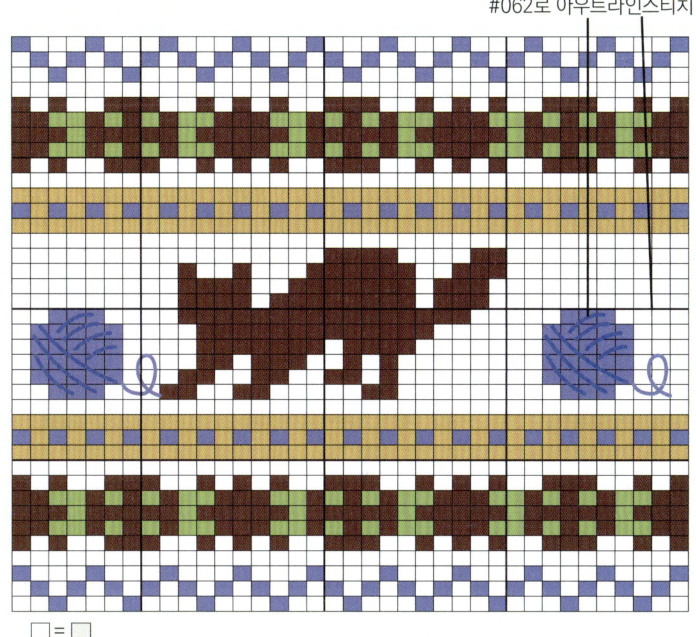

> 고양이와 털실. 이 세상에 넘쳐 흐르는 이미
> 지입니다. 페어아일 무늬와 조합하여 조끼를
> 뜨면 잘 어울릴 것입니다.

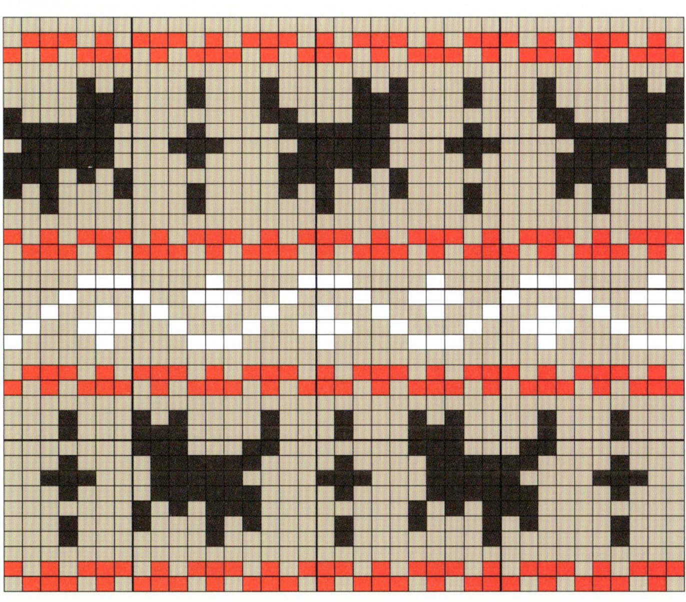

살금살금

실

[퍼피] 알바

☐#1082 라이트 베이지

■#1096 차콜그레이

■#5139 빨강　☐#0130 흰색

바늘　대바늘 6호(3.9mm)

뜨개 바탕　37코×38단

게이지　26코×28단/10cm×10cm

난이도　★★☆

> 규칙적으로 늘어선 고양이들의 모습이
> 귀여운 패턴입니다. 가방이나 옷에
> 사용하기에 좋습니다.

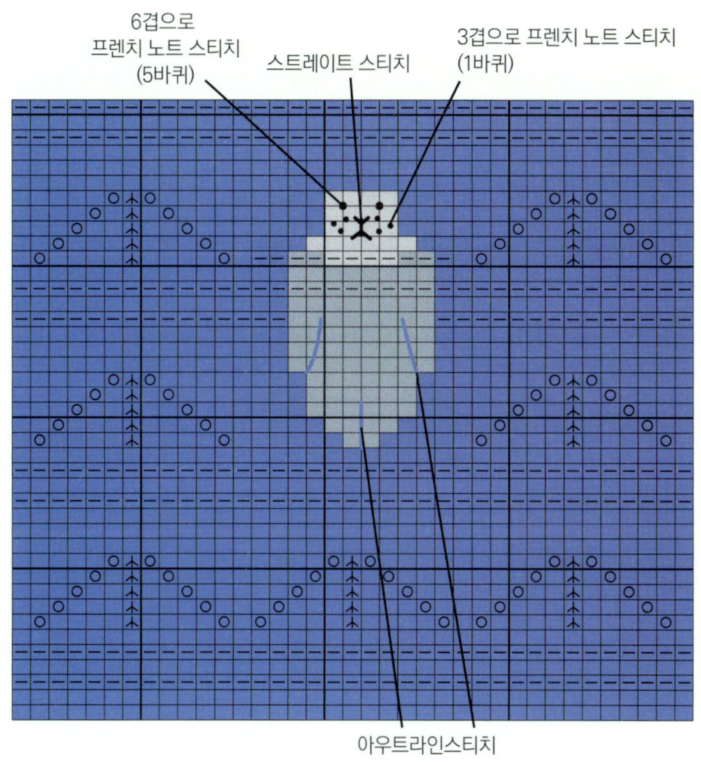

바다표범

실

[제이미슨스] 스핀드리프트

■#676 사파이어　■#180 미스트　■#122 화강암

[DMC] 25번 자수사 #310(눈·코)

바늘　대바늘 5호(3.6mm)

뜨개 바탕　37코×41단

게이지　26코×30단/10cm×10cm

난이도　★★☆

Point

비침무늬로 물결을 나타냈습니다. 이
물결 사이로 바다표범이 두둥실 얼굴
을 내민 모습입니다.

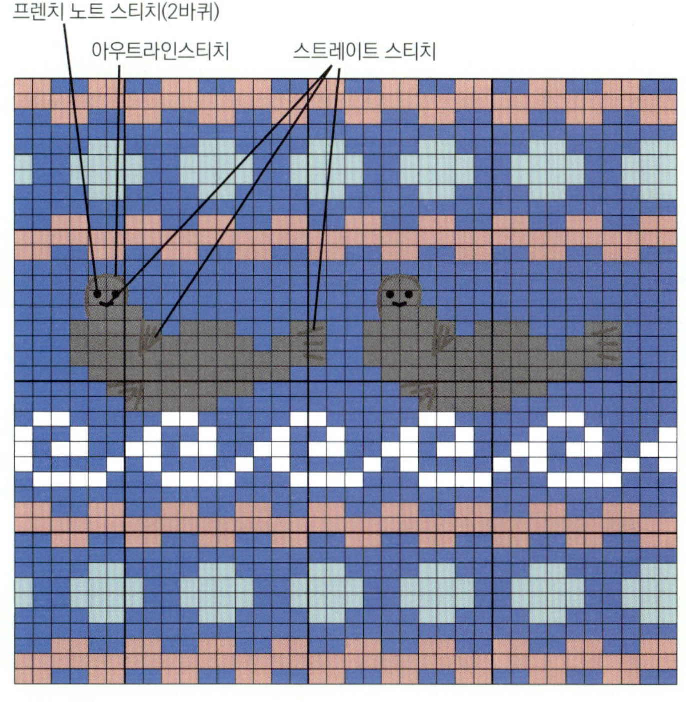

물결 이랑의 바다사자

실

[제이미슨스] 스핀드리프트

■#676 사파이어　□#104 내추럴 화이트

■#103 쇼밋　■#540 코랄　■#720 이슬방울

■#999 블랙

바늘　대바늘 4호(3.3mm)

뜨개 바탕　36코×40단

게이지　25코×30단/10cm×10cm

난이도　★★☆

Point

셰틀랜드 섬과 홋카이도의 레분 섬에서 만난 바
다사자에의 오마주. 이들의 모습은 이런 형태로 저
의 마음 속에 있답니다.

베이비 펭귄

실

[퍼피] 브리티시 파인

☐#074 연파랑　■#008 검정　☐#001 흰색

■#009 그레이

[퍼피] 키드모헤어 파인

■#54 라이트 베이지

2겹으로 합쳐 뜨기

■#009 그레이+#54 라이트 베이지

바늘　대바늘 5호(3.6mm)

뜨개 바탕　37코×43단

게이지　26코×34단/10cm×10cm

난이도　★★☆

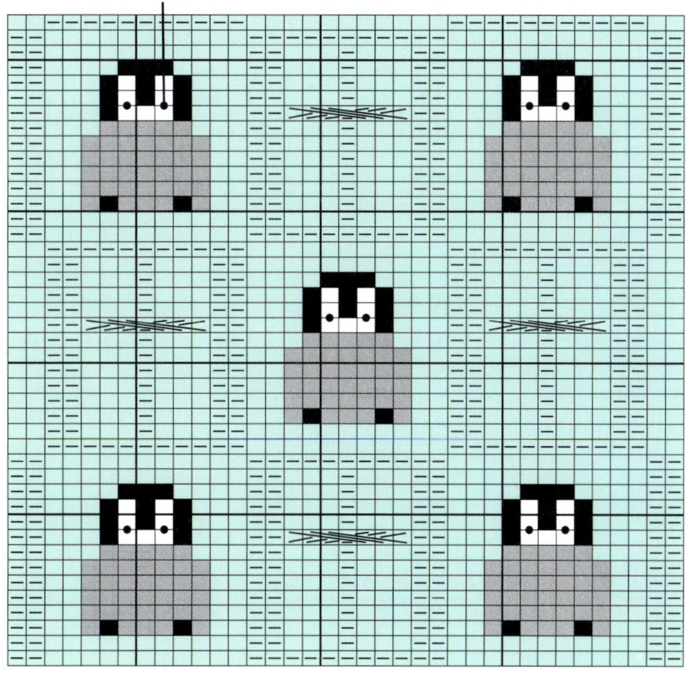

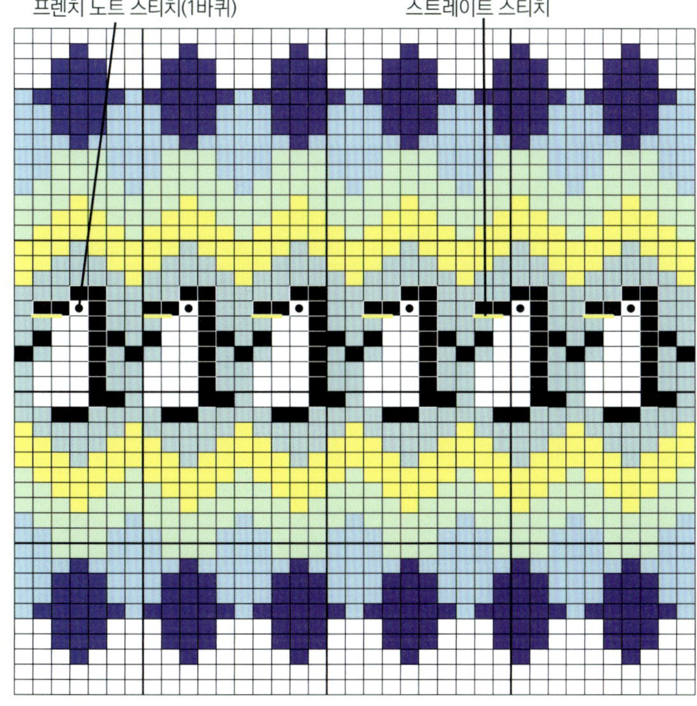

펭귄

실

[제이미슨스] 스핀드리프트

☐#104 내추럴 화이트　■#999 블랙

■#720 이슬방울　☐#400 미모사

☐#785 애플　☐#929 아쿠아

■#710 용담

바늘　대바늘 4호(3.3mm)

뜨개 바탕　37코×44단

게이지　26코×34단/10cm×10cm

난이도　★★☆

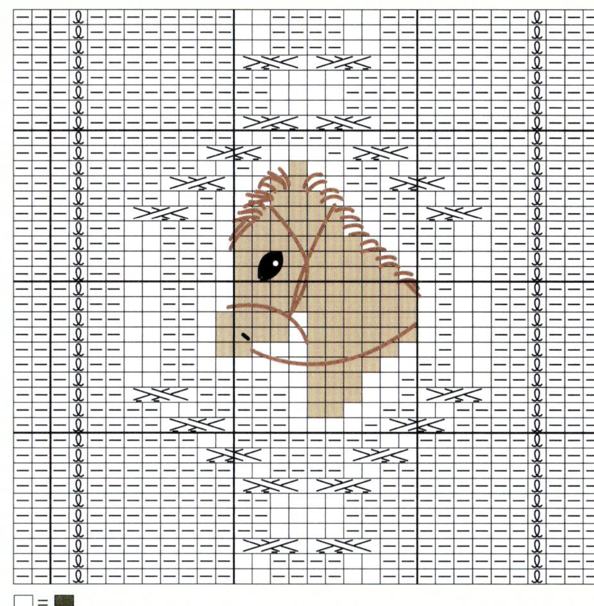

말

실

[퍼피] 알바

□ #1082 라이트 베이지　■ #1112 짙은 녹색

[퍼피] 브리티시 파인

■ #037 다갈색

[DMC] 25번 자수실 #310, #BLANC(눈·코)

바늘　대바늘 6호(3.9㎜), 코바늘 2/0호

뜨개 바탕　32코×38단

게이지　26코×28단/10㎝×10㎝

난이도　★★☆

갈기 #037 2겹으로 스트레이트 스티치

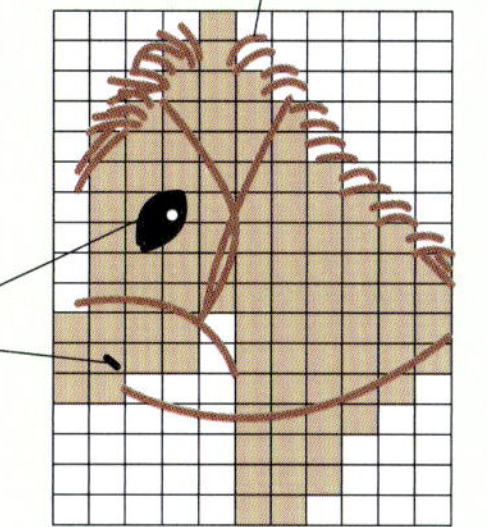

눈과 코는 6겹으로 스트레이트 스티치.
눈에는 흰색으로 점을 넣는다.

사슬뜨기를 뜨개 바탕에 통과시켜
군데군데 꿰매 마구馬具를 만든다.
실을 너무 당기지 말고 조금 도톰하게 한다.

□ = ■

자수와 고삐가 포인트입니다. 자신이 좋아하
는 표정으로 마무리합시다. 말이 나온 그림
책이나 사진을 참고하면 좋을 것입니다.

달리기

실

[퍼피] 알바

■ #1185 녹색　□ #1082 라이트 베이지

■ #1089 토프

바늘　대바늘 5호(3.6㎜)

뜨개 바탕　37코×39단

게이지　26코×36단/10㎝×10㎝

난이도　★☆☆

※ 자수: #1089 실을 갈라서 갈기와 눈, 코는 4겹,
　　다른 부분은 2겹으로 사용한다.

초원을 달리는 속도감이 느껴지도록 자수를 더
했습니다.
튀는 색으로 해도 좋을 것 같습니다.

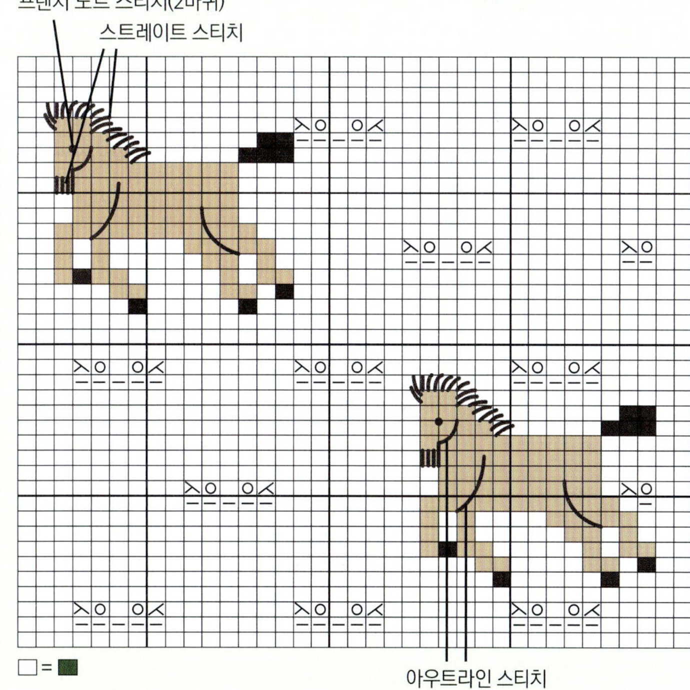

□ = ■

16페이지의 여우 패턴에 마치 초원과
같은 무늬를 더해 조끼로 만들었습니
다. 옷단에는 슬릿을 넣어 입고 벗기
에도 좋고 움직이기에 좋은 형태입니
다. 어른용으로도 아이용으로도 만
들어 즐길 수 있습니다.

how to make ...P.142

12페이지의 스와치와 배색을 변경하여 아기코끼리의 서커스 파우치로 만들었습니다. 옆선의 구멍에 끈을 넣어서 당겨 조이도록 했습니다. 입구를 접어 내리면 스캘럽 장식이 됩니다.
how to make...P.148

닥스훈트와 고양이 쿠션. 닥스훈트 무늬 쿠션에는
가장자리에 아이코드를 만들어 달았고 고양이 무늬
쿠션에는 태슬을 만들어 달았습니다. 사각형 쿠션
은 손쉽게 근사한 작품으로 만들 수 있어서 초심자
에게도 추천하는 아이템입니다.
how to make...P.150,152

심플한 디자인에 한 마리 판다
가 뒷모습을 보이고 있어서 귀
여운 분위기를 자아냅니다. 안
쪽에는 기성품 가방을 사용하
여 늘어짐을 방지하면서도 손
쉽게 완성할 수 있습니다.
how to make...P.154

이 가방은 판다백 보다도 조금 큰 사이즈입
니다. 좋아하는 모티브를 이리저리 배치하
여 즐겨 주세요. 모티브 사이에 단추를 달
기도 하고 손잡이에 빨간색 라인을 넣기도
하는 등 여러가지 아이디어를 더했습니다.
how to make...P.156

우선은 떠 봅시다.
작은 뜨개 바탕 활용법

이 책을 선택해주셔서 감사합니다. 페이지를 넘기며 '귀엽네!', '이걸 떠볼까' 하시며 싱긋 웃고 계신가요.
혹시 이어서는 '뜰 수 있을까, 조금 어려워 보이네?'라고 생각하시는 중이신가요?

보고만 있으면 아깝잖아요! 손바닥에 올라올 만한 작은 뜨개 바탕으로 시작해 보지 않겠습니까? 뜨개 도안 중에서 좋아하는 부분만을 뜨고, 뒤에 펠트를 꿰매 달아서 브로치로 만들거나 솜을 넣어서 매다는 장식으로도 만들어 봅시다.

작은 뜨개 바탕을 뜰 때에 중요한 것은 바늘 호수를 조금 낮춰서 뜨개 바탕을 단단히 만드는 것입니다. 양끝의 코가 늘어지지 않도록 실을 꼭 당겨서 견고하게 떠야 합니다.

① 작은 뜨개 바탕, 뒷면에 댈 펠트, 속을 채울 솜, 테두리에 달아 고리를 만들 사슬뜨기 줄, 재봉실과 바늘을 준비합니다.

② 뜨개 바탕과 펠트를 겉면끼리 마주대고 가장자리를 꿰맵니다. 창구멍을 한군데 남깁니다.

③ 창구멍으로 뒤집어서 겉면이 밖으로 나오게 하고 솜을 채웁니다. 솜을 다 채우면 창구멍을 감침질하여 막습니다.

④ 사슬뜨기의 코드를 테두리에 맞춰서 시침핀으로 고정합니다. 위는 고리, 아래에는 고리를 맞댑니다.

⑤ 빙 둘러서 박음질합니다.

⑥ 폭신폭신하고 귀여운 장식 완성입니다.

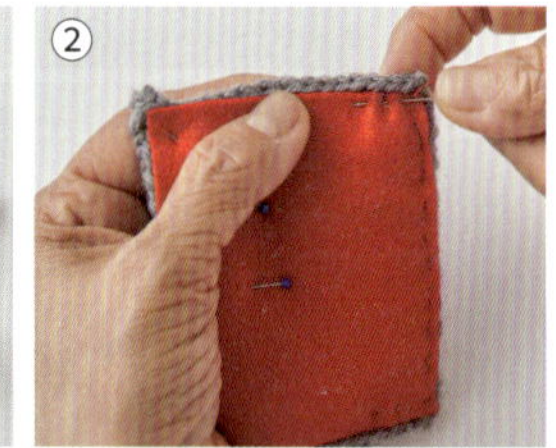
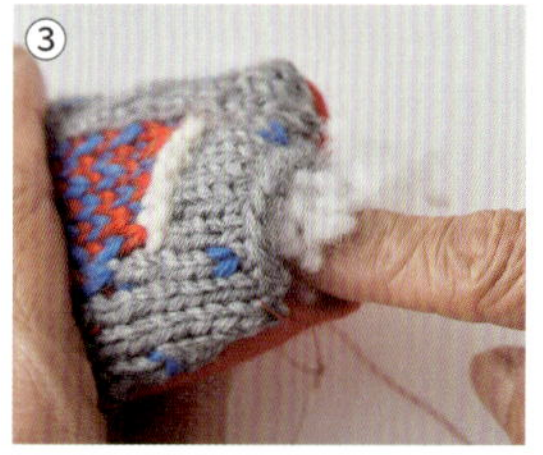

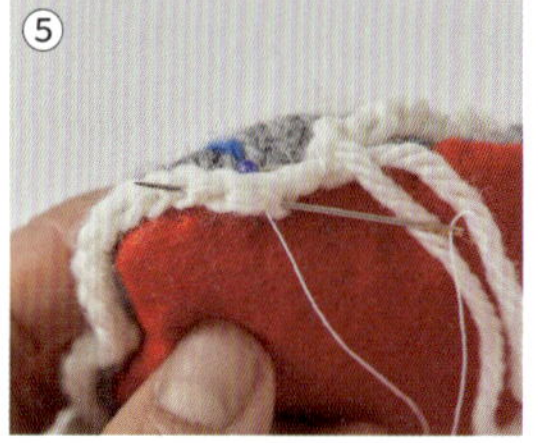

얼굴을 만들자

가부키 배우는 배역을 위해 분장을 하는 것을 '얼굴을 만든다'고 합니다. 스스로 하는 분장을 통해 그 역할 속으로 들어가는 것이지요. 제가 뜨개 바탕에 인형이나 동물의 얼굴을 넣을 때도 마찬가지입니다.

예를 들어 작은 양은 '처음으로 맞는 봄이 기뻐서 머리에 꽃을 얹고 초원을 뛰어 다니는 모습'을 형상화했습니다. 짝을 맞으면 한평생을 함께 한다고 알려진 백조를 넣은 뜨개 바탕은 '젊은 암컷이 조용히 호수에 떠서 어떤 짝을 만나게 될까라는 설렘에 조금은 부끄러워하며 미래를 꿈꾸고 있는 모습'을 이미지로 만들었습니다.

매 장마다의 장면, 캐릭터를 생각하는 데에 중요한 것은 스토리를 만드는 힘. 저는 그 힘을 책을 읽으면서 키워 왔습니다. 머리 속에서 상상한 것이 '이런 것을 만들고 싶다'는 형태가 되어 나타났습니다.

머리 속에서 상상한 것을 바로 뜨개질거나 수놓는 것은 어렵습니다. 일단 손으로 종이에 그립시다. '이 아이는 조금 장난꾸러기이니까 눈은 동그랗게, 입매는 웃음기를 띄게', '눈을 가볍게 감고 꿈을 꾸고 있는 모습' 등 각각의 이

미지를 확실히 그림으로 해 봅시다. 그리고 다음의 스텝으로 넘어 갑니다. 뜨개를 하거나 수를 놓은 것이 자신이 생각한 것처럼 되어 있는가. 그렇지 않다면 또 한번. '조금 더 길고 가는 눈으로'라며 스티치를 더하는 등 단념하지 않고 '궁리하는 것'을 반복하는 것이 매우 중요하지요.

그리고, 마법의 주문 '귀여워져라'를 소리내어 말하면서 만드는 것도 중요합니다!

왼쪽은 얼굴을 만들지 않은 고양이. 여기에 캐릭터를 생각해서 표정을 만들어 보았습니다. 왼쪽 위는 핑크색 귀와 코, 아이라인이 멋진 여자 아이. 오른쪽 위는 호기심에 가득차 눈을 크게 뜬 남자 아이. 왼쪽 아래는 눈꼬리가 올라간 언짢은 표정을 지은 고양이, 오른쪽 아래는 장난스럽고 능청스러운 아기 고양이가 되었습니다.

핸드백

실

[제이미슨스] 스핀드리프트

□#105 연베이지　■#780 라임　■#999 블랙

■#870 코코아　■#788 리프　□#304 화이트

■#478 앰버　■#676 사파이어　■#880 커피

■#525 진홍색　■#710 용담

바늘　대바늘 4호(3.3mm)

뜨개 바탕　34코×34단

게이지　26코×32단/10cm×10cm

난이도　★☆☆

※ 배색무늬 실 분량:
　가방 본체는 90cm, 뚜껑은 80cm로 잘라 둔다.

하이힐

실

[제이미슨스] 스핀드리프트

□#104 내추럴 화이트　□#179 버터밀크

■#500 스칼렛　■#616 아네모네

■#999 블랙　■#580 체리

■#760 카스피 해　■#792 에메랄드

■#676 사파이어　■#271 불꽃

바늘　대바늘 4호(3.3mm)

뜨개 바탕　43코×44단

게이지　26코×32단/10cm×10cm

난이도　★★☆

※ 배색무늬 실 분량:
　하이힐은 120cm, 신발 안쪽은 80cm,
　리본은 20cm로 잘라 둔다

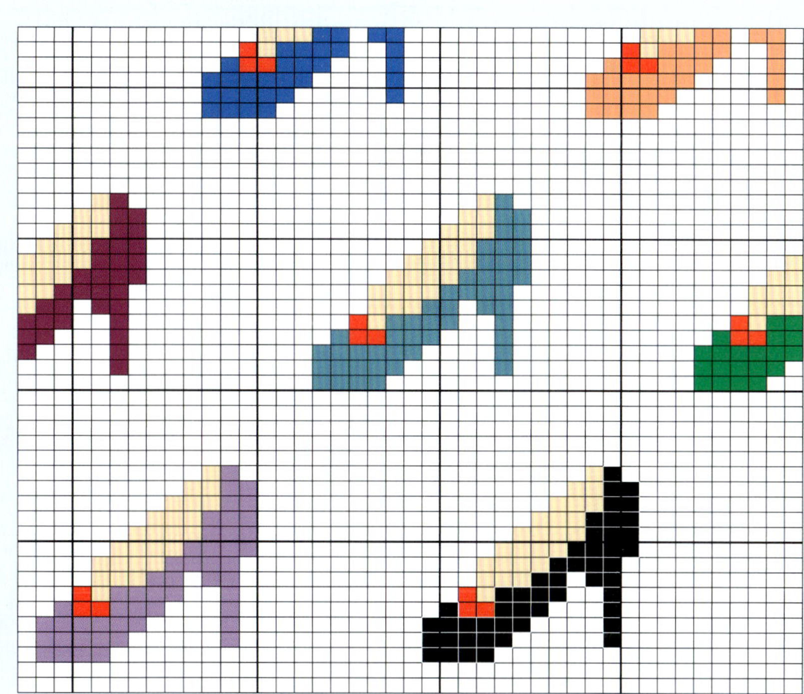

일상 생활에서 사용하는 핸드백, 구두, 우산, 책, 양말을 배색으로 떠넣은 즐거운 모티브의 연속입니다. 좋아하는 색으로 바꿔서 즐겨 보세요. 모티브를 시험 삼아 하나 떠서 필요한 배색 뜨기용 실 길이를 구합시다.

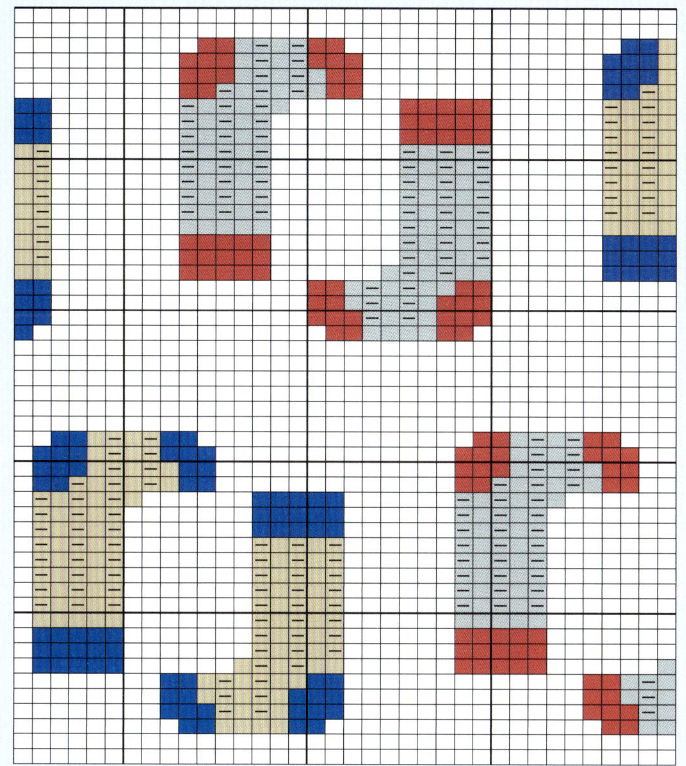

양말

실

[제이미슨스] 스핀드리프트

□#104 내추럴 화이트　■#684 코발트　■#525 진홍색
■#122 화강암　■#342 캐슈

바늘　대바늘 4호(3.3㎜)

뜨개 바탕　36코×50단

게이지　26코×32단/10㎝×10㎝

난이도　★★☆

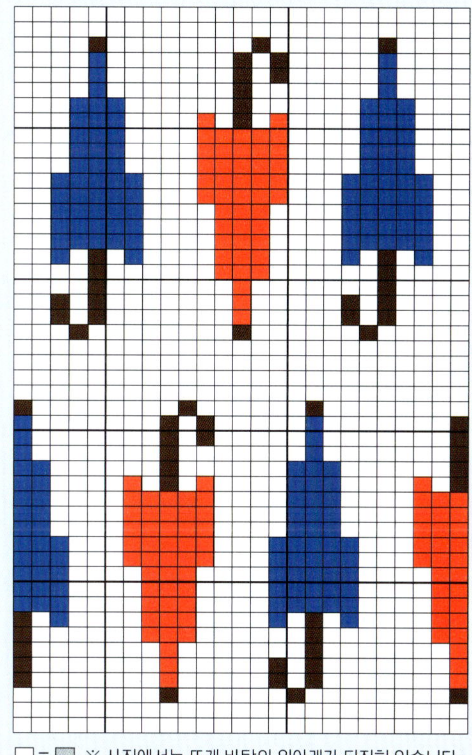

□ = ■　※ 사진에서는 뜨개 바탕의 위아래가 뒤집혀 있습니다.

비 오는 날

실

[제이미슨스] 스핀드리프트

■#122 화강암　■#684 코발트　■#500 스칼렛　■#880 커피

바늘　대바늘 5호(3.6㎜)

뜨개 바탕　33코×48단　**게이지**　24코×30단/10㎝×10㎝

난이도　★★☆

※ 배색무늬 실 분량:
　#684와 #500은 100cm, #880은 30cm로 잘라 둔다

책

실

[제이미슨스] 스핀드리프트

■#118 회색갈색믹스　□#105 연베이지
□# 1160 양골담초　■#800 타탄
■#676 사파이어　■#929 아쿠아　■#500 스칼렛
■#478 앰버

바늘　대바늘 4호(3.3㎜)

뜨개 바탕　36코×36단

게이지　26코×32단/10㎝×10㎝

난이도　★☆☆

※ 배색무늬 실 분량: 책등은 45cm, 표지는 80cm,
　책배의 #105는 50cm로 잘라둔다

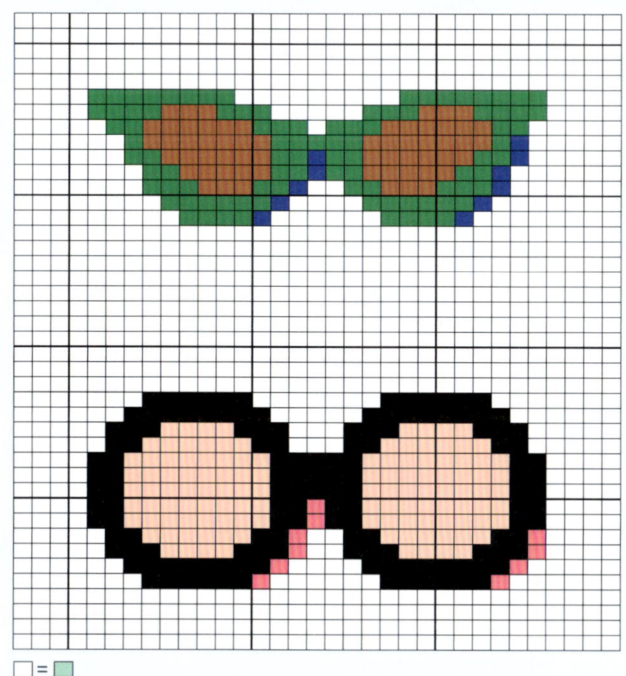

선글라스

실

[제이미슨스] 스핀드리프트

■#769 버드나무　■#999 블랙　■#550 로즈

■#188 셔벗　■#790 켈틱　■#870 코코아

■#710 용담

바늘　대바늘 4호(3.3㎜)

뜨개 바탕　33코×42단

게이지　28코×32단 /10㎝×10㎝

난이도　★☆☆

※ 스와치 테두리를 코바늘 3/0호, #188로 빼뜨기

□ = ■

플립플롭

실

[퍼피] 코튼 코나

■#70 다갈색　■#65 라이트 그레이

[다루마] 네온

■#205 네온 딥 핑크

■#203 형광 연두

바늘　대바늘 5호(3.6㎜)

뜨개 바탕　32코×38단

게이지　24코×32단/10㎝×10㎝

난이도　★☆☆

※ 스와치 테두리를 코바늘 2/0호,
　[다루마] 네온 #203으로 빼뜨기

※ #205는 2겹으로 뜬다.

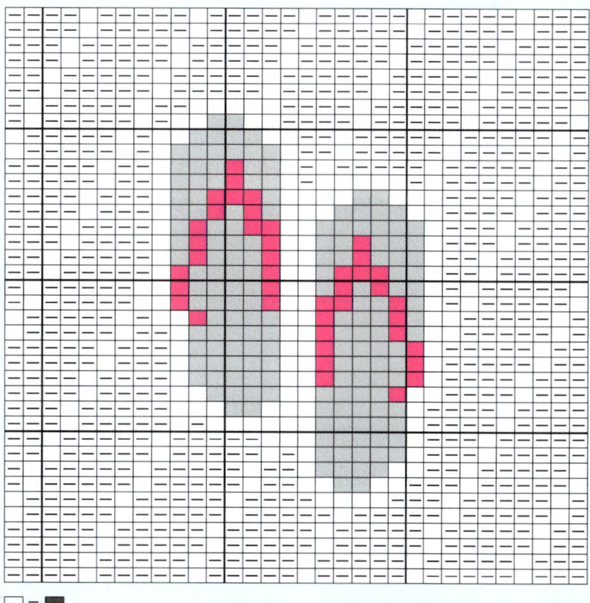

□ = ■

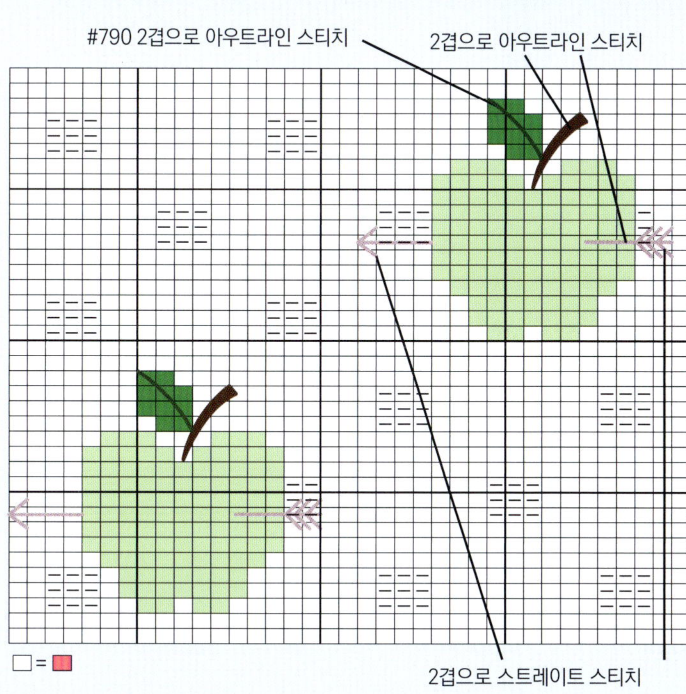

크림소다

실

[퍼피] 브리티시 파인

☐#074 연파랑　☐#001 흰색　■#092 청록색

■#006 빨강

[다루마] 라메 레이스 #30

☐#6 샴페인 골드

바늘　대바늘 4호(3.3㎜), 코바늘 2/0호·3/0호

뜨개 바탕　37코×40단

게이지　26코×38단 /10㎝×10㎝

난이도　★★☆

※ 코바늘 구슬뜨기는 135페이지 참조

긴뜨기 2코 구슬뜨기

☐ =　　　　　■ =

코바늘 2/0호　　코바늘 3/0호

윌리엄의 사과

실

[제이미슨스] 스핀드리프트

■#188 셔벗　☐#785 애플　■#790 켈틱

■#880 커피

[다루마] 라메 레이스 #30

☐#5 브론즈

바늘　대바늘 4호(3.3㎜)

뜨개 바탕　37코×38단

게이지　24코×32단/10㎝×10㎝

난이도　★☆☆

☐ = ■

마티니

실

[퍼피] 브리티시 파인

■#008 검정　■#006 빨강　■#091 피스타치오

[퍼피] 실크 스핀 라메

☐#203 샴페인 골드

바늘　대바늘 4호(3.3㎜)

뜨개 바탕　37코×38단

게이지　30코×34단/10㎝×10㎝

난이도　★☆☆

※ #006과 #091 2겹으로 뜬다

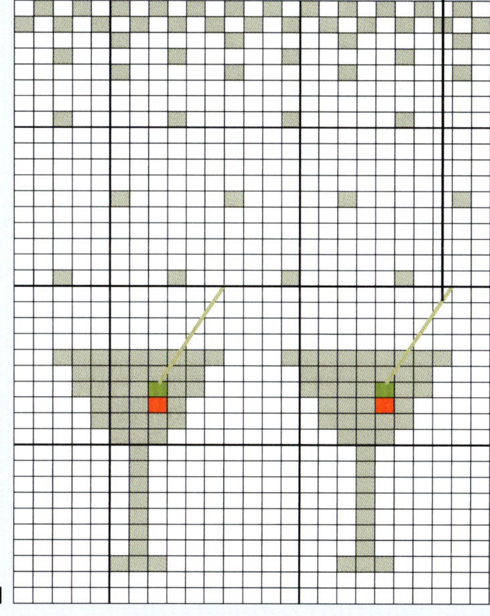

☐ = ■

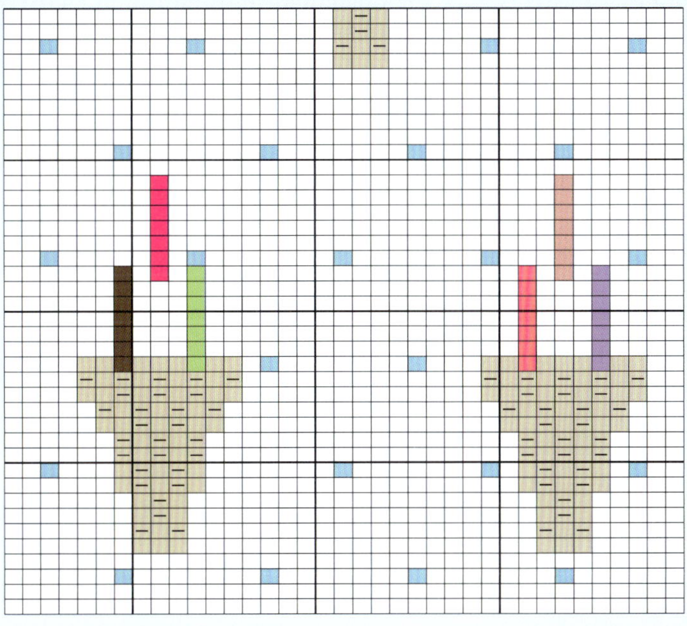

아이스크림

실

[제이미슨스] 스핀드리프트

□#342 캐슈　□#929 아쿠아　■#879 구리

■#585 플럼　■#780 라임　■#188 셔벗

■#540 코랄　■#616 아네모네

□#104 내추럴 화이트

바늘　대바늘 4호(3.3mm), 코바늘 3/0호

뜨개 바탕　37코×40단

게이지　26코×32단/10cm×10cm

난이도 ★★☆

※ 뜨는 법은 58페이지 참조
※ 배색무늬 실 분량: 아이스크림 부분을 120cm로 잘라 둔다.

대바늘 7단 구슬뜨기

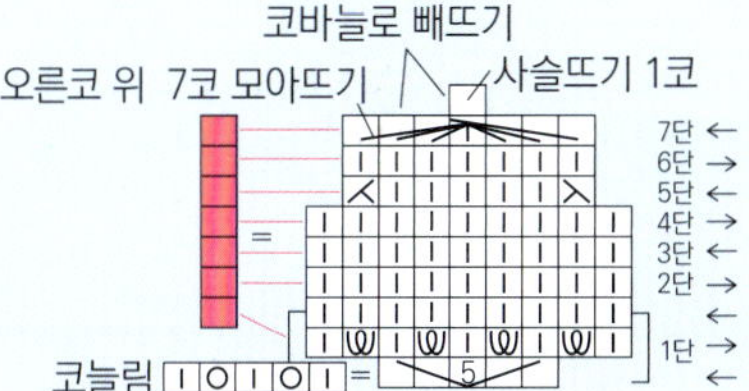

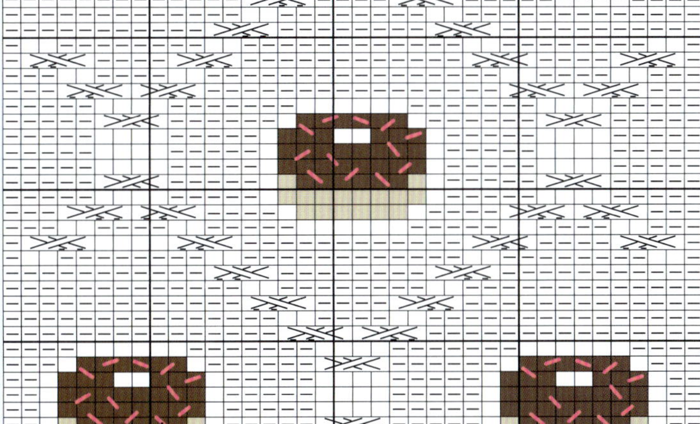

□ = □ 스트레이트 스티치

도넛

실

[제이미슨스] 스핀드리프트

■#550 로즈　■#879 구리　□#342 캐슈

■#188 셔벗

바늘　대바늘 4호(3.3mm)

뜨개 바탕　38코×41단

게이지　29코×36단/10cm×10cm

난이도 ★★★

컵케이크

실

[제이미슨스] 스핀드리프트

□#105 연베이지　□#929 아쿠아　■#500 스칼렛

■#585 플럼　■#570 소르베　■#788 리프

□#104 내추럴 화이트　■#616 아네모네　□#764 하늘색

□#342 캐슈　■#880 커피　□#390 수선화

바늘　대바늘 4호(3.3mm), 코바늘 2/0호

뜨개 바탕　51코×52단　　**게이지**　28코×32단/10cm×10cm

난이도 ★★☆

※ 코바늘 구슬뜨기는
　135페이지 참조

□ =
긴뜨기 2코 구슬뜨기
코바늘 2/0호

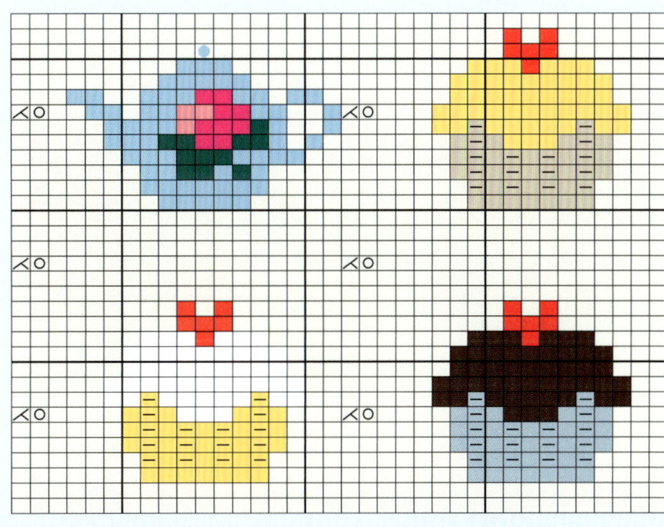

입체적인 아이스크림 뜨는 법

아이스크림 부분을 둥글게 입체적으로 뜨는 방법입니다.
색이나 단수는 다르지만 68페이지의 기구나 풍선도 기본적인 뜨는 법은 같습니다.

1 1단은 한 단에서 아이스크림 부분을 3단 뜹니다. 아이스크림 실로 바꾸기 1코 전에서 바탕실과 아이스크림 실을 꼬아 둡니다. 아이스크림 실로 맨처음 1코를 겉뜨기 합니다.

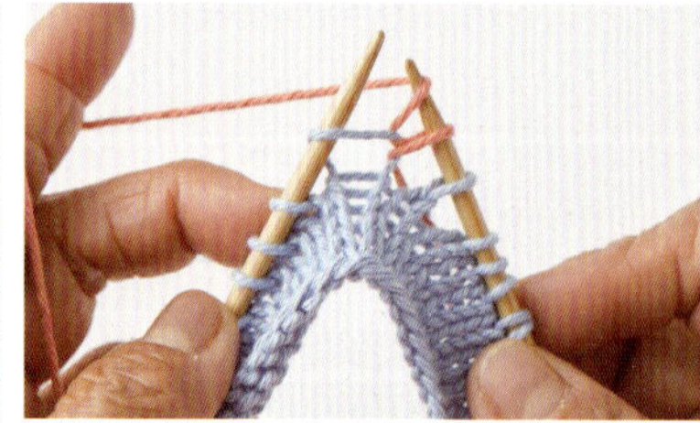

2 왼쪽 바늘에서 실을 빼지 않고 5코로 늘리겠습니다. 오른쪽 바늘에 실을 걸어서 걸어 뜨기 합니다. 이것이 2번째 코입니다.

3 3번째 코는 바탕실의 같은 코에 겉뜨기를 하고, 4번째는 걸어뜨기, 5번째는 겉뜨기를 합니다. 1코에 5코가 걸려 있는 상태입니다. 이것으로 1-1단의 코늘림이 되었습니다.

4 (단의 끝까지 뜨지 않고) 안면으로 뒤집어 1-2단을 뜨겠습니다. 1코에서 늘린 다섯 코의 첫 번째 코를 아이스크림 실로 안뜨기 합니다.

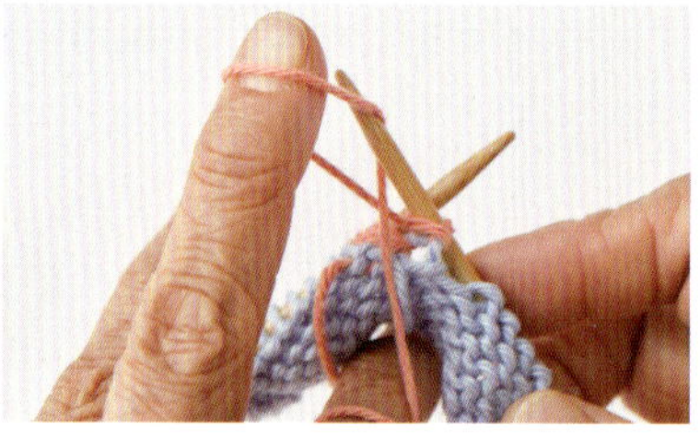

5 2번째 코는 오른쪽 바늘에 실을 걸어서 감아코를 만듭니다. 안뜨기와 감아코늘림을 반복합니다.

6 3번째 코는 늘림코인 2번째 코를 안뜨기로 뜨고, 4번째 코는 감아코늘림 합니다. 5번째 코는 늘림코의 3번째 코를 안뜨기, 6번째 코는 감아코, 7번째 코는 늘림코인 4번째 코를 안뜨기, 8번째 코는 감아코, 9번째 코는 늘림코인 5번째 코를 안뜨기합니다.

7 이것으로 1-2단이 떠졌습니다. 1코에 아이스크림 부분의 9코가 걸려 있고 왕복으로 뜬 모습입니다. 다음 1-3단은 겉면으로 뒤집어 뜹니다.

8 안면에서 바탕실과 아이스크림 실을 교차시켜둡니다. 이렇게 해두지 않으면 아이스크림과 뜨개 바탕이 분리되어 버립니다.

9 아이스크림을 겉뜨기로 9코 뜹니다. 이 부분을 다 뜨면 그대로 이어서 바탕실로 단의 끝까지 뜹니다.

10 1-3단을 떴습니다. 1단의 가운데에 아이스크림 부분을 3단 떠넣은 모습입니다.

11 2번째 단은 안면으로 뒤집어 안뜨기로 뜹니다. 바탕실로 아이스크림의 1코 전까지 뜨면 바탕실과 아이스크림 실을 교차시키고 바탕실로 1코 뜹니다.

12 계속해서 아이스크림의 실로 변경하여 9코를 뜨고 바탕실로 변경하여 끝까지 뜹니다.

  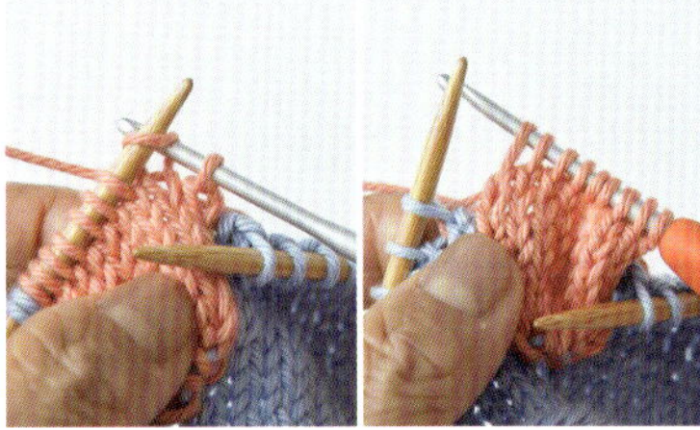

13 아이스크림 부분에서 실을 변경하여 끝까지 뜨기를 반복하여 4단까지 뜹니다. 5번째 단은 아이스크림의 양끝을 2코 모아뜨기로 코줄임하여 7코로 만듭니다. 6번째 단은 안면으로 뒤집어 안뜨기로 끝까지 뜹니다.

14 7번째 단은 바탕실로 아이스크림의 1코 앞까지 뜨고 바탕실과 아이스크림 실을 교차시킨 후 바탕실로 1코 뜹니다. 다음에는 아이스크림이므로 아이스크림 실로 변경합니다.

15 아이스크림의 7코를 코바늘로 옮깁니다.

16 코바늘에 실을 걸어서 7코를 빼뜨기하여 오른코 위 7코 모아뜨기를 합니다.

17 코바늘로 실을 다시 걸어 빼내어 사슬뜨기를 1코 뜹니다. 이 1코를 왼쪽의 대바늘로 옮깁니다.

18 아이스크림의 1코를 바탕실로 뜹니다. 그대로 계속하여 끝까지 뜹니다.

19 아이스크림의 입체 부분을 완성했습니다.

대바늘 7단 구슬뜨기

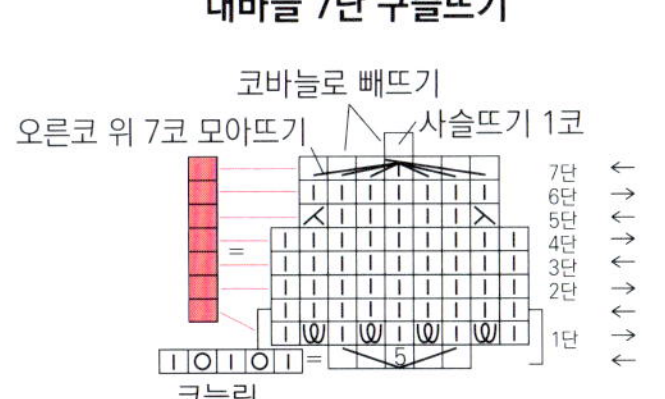

털실

실

[제이미슨스] 스핀드리프트

☐ #104 내추럴 화이트 　☐ #929 아쿠아 　☐ #271 불꽃

☐ #268개장미 　☐ #390 수선화 　☐ #616 아네모네

☐ #769 버드나무 　☐ #780 라임

바늘 　대바늘 4호(3.3㎜)

뜨개 바탕 　41코×50단

게이지 　26코×34단/10㎝×10㎝

난이도 　★★☆

※ 배색무늬 실 분량:
　털실은 120cm(자수 포함), 라벨은 45cm로 잘라 둔다

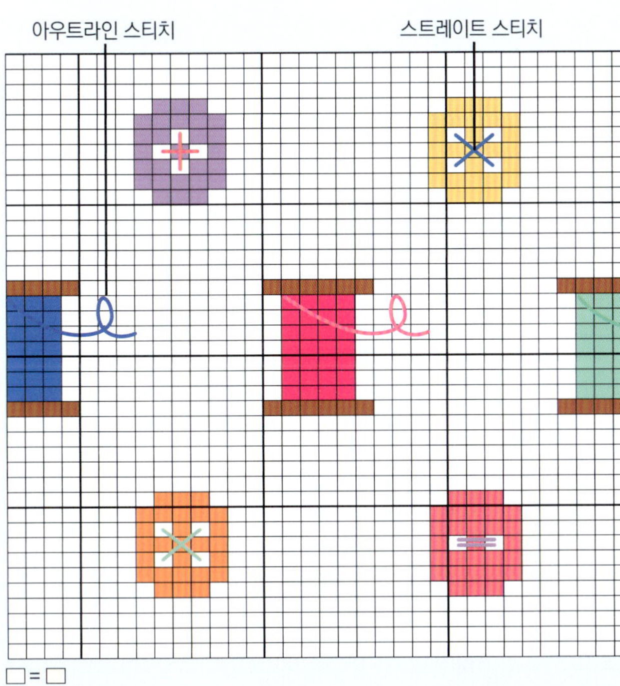

☐ = ☐

바느질 도구

실

[제이미슨스] 스핀드리프트

☐ #478 앰버 　☐ #188 셔벗 　☐ #616 아네모네

☐ #1160 양골담초 　☐ #870 코코아

☐ #676 사파이어 　☐ #585 플럼 　☐ #770 민트

☐ #343 아이보리

바늘 　대바늘 4호(3.3㎜)

뜨개 바탕 　34코×40단

게이지 　25코×36단/10㎝×10㎝

난이도 　★★☆

마트료시카

실

[퍼피] 브리티시 파인 　☐ #019 서리 　☐ #006 빨강 　☐ #066 노랑

[다루마] 슈퍼 워시 스패니시 메리노 　☐ #109 청금석

바늘 　대바늘 5호(3.6㎜)

뜨개 바탕 　34코×40단

게이지 　24코×28단/10㎝×10㎝

난이도 　★★☆

※ 배색무늬 실 분량:
　몸체는 180cm, 머리카락과 꽃은 60cm로 잘라 둔다.

※ 2겹으로 뜬다. 자수는 1겹
　실을 10cm 정도 남겨 머리카락을 수놓는다.

크리스마스 슬롯머신

실

[제이미슨스] 스핀드리프트

■#655차이나 블루　□#104내추럴 화이트

■#800 타탄　■#500 스칼렛　■#999 블랙

■#470 호박　□#179 버터밀크

□#400 미모사

[다루마] 라메 레이스 #30

■#6 샴페인 골드

바늘　대바늘 4호(3.3mm), 코바늘 2/0호

뜨개 바탕　37코×48단

게이지　26코×34단/10cm×10cm

난이도　★★☆

※ 코바늘 구슬뜨기는 135페이지 참조

◉ = 긴뜨기 2코 구슬뜨기
코바늘 2/0호

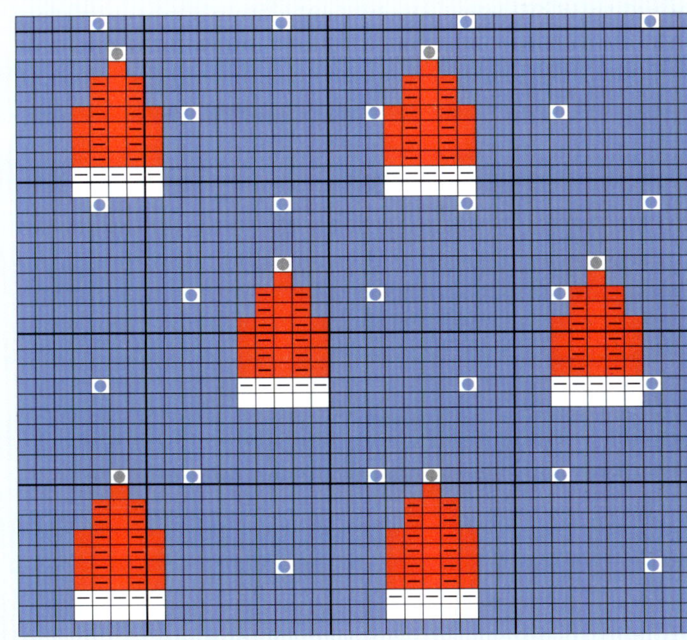

산타 모자

실

[제이미슨스] 스핀드리프트

■#665 블루벨　□#104 내추럴 화이트

■#500 스칼렛

바늘　대바늘 4호(3.3mm), 코바늘3/0호

뜨개 바탕　37코×41단

게이지　24코×34단/10cm×10cm

난이도　★☆☆

※ 코바늘 구슬뜨기는 135페이지 참조

바탕실

◉ = 긴뜨기 3코 구슬뜨기
코바늘 3/0호

◉ = 긴뜨기 2코 구슬뜨기
코바늘 3/0호

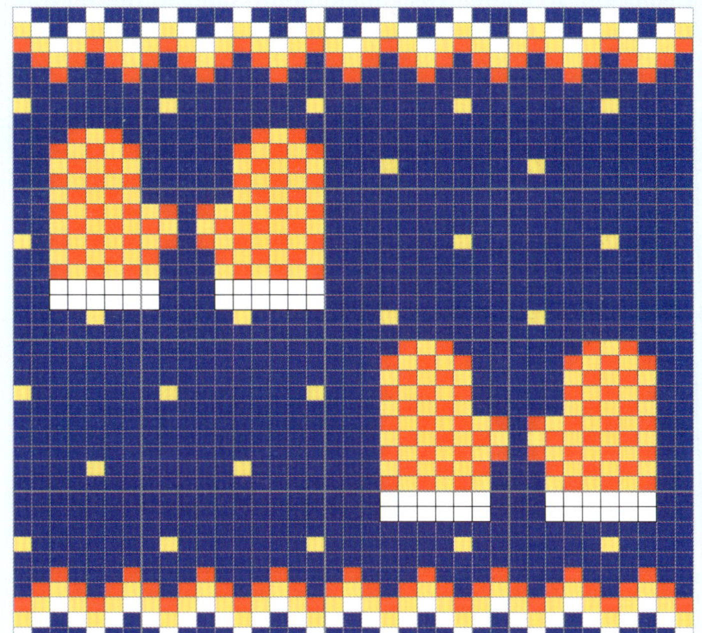

손모아장갑

실

[제이미슨스] 스핀드리프트

■#710 용담　■#500 스칼렛　■#390 수선화

□#104 내추럴 화이트

바늘　대바늘 4호(3.3mm)

뜨개 바탕　37코×42단

게이지　26코×32단/10cm×10cm

난이도　★★☆

선물 상자

실

[제이미슨스] 스핀드리프트

■#525 진홍색　□#104 내추럴 화이트　■#616 아네모네

■#390 수선화　■#929 아쿠아　■#700로열 블루　■#792 에메랄드

바늘　대바늘 4호(3.3mm), 코바늘2/0호　　**뜨개 바탕**　35코×42단

게이지　26코×36단 /10cm×10cm

난이도　★★☆

※ 코바늘 구슬뜨기는 135페이지 참조

※ 더블 체인은 13페이지 참조

　　⊠ 더블 체인

바탕실

◉ = ⬭

긴뜨기 2코 구슬뜨기
코바늘 2/0호

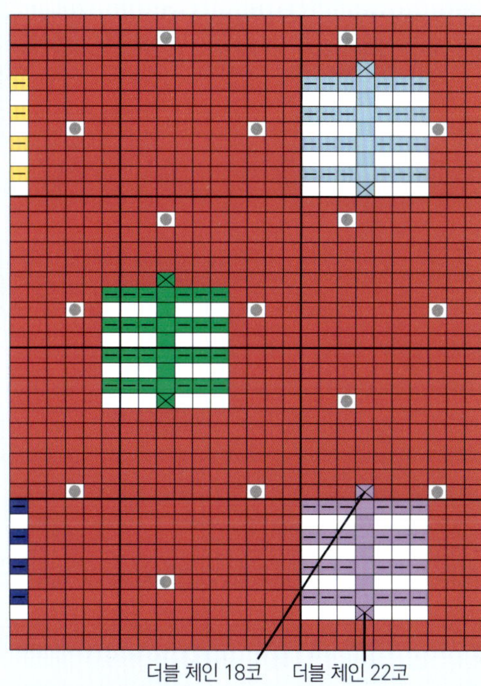

더블 체인 18코　　더블 체인 22코

스트레이트 스티치　　　　프렌치 노트 스티치(2바퀴)

겨울의 즐거움

실

[제이미슨스] 스핀드리프트

■#710 용담　□#104 내추럴 화이트

■#122 화강암　■#655 차이나 블루

[퍼피] 미로 울(펄)

■#401 실버

2겹으로 합쳐 뜨기

■#122 화강암＋#401 실버

바늘　대바늘 4호(3.3mm), 코바늘 2/0호

뜨개 바탕　36코×40단

게이지　28코×36단/10cm×10cm

난이도　★★☆

※ 코바늘 구슬뜨기는 135페이지 참조

바탕실

◉ = ⬭

긴뜨기 2코 구슬뜨기
코바늘 2/0호

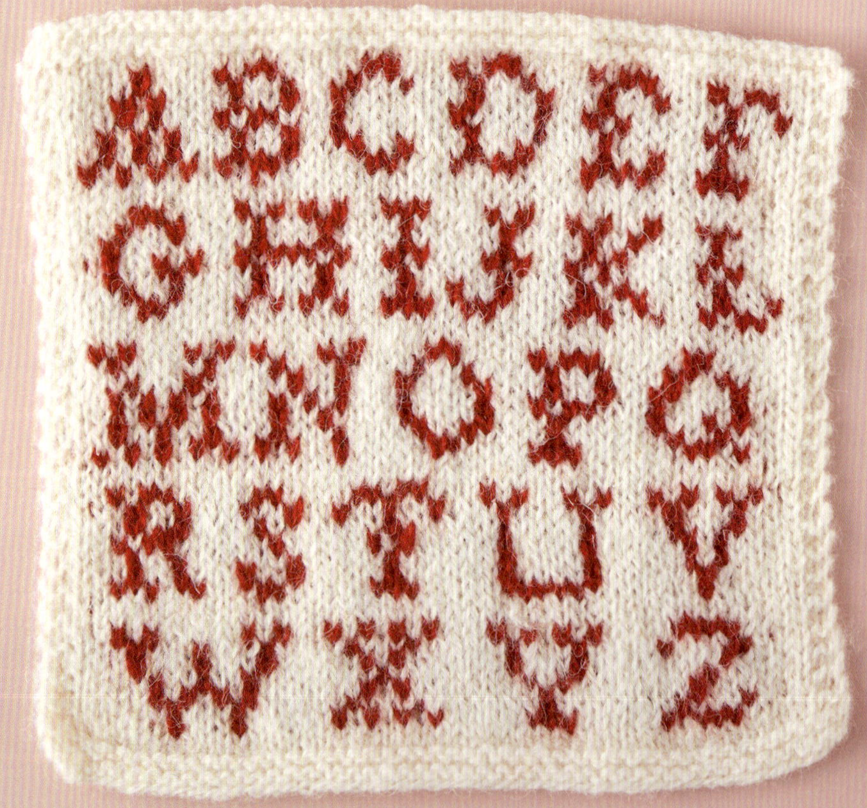

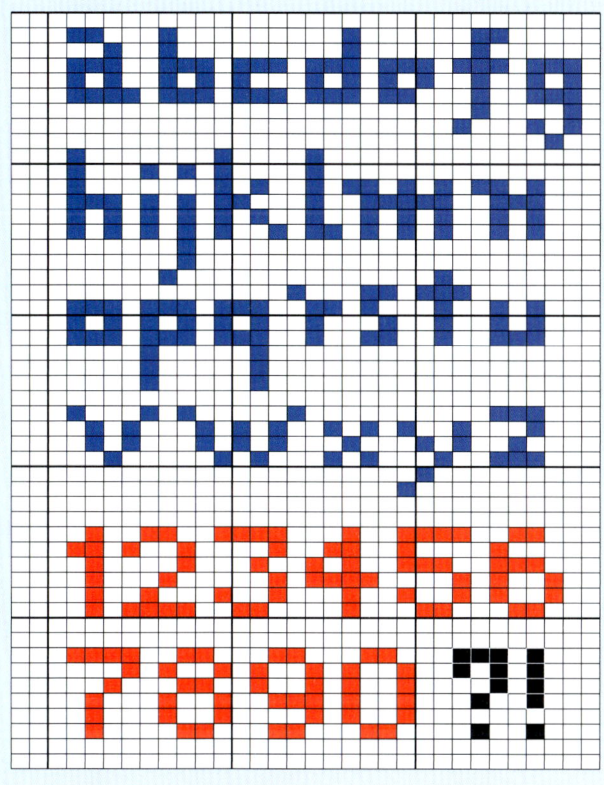

알파벳 소문자

실

[퍼피] 브리티시 파인

□#001 흰색　■#062 코발트 블루　■#006 빨강　■#008 검정

바늘　대바늘 4호(3.3mm)

뜨개 바탕　32코×50단

게이지　30코×34단/10cm×10cm

난이도　★★☆

십자수의 샘플러와 같은 뜨개 바탕입니다.
좋아하는 시나 글귀를 의류, 소품에 넣어서
즐겨 주세요.

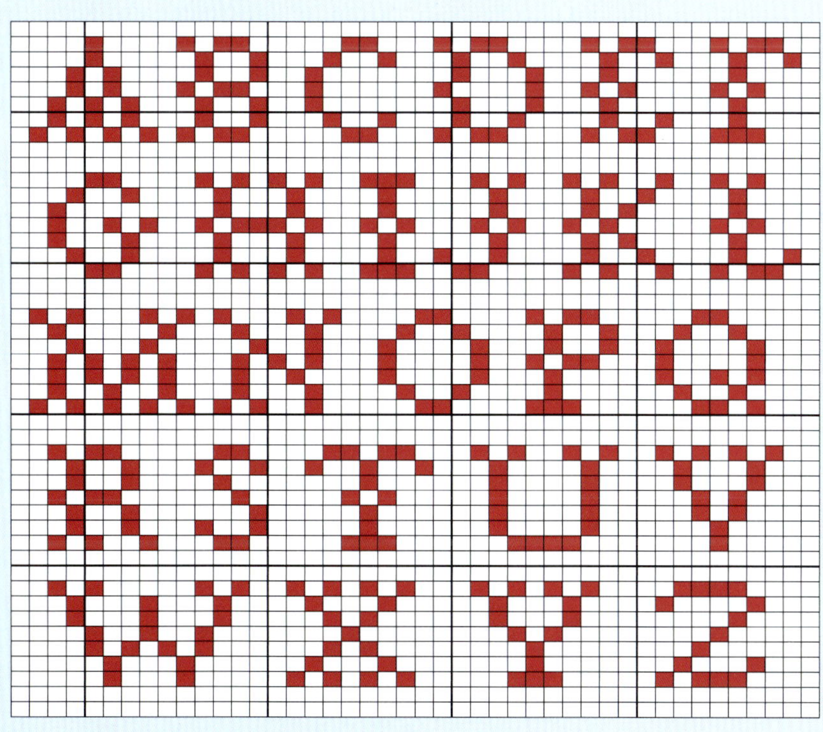

알파벳 대문자

실

[제이미슨스] 스핀드리프트

□#104 내추럴 화이트

■#525 진홍색

바늘　대바늘 4호(3.3mm)

뜨개 바탕　44코×46단

게이지　28코×32단/10cm×10cm

난이도　★★☆

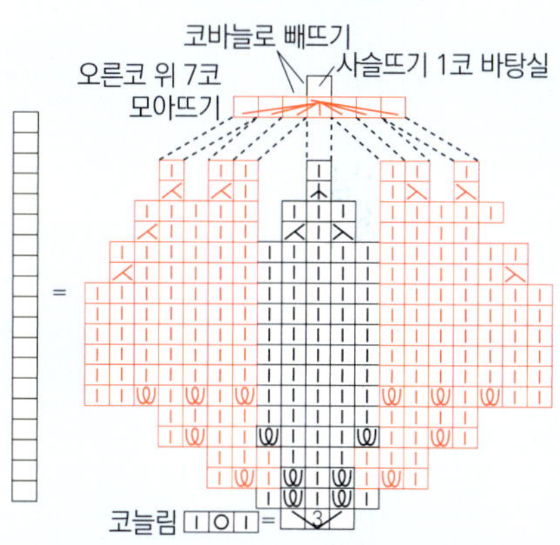

바람을 타고

실

[제이미슨스] 스핀드리프트

■#660 라군　■#500 스칼렛　■#1190 어두운 갈색

□#104 내추럴 화이트

[퍼피] 키드모헤어 파인　□#2 흰색

[퍼피] 미로 울(펄)　■#401 실버

2겹으로 합쳐 뜨기　□#104 내추럴 화이트 + #2 흰색

바늘 대바늘 4호(3.3mm), 코바늘 3/0호　**뜨개 바탕** 33코×40단

게이지 24코×36단/10cm×10cm

난이도 ★★☆

대바늘 19단 구슬뜨기

> **Point**
> 이 페이지의 패턴은 구슬뜨기를 변형한 것입니다. 콧수나 단수, 코늘림 방법으로 여러가지 모양을 만들 수 있습니다. Let's try!

※ 기구 뜨는 법은 58페이지 참조

풍선

실

[제이미슨스] 스핀드리프트

■#655 차이나 블루　■#790 켈틱　■#500 스칼렛

■#570 소르베　□#390 수선화　■#700 로열 블루

■#550 로즈　■#616 아네모네　■#780 라임

[다루마] 라메 레이스#30　■#6 샴페인 골드

바늘 대바늘 4호(3.3mm), 코바늘 3/0호

뜨개 바탕 35코×41단

게이지 26코×38단/10cm×10cm

난이도 ★★☆

※ 풍선 뜨는 법은 58페이지 참조

□ = ■

풍선 실을 10cm 정도 남겨서 안면에서 실 정리를 한다. 코늘림한 3번째 단의 11코에 꿰어서 2번째 단의 겉코에 감아서 마무리한다.

대바늘 11단 구슬뜨기, 풍선은 모두 13단

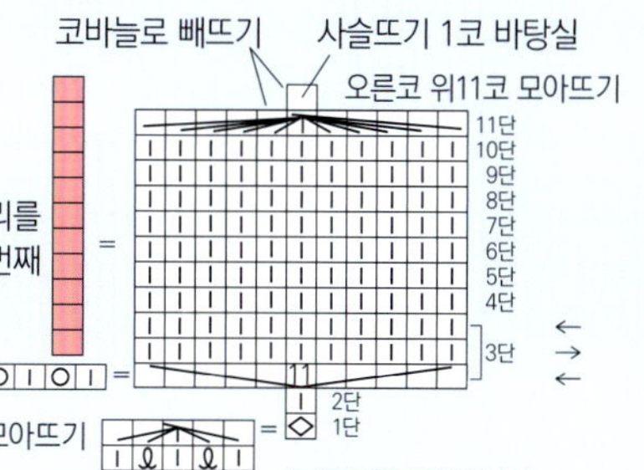

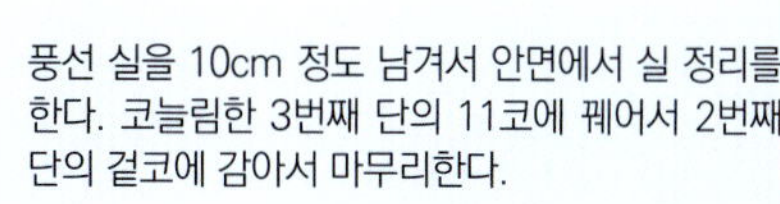
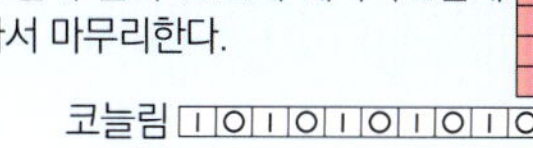

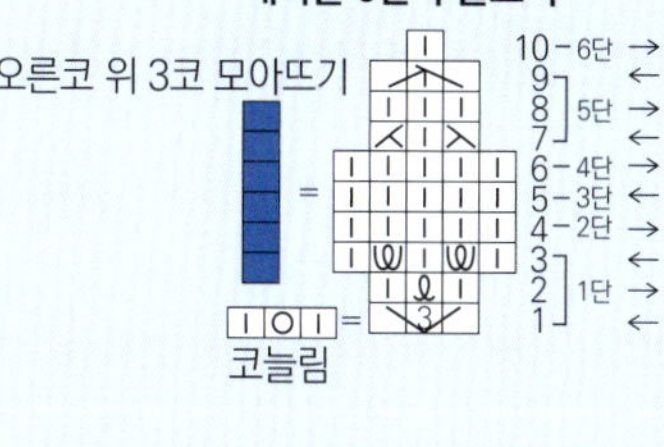

빗방울

실

[퍼피] 코튼 코나

□#1 흰색　■#78 파랑

바늘　대바늘 5호(3.6mm)

뜨개 바탕　38코×42단

게이지　24코×32단 /10cm×10cm

난이도　★★☆

※ 배색무늬 실 분량:
　구슬뜨기용으로 75cm 잘라 둔다

대바늘 6단 구슬뜨기

오른코 위 3코 모아뜨기

코늘림

스트레이트 스티치로 코 사이에 수놓는다

슈팅 스타

실

[퍼피] 브리티시 파인　■#008 검정

[퍼피] 실크 스핀 라메　□#203 샴페인 골드

바늘　대바늘 4호(3.3mm), 코바늘 2/0호

뜨개 바탕　32코×56단

게이지　28코×36단/10cm×10cm

난이도　★★☆

※ 코바늘 구슬뜨기는
　135페이지 참조

■ =

긴뜨기 2코 구슬뜨기
코바늘 2/0호

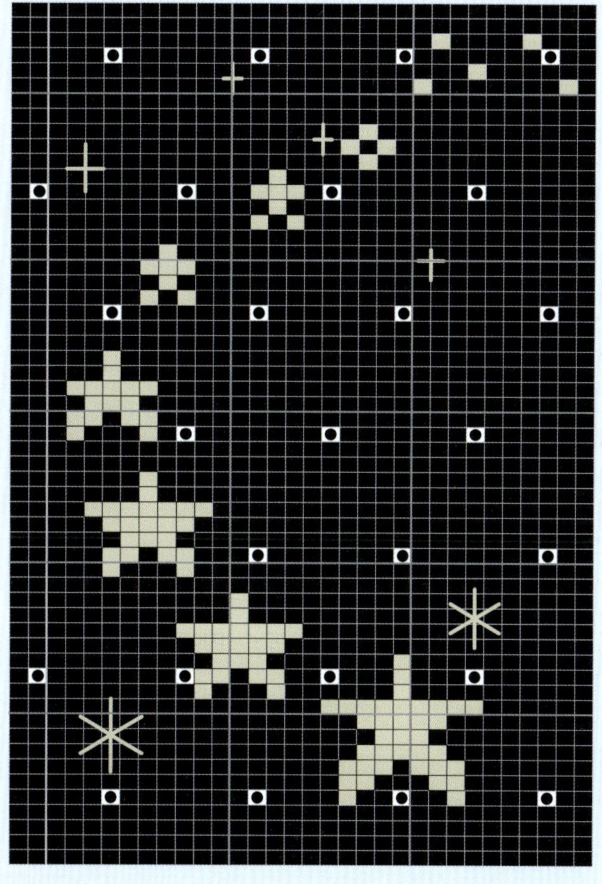

팝 스타

실

[제이미슨스] 스핀드리프트

□#104 내추럴 화이트　□#550 로즈　■#790 켈틱　■#1300 오브리에타

■#470 호박　■#616 아네모네　■#700 로열 블루　■#780 라임

■#760 카스피 해　■#500 스칼렛　□#400미모사

바늘　대바늘 4호(3.3mm), 코바늘2/0호　　**뜨개 바탕**　35코×39단

게이지　26코×34단/10cm×10cm

난이도　★★☆

※ 코바늘 구슬뜨기는 135페이지 참조

■ =

긴뜨기 2코 구슬뜨기
코바늘 2/0호

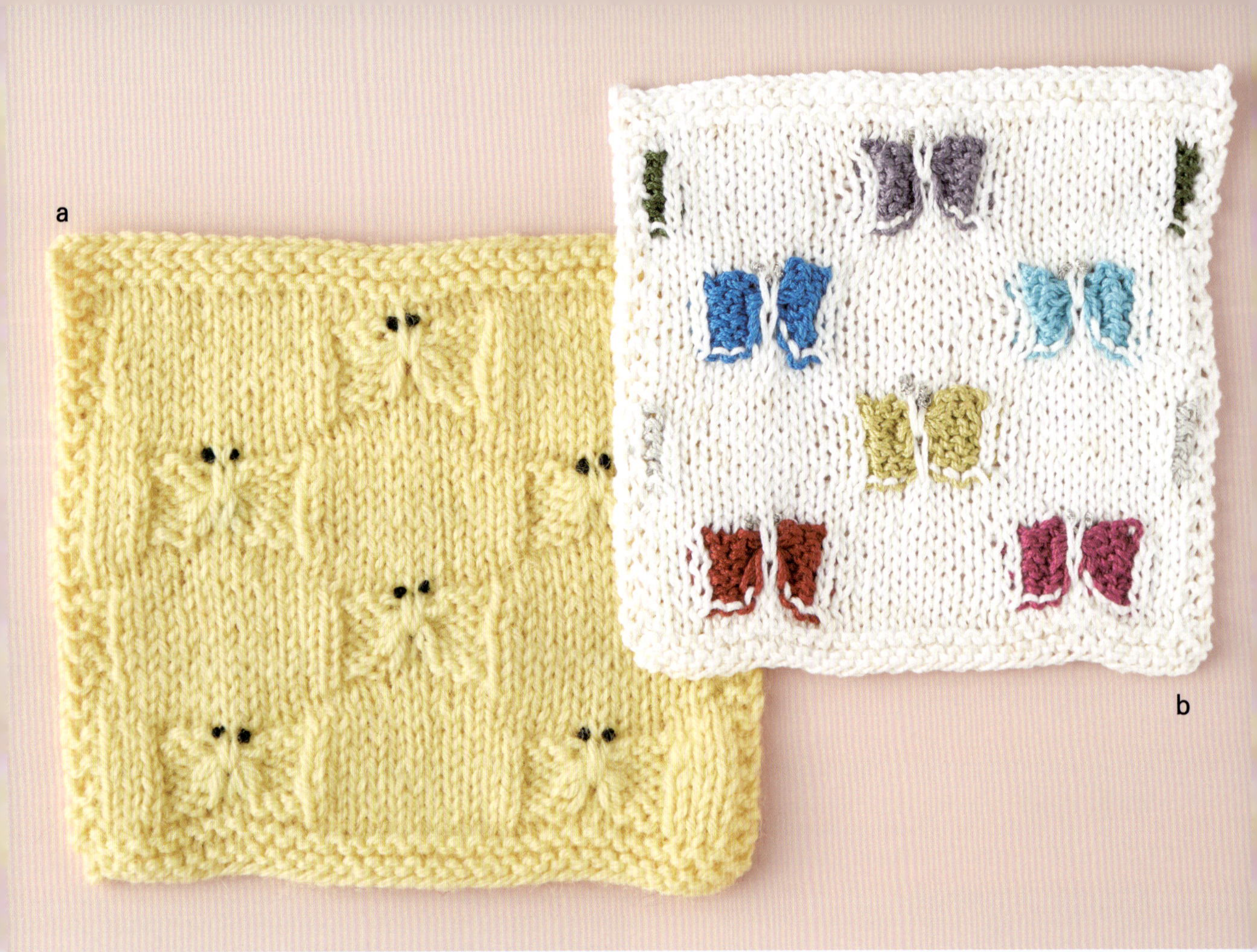

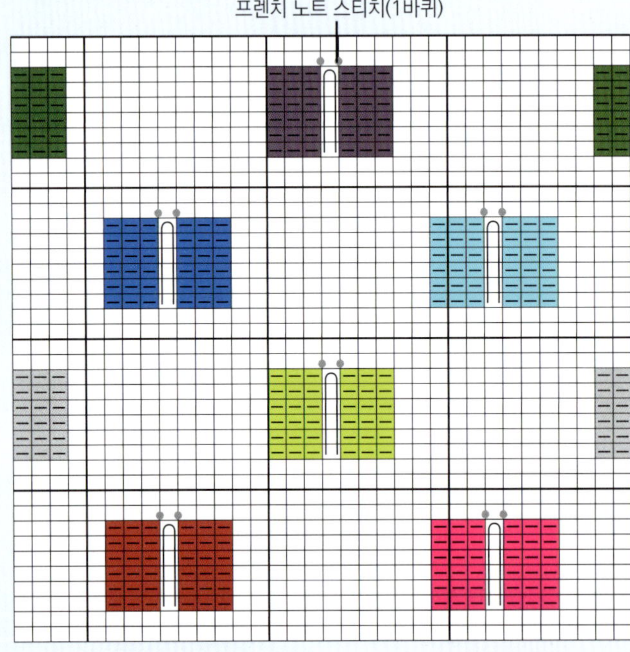

나비

실

a

[퍼피] 셰틀랜드

□#39 라이트 옐로

중세사 검정(눈)

게이지 22코×32단/10㎝×10㎝

b

[퍼피] 코튼 코나

■#79 마젠타 ■#53 빨강 □#65 라이트 그레이

■#33 담녹색 ■#63 연파랑 ■#78 파랑

■#51 녹색 ■#58 보라 □#2 흰색

[DMC] 라이트이펙트

■#E415 메탈릭 크롬

게이지 24코×34단/10㎝×10㎝

바늘 대바늘 5호(3.6㎜)

뜨개 바탕 34코×40단

난이도 ★★☆

※ 나비 뜨는 법은 73 페이지 참조

Point

같은 뜨개 바탕이라도 실에 따라 전혀 다른 결과가 나오는 패턴입니다. 바늘의 호수를 크게 하여 모헤어 1가지 색으로 떠도 멋있습니다.

나비 뜨는 법

끌어올려 뜨기를 이용하여 나비 형태를 만듭니다.

1 도안대로 나비의 오른쪽 날개를 안뜨기로 3코 뜹니다. 다음은 끌어올려 뜨기이므로 실을 앞쪽에 둡니다.

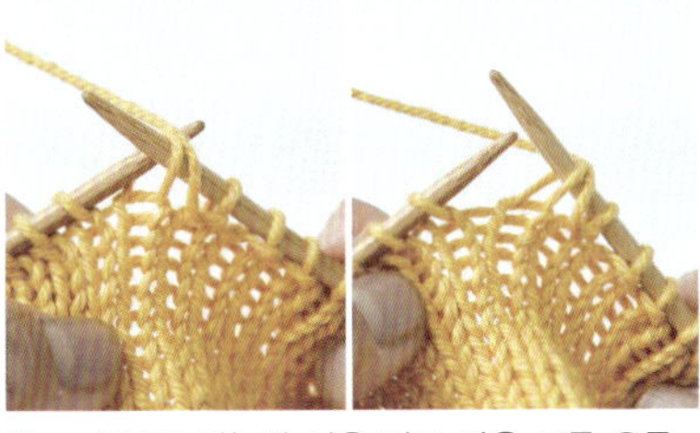

2 오른쪽 바늘에 실을 걸고 다음 코를 오른 바늘로 옮깁니다. 도안대로 나비의 왼쪽 날개를 안뜨기로 3코 뜨고 끝까지 뜹니다.

3 안면으로 뒤집어서 다음 단을 끌어올려 뜨기의 앞코까지 뜹니다. 날개 부분은 겉면에서 보면 안코이므로 겉뜨기로 뜹니다.

4 실을 앞으로 놓고 오른쪽의 바늘에 실을 걸고, 아래 단에서 걸어 놓은 실과 뜨지않고 옮긴 코에 바늘을 넣어서 뜨지 않고 오른쪽 바늘로 옮깁니다.

5 도안대로 끝까지 뜹니다. 끌어올려 뜨기 부분은 실이 3가닥 걸려 있는 상태입니다.

6 반복하여 나비의 6번째 단의 끌어올려 뜨기의 전까지 뜹니다. 끌어올려 뜨기 부분에는 실이 6코 걸려 있는 상태가 됩니다.

7 걸어놓은 실과 뜨지 않고 옮겨둔 코에 한꺼번에 오른쪽 바늘을 넣고 안뜨기로 뜹니다. 끌어올려 뜨기의 부분은 사진과 같이 되었습니다.

8 도안에 따라 끝까지 뜨면 완성입니다.

비슷하지만 다른 모티브 뜨는 법

왼쪽은 74페이지의 리본, 오른쪽은 72페이지의 나비입니다. 보기에는 매우 비슷하지만 뜨는 방법은 다릅니다. 왼쪽의 리본은 실 앞 걸러뜨기하고 마지막에 끌어올려 뜨기를 했습니다. 오른쪽의 나비는 끌어올려 뜨기입니다. 둘 다 나비, 리본이라고 말할 수 있습니다. 어떤 방법이 마음에 드시나요?

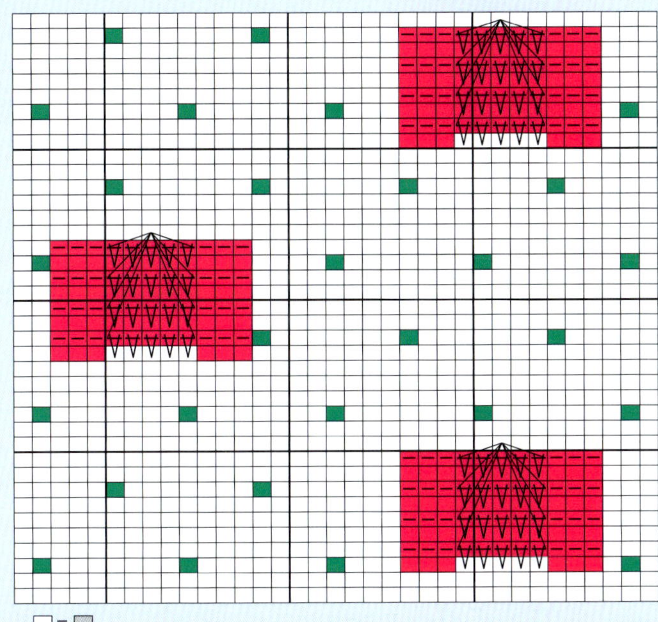

실 앞 걸러뜨기 리본

실

[퍼피] 코튼 코나

□#65 라이트 그레이　■#79 마젠타　■#81 연두

바늘　대바늘 4호(3.3mm), 코바늘3/0호

뜨개 바탕　35코×39단

게이지　26코×32단/10cm×10cm

난이도　★★☆

※ 리본 뜨는 법은 78페이지 참조

□ = □

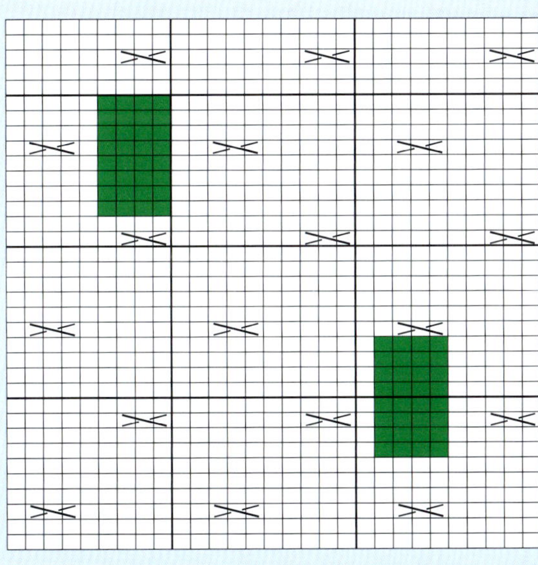

입체 리본

실

[다루마] 포클랜드 울

□#1 흰색

[다루마] 린넨 라미 코튼(병태)

■#11 프레시 그린

바늘　대바늘 6호, 코바늘4/0호

뜨개 바탕　29코×35단

게이지　19코×32단/10cm×10cm

난이도　★★☆

※ 리본 뜨는 법은 76페이지 참조

※ 배색무늬 실 분량: 리본은 하나 당 700cm로 잘라 둔다

리본 부분

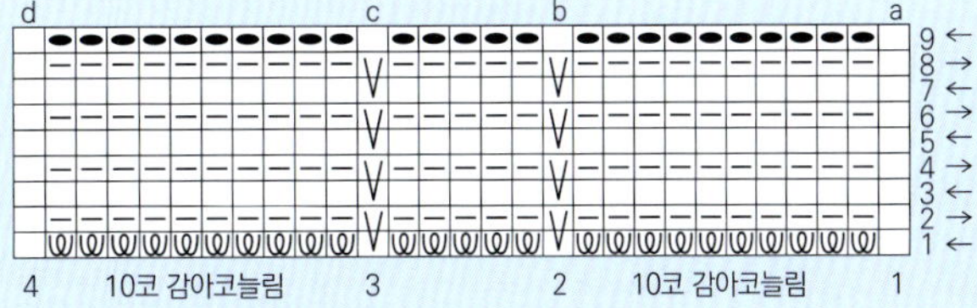

뜨개 바탕에서 a의 코 1을 뜨고 10코를 감아코로 늘린다. b의 코 2를 뜨개 바탕에서 1코 뜨고 감아코로 5코를 늘린다. c의 코 3도 뜨개 바탕에서 1코 뜨고 10코를 감아코로 늘린다. d를 뜨개 바탕에서 1코 주워 뜬다. 1, 2, 3, 4 사이의 바탕실은 느슨해지지 않도록 당긴다. 2단은 안뜨기로 뜨고 리본 부분은 겉뜨기, 2번째 코 b와 3번째 코 c는 걸러뜨기한다. 3단에서 8단까지 반복한다. 9단은 a, b, c, d를 바탕실로 뜨고 덮어씌우기하는 각 10코와 5코는 리본의 실로 뜬다. 76페이지를 참조하여 리본을 정리한다.

입체적인 리본 뜨는 법

베이스가 되는 뜨개 바탕에서는 abcd의 4코를 주워 뜨고 리본의 입체적인 부분은 베이스 뜨개 바탕에서 뜨지 않습니다. 뜨개 바탕에서 주워 뜬 부분은 늘어지지 않도록 실을 당기는 것과 형태를 정리하는 것이 포인트입니다.

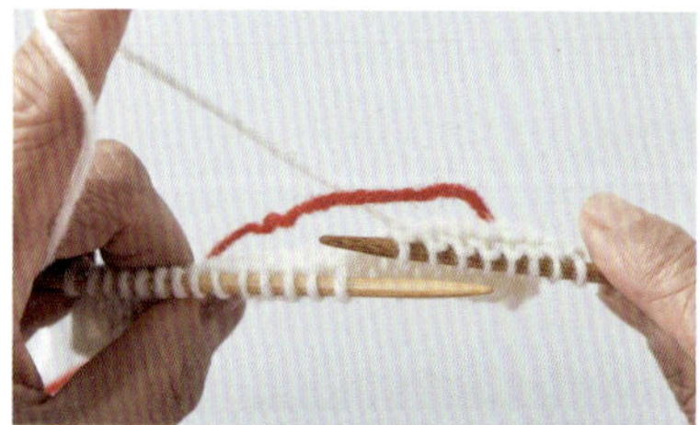

1 실을 바꾸는 코의 앞의 코를 뜨기 전에 리본의 실을 교차시켜서 잇습니다.

2 바탕실로 1코 뜨고 리본의 실로 바꿔서 겉뜨기로 a를 1코 뜹니다.

3 바늘에 실을 걸어서 감아코로 10코를 늘립니다.

4 뜨개 바탕에서 1코 뜹니다. 이것이 b가 됩니다.

5 같은 요령으로 5코를 감아코로 만들어 3번째 코 c를 뜨개 바탕에서 1코 뜹니다. 감아코로 10코를 늘린 후 뜨개 바탕에서 4번째 코 d를 1코 뜹니다.

6 그대로 바탕실로 끝까지 뜹니다. 이것으로 리본 부분의 1단이 떠졌습니다. 안면에서 바탕실이 건너는 상태가 됩니다. 감아코를 꼭 잡아당겨 둡니다.

7 안면으로 뒤집어서 리본 부분의 1코 앞까지 안뜨기로 뜨고, 바탕실과 리본의 실을 교차시켜 둡니다.

8 바탕실로 1코를 뜨고 리본의 실로 변경하여 리본 부분의 d를 안뜨기로 뜹니다.

9 감아코로 만든 10코를 겉뜨기 하고, 다음의 c는 걸러뜨기 합니다. 실을 앞으로 놓고 다음의 코를 뜨지 않고 오른쪽 바늘로 옮기고 계속하여 감아코늘림 부분의 5코를 겉뜨기로 뜹니다.

10 같은 요령으로 b를 걸러뜨기하여 오른쪽 바늘에 옮긴 후 감아코인 10코를 겉뜨기로 뜹니다. 다음의 a는 안뜨기로 뜹니다.

11 실을 바탕실로 변경하여 안뜨기로 끝까지 뜹니다. 이때, 리본 부분을 꼭 조여서 바탕실을 건너게 하고 뜹니다. 이것으로 리본의 부분을 포함하여 2단, 1왕복이 떠졌습니다.

12 3번째 단은 겉면으로 뒤집어서 뜹니다. 리본 부분의 1코 앞까지 겉뜨기로 뜨고, 바탕실과 리본의 실을 교차시킵니다. 이렇게 실을 교차시켜 두는 것을 잊지 말도록 합시다. 바탕실로 1코를 뜨면 다음은 리본의 부분입니다.

13 겉뜨기로 뜨개 바탕에서 a를 1코 뜨고 입체 부분을 10코 겉뜨기, 뜨개 바탕에서 b로 1코 뜹니다.

14 입체 부분 5코 겉뜨기, 뜨개 바탕 c를 1코 겉뜨기, 입체 부분 10코 겉뜨기, 뜨개 바탕 d를 1코 겉뜨기로 뜹니다. 바탕실로 끝까지 겉뜨기하고, 4번째 단은 안면으로 뒤집어서 2번째 단과 같은 방법으로 뜹니다.

15 이렇게 반복하면서 8번째 단까지 뜹니다. 입체적인 리본이 되었습니다. 다음 단인 9번째 단은 덮어씌우기 코막음 합니다.

16 끝까지 바탕실로 뜨고, 그대로 리본 부분의 a도 바탕실로 뜹니다.

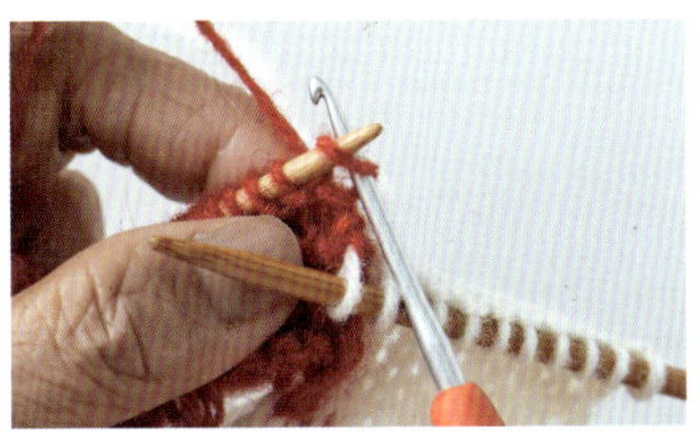

17 다음 코에 코바늘을 넣어서 실을 걸어 빼뜨기 합니다. 이대로 코바늘로 덮어씌워 코막음합니다.

18 다음 코에 바늘을 넣어 실을 걸어서 함께 빼뜨기합니다.

19 b는 코바늘에서 대바늘로 코를 옮겨 바탕실로 겉뜨기를 합니다.

20 다음의 입체 부분은 같은 방법으로 코바늘로 덮어씌우기 하고, c는 대바늘로 옮겨서 바탕실로 겉뜨기 합니다.

21 입체 부분은 코바늘로 덮어씌우고, d는 대바늘로 겉뜨기하고 끝까지 뜹니다. 이것으로 리본이 완성되었습니다.

22 리본 부분을 정리합니다. 리본의 실을 돗바늘에 꿰어 안면에 건너는 실을 손가락이나 바늘로 안쪽에 끼워 넣습니다.

23 양끝 리본의 실을 교대로 주워서 사이를 조입니다.

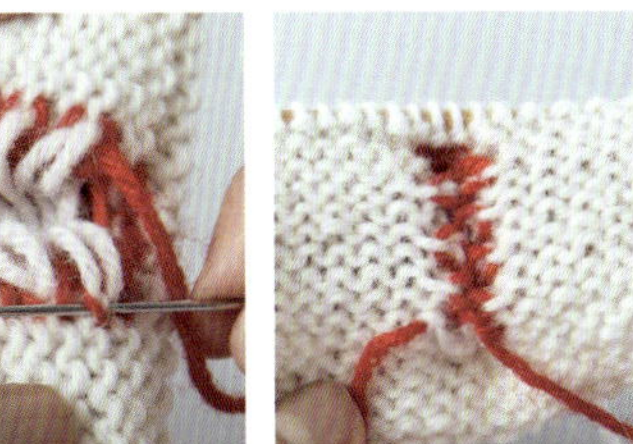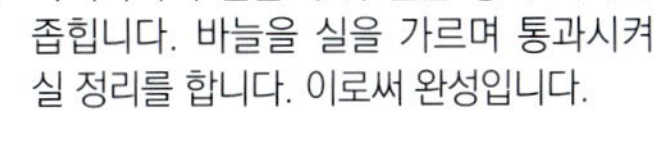

24 마지막까지 실을 주워 실을 당겨 사이를 좁힙니다. 바늘을 실을 가르며 통과시켜 실 정리를 합니다. 이로써 완성입니다.

실 앞 걸러뜨기 리본 뜨는 법

72페이지의 나비와 닮았지만 뜨는 법은 다른 리본입니다.
다양한 뜨는 법으로 비슷한 완성품을 만들어낼 수 있는 뜨개의 폭넓음을 즐겨봅시다.

1 실이 바뀌는 코의 2코 전 코를 뜨고, 그 다음 코(실이 바뀌기 전의 코)를 뜨기 전에 리본 실을 교차시켜서 이어 둡니다.

2 바탕실로 겉뜨기를 1코 하고, 리본의 실로 변경하여 겉뜨기로 3코 뜹니다.

3 실을 뜨개 바탕의 앞쪽으로 놓고 5코를 오른쪽 바늘에 옮깁니다.

4 실을 뒤쪽에 놓고 겉뜨기를 1코 뜹니다. 계속해서 2코를 더 뜨고, 바탕실로 끝까지 뜹니다.

5 안면으로 뒤집어서 2번째 단을 뜹니다. 리본의 부분의 1코 앞까지 안뜨기를 하고, 바탕실과 리본의 실을 교차시킵니다.

6 리본의 실로 겉뜨기를 11코 뜹니다.

7 11코를 뜨면 리본의 실과 바탕실을 교차시키고 바탕실로 안뜨기를 뜹니다. 그대로 끝까지 안뜨기로 뜹니다.

8 겉면에서는 실 앞 걸러뜨기가 되었고, 안면에서는 바탕실이 건너고 있습니다.

9 이를 반복하여 리본의 8단까지 뜹니다.

10 바탕실로 겉뜨기하고, 리본 부분도 바탕실로 뜹니다. 리본 부분을 5코 뜹니다.

11 코바늘로 바꿔 쥐고 코바늘을 걸러뜨기코의 앞으로 건너는 실의 아래로 넣습니다.

12 그대로 다음 코에 코바늘을 넣어 리본 실을 걸어 당기며 걸러뜨기의 실 아래를 통과시켜 빼냅니다.

13 다시 한 번, 이번에는 걸러뜨기 코의 아래를 통과하지 않고 코바늘을 넣어 실을 걸어 당겨서 빼냅니다.

14 대바늘에서 코를 빼고, 코바늘로 빼낸 코를 대바늘로 옮깁니다.

15 바탕실로 겉뜨기를 합니다.

16 바탕실로 끝까지 뜹니다. 리본 부분이 완성되었습니다.

다양한 배색뜨기와 입체 표현

모티브는 기본적으로 배색뜨기로 그리지만 배색뜨기 안에 입체적인 요소를 더하여 보다 리얼하고 재미있게 표현할 수 있습니다.

10페이지 사자의 갈기와 64페이지 선물상자의 리본에는 둘 다 더블 스티치를 넣었습니다

74페이지의 리본에는 베이스가 되는 뜨개 바탕, 뜨개 바탕의 사이에 입체적인 부분을 만들었습니다.

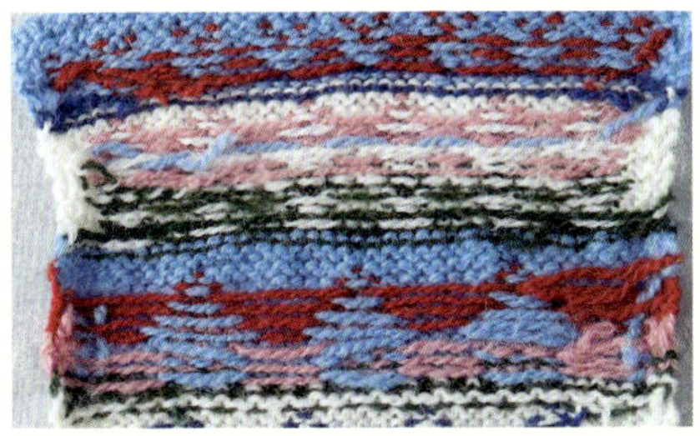

70페이지의 빗방울에는 구슬뜨기를 넣었습니다. 구슬 뜨기에는 여러가지 방법이 있습니다. (106페이지 참조)

배색뜨기 뜨개 바탕의 안면. 실이 건너고 있습니다.

핑크와 그레이로 완성한 마트료시카 무늬 가방. 바닥은
물방울 무늬로 만들었습니다. 마트료시카 무늬로 된 옆
면 2장과 물방울 무늬 바닥 1장을 만들어 연결하고 기
성품 가방을 넣어 겹치는 비교적 간단한 가방입니다.
기성품 가방에 달려 있던 손잡이를 분리하여 뜨개 바
탕의 안쪽에 단 후에 대나무 손잡이를 달았습니다.
how to make...P.160

"장미는 붉다Roses are red "는 영문 시구를 뜨개로 넣은 미니 백. 이것
도 기성품의 파우치에 뜨개 바탕을 더한 타입입니다. 좋아하는 명
언을 넣어서 혼자만의 즐거운 비밀로 해 볼까요. 뒤에는 고양이를
한 마리 떠 넣었습니다. 끈을 떼면 파우치로도 사용할 수 있습니다.
how to make...P.139

니터라면 누구나 뜨고 싶어질 대바늘 케이스와 코바늘 케이스. 평면뜨기로
만들기에 어떤 모티브를 넣어도 잘 맞습니다만 털실과 실패를 떠 보아 주세
요. 한층 더 애착이 생길 것입니다. 안쪽에는 보더 무늬를 넣었습니다.
how to make...P.164, 170

연구해봅시다
Input과 Output

미술관에 가면 '이 작가는 어떤 것에서 영향을 받았다', ' 이 작가는 이러한 시대에 태어났다'고 하는 해설을 보게 됩니다. 피카소도 마티스도 다와라야 소타쓰俵屋宗達(일본 에도 시대 초기의 화가—옮긴이)도 누구든 처음부터 천재성을 보였을 리는 없고 재능의 싹을 가지고 있었다고 생각됩니다. 그 싹에 물을 주고 햇볕을 쐬게 하여 꽃을 피우게 했을 것입니다. 우리도 마찬가지. 누구라도 재능의 싹을 가지고 있기 마련이지요. 그것을 소중하게 키워가야지 않겠습니까.

1. 경험으로 얻을 수 있는 것

저는 어릴 때부터 친구와 술래잡기나 깡통차기를 하는 것보다도 혼자서 책을 읽거나 하늘을 올려다보거나 개미의 행렬을 보고 있는 것이 좋았습니다. 자연 관찰과 독서가 제 안에서 서로 자극이 되어 상상력이 태어났다고 생각됩니다. 이들이 없었다면 100장의 패턴을 생각해낼 수도 없었을 것입니다. 인풋이 없으면 아웃풋도 생기지 않습니다. 그렇지만 '이 시대의 전자기기를 사용하여 얻는 정보는 인풋이라 할 수 없다. 스스로 경험해 봐야…'라고 생각합니다.

좋아하는 것을 발견하면 그것을 시험해 보는 것도 중요합니다. 방의 벽 칠하기, 동경하던 벽지를 발라 보기 등은 제가 시험해 본 것입니다. 처음부터 '불가능해'라고 하지 않고 해보고 잘 되지 않았다면 '왜?'라고 원인을 찾아서 다시 한 번 도전해봅니다. 뜨개도 마찬가지입니다. '생각 → 실패 → 연구 → 성공!'은 한 세트입니다. 테크닉은 상당히 좋아졌지만, 지금 제가 하고 있는 일은 어릴 때와 그다지 달라지지 않았다고 생각합니다. 어린 시절에 넘쳐나던 상상력이 고갈되지 않도록 자신의 내면에 받아들일 것을 선택하기. 책을 읽어 멋진 말을 접하고 밖에 나가서 색이나 형태를 찾아 마음속의 서랍 속에 쌓아두기. 이렇게 하면 또 다음의 100장도 필연코 가능할 것입니다!

윌리엄 모리스William Morris(영국의 작가이자 건축가 —옮긴이)의 벽지를 스스로 발라 보았다.

2. 작품에 녹여낸다

작은것에도 놀라움을 느끼면서 매일을 보내고 싶습니다. 어느 날, 정원에 핀 아름다운 겹벚꽃을 바라보고 있자니 벽에 비친 그림자가 눈에 들어왔습니다. 이 형태, 어딘가에서 본 기억이 있는 것 같아……. 아, 다와라야 소타쓰의 〈긴긴데이시키소카시타에고킨슈와카마키金銀泥四季草花下絵古今集和歌巻〉※구나. 또 다른 날에는 카페의 조명을 받아 생긴 내 손 그림자의 그라데이션이 아름다워 나도 모르게 두근두근. 이런 작은 깨달음이 저의 에너지의 원천입니다.

스마트폰으로 손쉽게 사진을 찍을 수 있게 되었으므로 눈에 들어온 광경을 카메라로 캡쳐하여 그 형태를 패턴에 담아 보고 그 색을 털실의 색으로 바꿔 넣어 봅니다. 이런 일도 즐거운 놀이라고 생각합니다.

'능동적으로 받아들인다+나다운 형태로 바꿔낸다'라는 방법으로 언제까지나 녹슬지 않는 감성을 갖고 싶습니다. 여러분은 어떤 것을 보고, 무엇을 느끼고 어떻게 표현하고 있습니까? 꼭 여러분만의 표현으로 떠 보아 주세요.

※ 혼아미 고에쓰本阿弥光悦가 글을 쓰고, 다와라야 소타쓰가 금, 은 안료로 사계의 풀꽃을 그린 와가和歌 두루마리—저자 주

모로코 여행에서 찍은 1장에서 선택된 실

벽을 타는 식물. 이런 무심한 풍경에서도 아름다운 색을 고를 수 있습니다.

기타 무늬

댄스

실

[제이미슨스] 스핀드리프트

□#104 내추럴 화이트　■#684 코발트

■#500 스칼렛

바늘　대바늘 4호(3.3mm)

뜨개 바탕　36코×38단

게이지　28코×30단/10㎝×10㎝

난이도　★★☆

크리스마스 갈런드

실

[제이미슨스] 스핀드리프트

■#525 진홍색　□#104 내추럴 화이트

바늘　대바늘 4호(3.3mm)

뜨개 바탕　36코×41단

게이지　28코×30단/10㎝×10㎝

난이도　★★☆

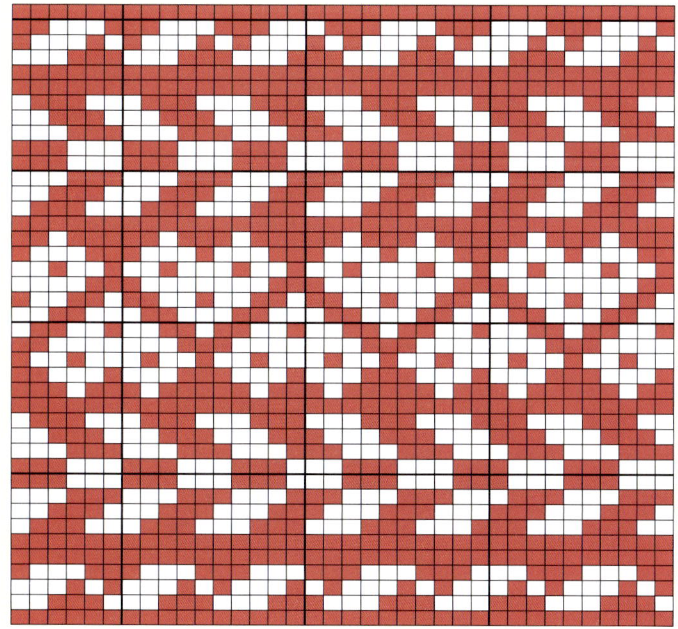

Point

크리스마스 이미지의 패턴입니다. 안면 전체에서 실이 건너
기 때문에 따뜻한 의류를 만들기에도 좋습니다. 견고한 뜨
개 바탕이 되어서 소품에도 적당합니다.

티타임

실

[제이미슨스] 스핀드리프트

□#105 연베이지　■#879구리

■#665 블루벨　■#540 코랄

■#259레프러콘　■#616 아네모네

■#188셔벗　□#785 애플

바늘　대바늘 4호(3.3㎜)

뜨개 바탕　38코×44단

게이지　26코×28단/10㎝×10㎝

난이도　★★☆

영국의 클래식 티포트 '브라운 베티' 무늬
를 넣었습니다. 페어아일 무늬를 더하여
의류를 만들어 봅시다.

□ = □

마이 컨트리 라이프

실

[제이미슨스] 스핀드리프트

■#525 진홍색　■#570 소르베

■#660 라군　■#684 코발트

□#104 내추럴 화이트　■#249 고사리

바늘　대바늘 4호(3.3㎜)

뜨개 바탕　37코×42단

게이지　26코×32단/10㎝×10㎝

난이도　★★☆

과자가게의 페어아일

실

[제이미슨스] 스핀드리프트

■#103 쇼밋 ■#271 불꽃

□#105 연베이지 ■#770 민트 ■#780 라임

■#616 아네모네 □#104 내추럴 화이트

■#665 블루벨 ■#135 파도

■#1160 양골담초 ■#188 셔벗

바늘 대바늘 4호(3.3㎜)

뜨개 바탕 41코×53단

게이지 30코×32단/10㎝×10㎝

난이도 ★★☆

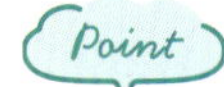

과자 모양을 페어아일로 만들었습니다.
하나 하나의 색수, 단수가 작으므로 페
어아일 초보에게 알맞은 무늬입니다.

존스 페어아일

실

[제이미슨스] 스핀드리프트

■#599 조디악 ■#259 레프러콘

■#390 수선화 ■#106 무스킷 □#268 개장미

■#769 버드나무 □#104 내추럴 화이트

■#879 구리 ■#764 하늘색 ■#665 블루벨

■#710 용담 ■#629 루핀 ■#575 립스틱

■#617 라벤더

바늘 대바늘 4호(3.3㎜)

뜨개 바탕 37코×49단

게이지 28코×28단/10㎝×10㎝

난이도 ★★☆

b
a

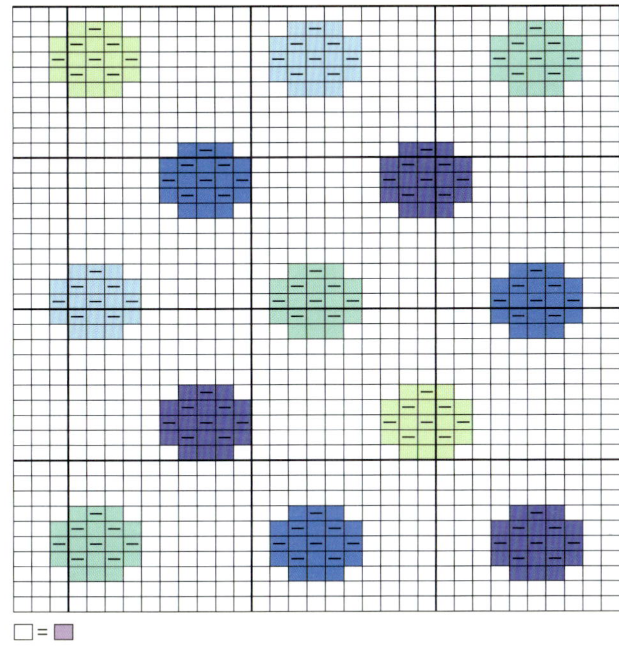

물방울

실

[제이미슨스] 스핀드리프트

a

■#616 아네모네　■#770 민트　■#629 루핀

■#676 사파이어　■#365 샤르트뢰즈　■#929 아쿠아

b

□#104내추럴 화이트　■#525 진홍색

바늘　대바늘 4호(3.3mm)

뜨개 바탕　33코×40단

게이지　26코×32단/10cm×10cm

난이도　★☆☆

※ 배색무늬 실 분량: 물방울용은 55cm로 잘라 둔다

□ = ■

타이니 하트

실

[제이미슨스] 스핀드리프트

□#104 내추럴 화이트　■#525 진홍색

바늘　대바늘 5호(3.6mm), 코바늘 3/0호

뜨개 바탕　33코×40단

게이지　24코×30단/10cm×10cm

난이도　★☆☆

※ 코바늘 구슬뜨기는 135페이지 참조

◙ = 긴뜨기 2코 구슬뜨기
코바늘 3/0호

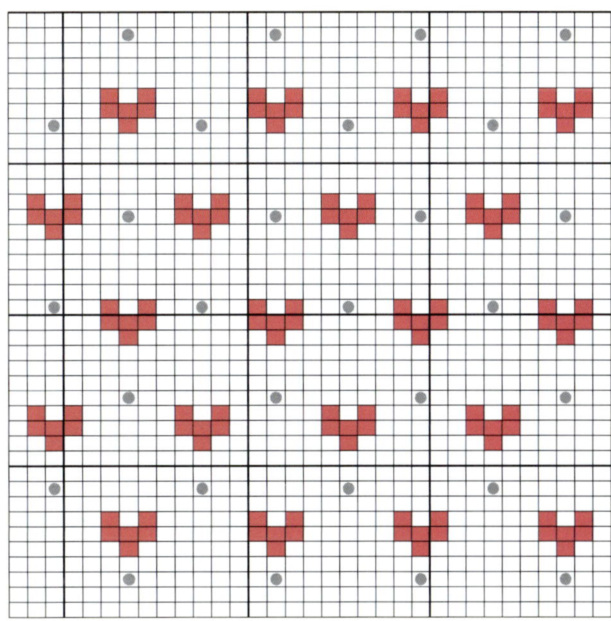

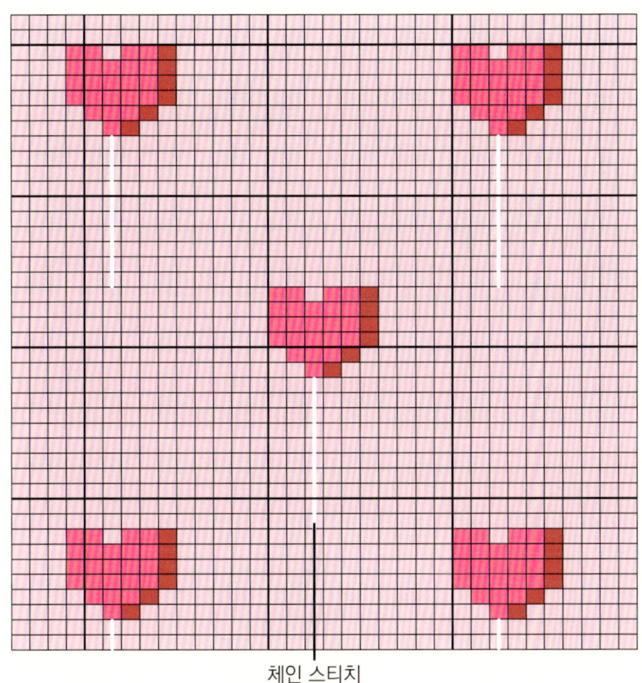

하트 캔디

실

[제이미슨스] 스핀드리프트

□#268 개장미　■#585 플럼　■#525 진홍색

[퍼피] 코튼 코나　□#1 흰색

바늘　대바늘 4호(3.3mm)

뜨개 바탕　34코×42단

게이지　24코×34단/10cm×10cm

난이도　★☆☆

※ 배색무늬 실 분량:
　#585는 60cm, #525는 30cm로 실을 잘라 둔다.

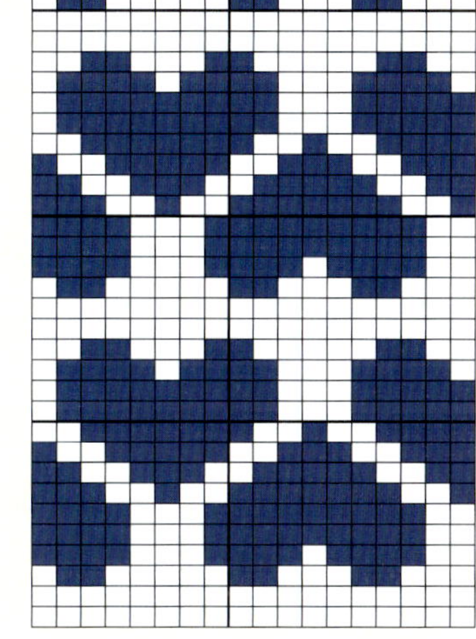

더블 하트

실

[제이미슨스] 스핀드리프트

■#750 페트롤　□#390 수선화

바늘　대바늘 5호(3.6mm)

뜨개 바탕　37코×44단

게이지　28코×32단/10cm×10cm

난이도　★☆☆

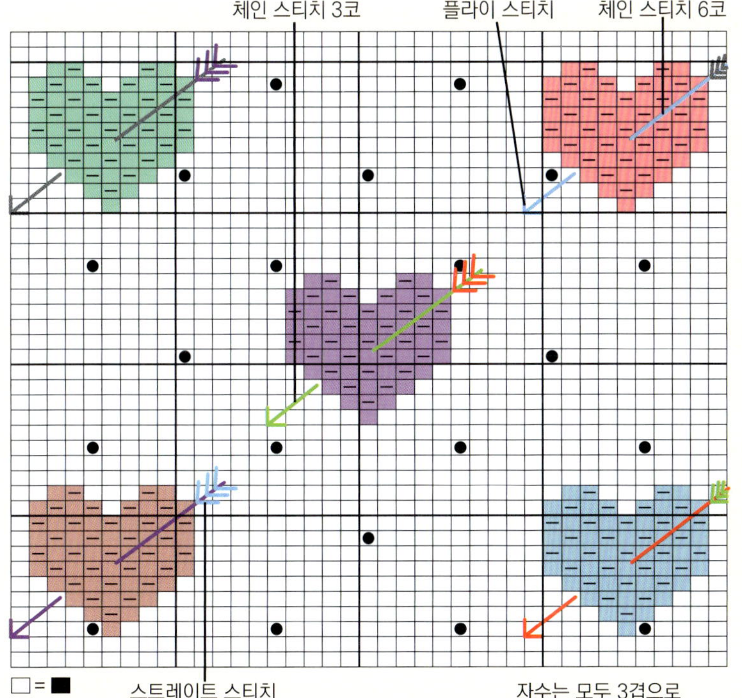

하트&화살

실

[제이미슨스] 스핀드리프트

■#999 블랙　■#540 코랄　■#929 아쿠아

■#616 아네모네　■#770 민트　■#570 소르베

[DMC] 라이트이펙트

좋아하는 색

바늘　대바늘 4호(3.3mm), 코바늘 2/0호

뜨개 바탕　39코×42단

게이지　24코×34단/10cm×10cm

난이도　★★☆

※ 배색무늬 실 분량:
　하트는 140cm로 실을 잘라 둔다.

※ 코바늘 구슬뜨기는
　135페이지 참조

바탕실

◉ =
긴뜨기 2코 구슬뜨기
코바늘 2/0호

청어와 고양이 −헤링본

실

[제이미슨스] 스핀드리프트

□ #343 아이보리   ▨ #103 쇼밋

■ #999 블랙   ▦ #525 진홍색

바늘 대바늘 5호(3.6mm), 코바늘 2/0호

뜨개 바탕 40코×41단

게이지 30코×30단/10cm×10cm

난이도 ★★☆

※ 코바늘 구슬뜨기는 135페이지 참조

▣ = ⊗

긴뜨기 2코 구슬뜨기
코바늘 2/0호

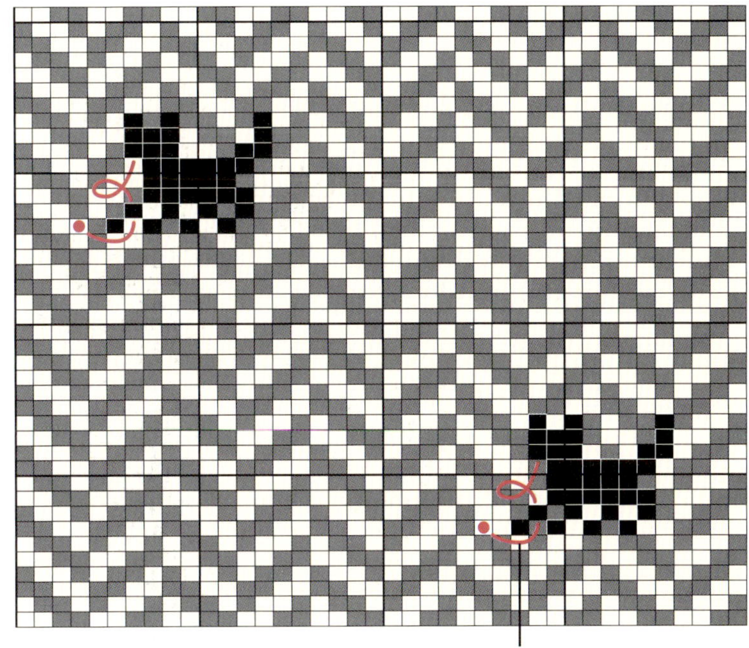

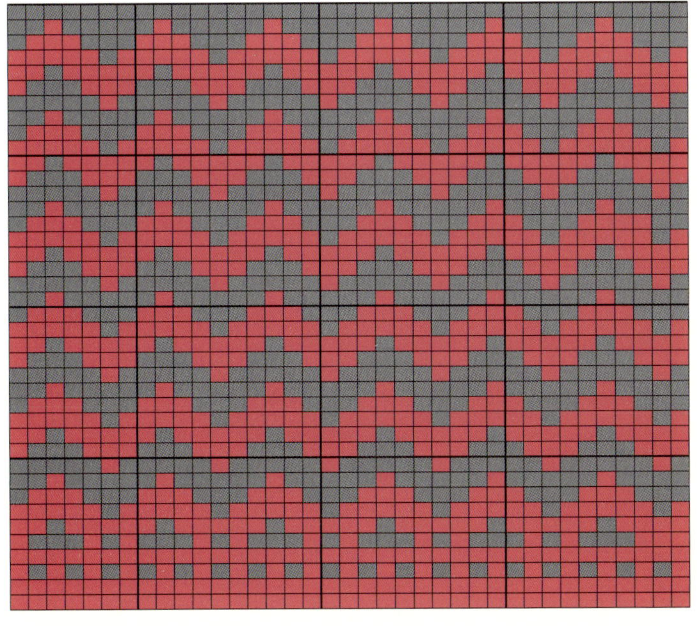

지그재그

실

[제이미슨스] 스핀드리프트

▨ #103 쇼밋   ▦ #525 진홍색

바늘 대바늘 4호(3.3mm)

뜨개 바탕 37코×40단

게이지 28코×30단/10cm×10cm

난이도 ★★☆

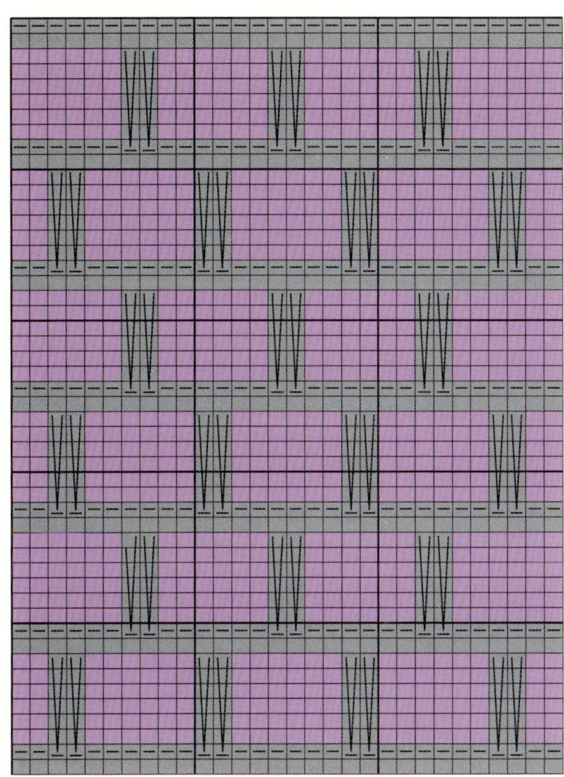

스테인드글라스

실

[퍼피] 브리티시 파인

■ #009 그레이

[퍼피] 키드모헤어 파인

■ #61 라벤더

바늘 대바늘 4호(3.3mm)

뜨개 바탕 30코×50단

게이지 26코×46단/10cm×10cm

난이도 ★☆☆

※ 바탕실은 단의 맨끝에서 6단분만큼 세로로 건넌다.

※ 뜨는 법은 100페이지 참조

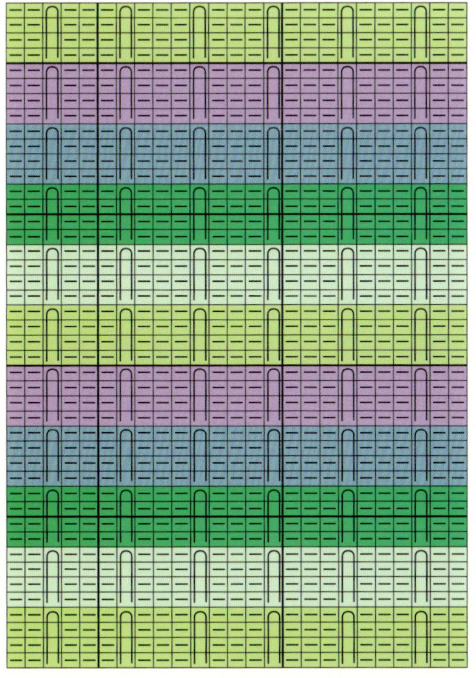

레인보우

실

[제이미슨스] 스핀드리프트

■ #616 아네모네   ■ #760 카스피 해

■ #792 에메랄드   ■ #785 애플

■ #780 라임

바늘 대바늘 5호(3.6mm)

뜨개 바탕 25코×44단

게이지 20코×34단/10cm×10cm

난이도 ★★☆

※ 뜨는 법은 101페이지 참조

□ = Ⅰ

걸러뜨기로 끌어올림 무늬 뜨기

걸러뜨기가 들어가는 것으로 아래의 코가 끌어올려져 곡선이 만들어집니다.

1 걸러뜨기의 앞코까지 바탕실(흰색)으로 겉뜨기 하고, 걸러뜨기 코는 뜨지 않고 오른쪽 바늘로 옮깁니다.

2 2코가 걸러뜨기코이므로 다음 코도 그대로 이동 시켜 걸러뜨기 합니다.

3 바탕실로 6코 겉뜨기합니다. 다음은 오른쪽 바늘에 코를 옮겨 걸러뜨기 합니다.

4 이렇게 반복하여 끝까지 뜹니다.

5 안면으로 뒤집어 안뜨기 합니다.

6 다음 2코는 걸러뜨기이므로 오른쪽의 바늘로 옮깁니다.

7 이를 반복하여 끝까지 뜹니다. 이로써 걸러뜨기 2단이 되었습니다.

8 이렇게 6단을 반복합니다. 걸러뜨기 부분은 뜨지 않고 코를 옮기기만 하면 됩니다.

9 다음 단은 배색실(파랑)으로 변경하여 끝까지 겉뜨기로 뜹니다. 걸러뜨기한 2코도 겉뜨기로 뜹니다.

10 끝까지 뜨면 안면으로 뒤집어 겉뜨기로 뜹니다. 다음 단은 바탕실로 뜨면서 2코를 걸러뜨기 합니다.

11 바탕실로 걸러뜨기 2코가 들어가는 단을 6단, 배색실로 겉뜨기 1단과 안뜨기 1단을 반복합니다. 걸러뜨기 부분이 끌어올려져 배색부분이 곡선이 됩니다.

끌어올려 뜨기 무늬 뜨는 법

끌어올려 뜨기로 무늬를 만듭니다.
색을 바꾸는 것으로 다음의 단에 아랫 단의 색이 끌어올려지는 것도 재미있는 모습이 됩니다.

1 흰색의 단을 뜹니다. 2코 안뜨기를 뜨고 다음의 코는 끌어올리기 코이므로 바늘에 실을 겁니다.

2 코에 오른쪽 바늘을 넣어 뜨지 않고 그대로 오른쪽 바늘로 옮깁니다.

3 도안대로 안뜨기로 3코를 뜹니다.

4 다음으로 오른쪽 바늘에 실을 걸어서 뜨지 않고 코를 오른쪽 바늘에 올려 걸어올려뜨기를 합니다.

5 이렇게 반복하며 끝까지 뜹니다.

6 안면으로 뒤집어 겉뜨기 합니다. 다음의 코는 끌어올려 뜨기이므로 오른쪽의 바늘에 실을 겁니다.

7 오른쪽 바늘을 코에 넣어서 뜨지 않고 바늘을 옮깁니다. 이 때에 앞 단에서 걸려 있던 실도 한꺼번에 옮깁니다. 이를 반복하여 끝까지 뜹니다.

8 겉면으로 뒤집어서 안뜨기로 2코 뜹니다.

9 다음의 코는 끌어올려 뜨기이므로 오른쪽의 바늘에 실을 걸어서 앞 단에 걸었던 실과 함께 오른쪽 바늘로 옮깁니다.

10 끝까지 끕니다. 이것으로 끌어올려 뜨기 3단과 걸린 실이 3가닥이 되었습니다.

11 안면으로 뒤집어서 안뜨기 합니다. 끌어올린 코와 걸린 실을 한꺼번에 안뜨기 합니다.

12 끝까지 뜨면 이 모양으로 1세트가 됩니다. 다음은 색을 변경하여 같은 방법으로 반복합니다.

구슬뜨기와 아가일

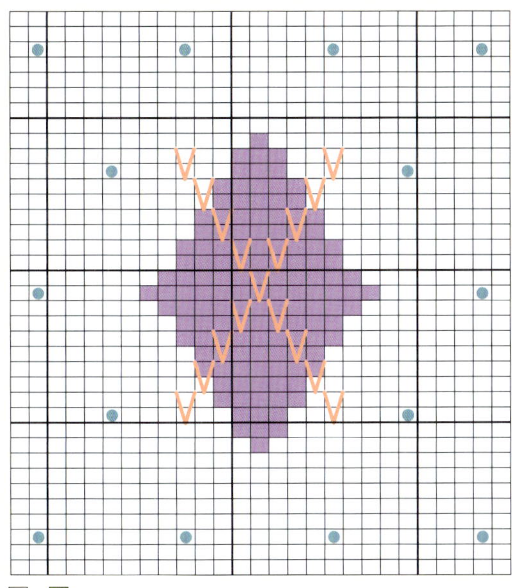

□ = 🟩

실

[제이미슨스] 스핀드리프트

■ #259 레프러콘　■ #616 아네모네

■ #760 카스피 해　■ #271 불꽃

바늘　대바늘 4호(3.3mm), 코바늘 2/0호

뜨개 바탕　37코×37단

게이지　28코×30단/10cm×10cm

난이도　★★☆

※코바늘 구슬뜨기는
　135페이지 참조

※ 메리야스 스티치는
　#27로 2단에 1코로 수놓는다.

◉ = 긴뜨기 2코 구슬뜨기
코바늘 2/0호

큐브&케이블

실

[제이미슨스] 스핀드리프트

■ #929 아쿠아　□ #104 내추럴 화이트

■ #188 셔벗

바늘　대바늘 4호(3.3mm), 코바늘3/0호

뜨개 바탕　37코×40단

게이지　30코×34단/10cm×10cm

난이도　★★☆

※ 대바늘 구슬뜨기는 134페이지 참조

대바늘 2단 구슬뜨기

사슬뜨기 1코

왼코 위 3코 모아뜨기　　오른코 위 3코 모아뜨기

코늘림

도토리

실

[제이미슨스] 스핀드리프트

■ #815 아이비　□ #342 캐슈　■ #1190 어두운 갈색

바늘　대바늘 4호(3.3mm), 코바늘 3/0호

뜨개 바탕　35코×48단

게이지　26코×40단/10cm×10cm

난이도　★★☆

※ 대바늘 구슬뜨기는
　134페이지 참조

← 1단씩 걸러서 #1190를 꿴다
　(끝이 둥근 자수용 바늘을 사용)

대바늘 9단 구슬뜨기

코바늘로 빼뜨기　　사슬뜨기 1코

중심 3코 모아뜨기

코늘림

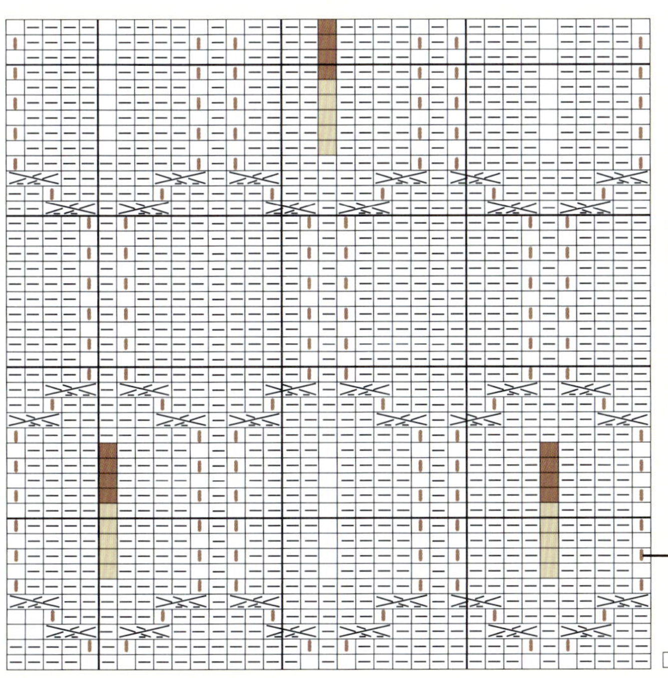

□ = 🟩

b
a

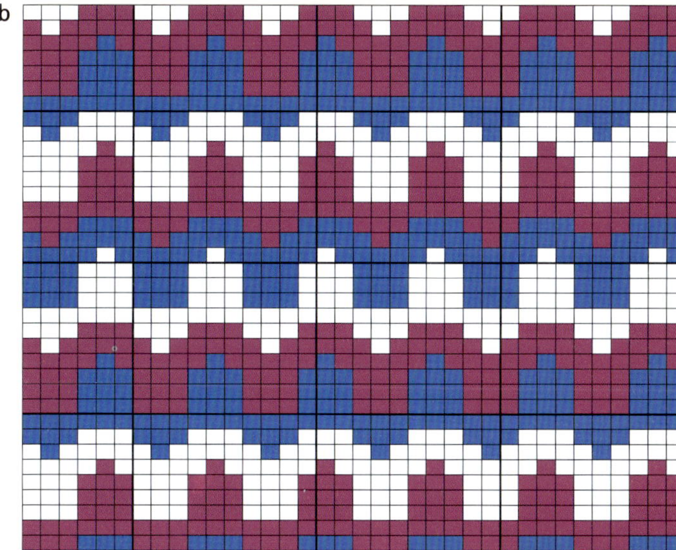

블록

실

[제이미슨스] 스핀드리프트

a

- ■ #103 쇼밋 ■ #770 민트 ■ #478 앰버
- ■ #815 아이비 ■ #122 화강암 ■ #580 체리
- ■ #365 샤르트뢰즈 ■ #760 카스피 해
- ■ #616 아네모네 ■ #286 진퍼리새
- ■ #585 플럼 ■ #390 수선화
- ■ #599 조디악 ■ #676 사파이어

b

- ■ #684 코발트 □ #104 내추럴 화이트
- ■ #580 체리

바늘 대바늘 4호(3.3mm)

뜨개 바탕 36코×36(b37)단

게이지 26코×30단/10cm×10cm

난이도 ★★★

조개 껍질

실

[제이미슨스] 스핀드리프트

- ■ #259 레프러콘 ■ #599 조디악 ■ #770 민트
- ■ #760 카스피 해 ■ #792 에메랄드 □ #769 버드나무
- ■ #616 아네모네

바늘 대바늘 5호(3.6mm)

뜨개 바탕 36코×40단

게이지 28코×30단/10cm×10cm

난이도 ★★☆

패턴에 대하여

많은 분들께서 여쭤 보시는 것이 '어떻게 하면 예쁘게 뜰 수 있는 것일까요?' 입니다. 누구든 처음부터 코가 가지런한 뜨개 바탕을 뜰 수 있는 것은 아니고 경험이 쌓여야 합니다. 그래도 제가 생각하는 것은 또 하나. 자신은 무엇을 깔끔하다 아름답다고 생각하고 있는가 하는 것. 그것을 머릿속에 그려가면서 손을 움직이는 게 중요합니다. 패턴의 활용방법에 대해서도 같습니다. 머릿속에 이미지를 그리는 것부터 시작됩니다.

1. 같은 무늬의 활용

하나의 모티브를 몇 개 옆으로 늘어놓아 보더 무늬를 만들어 의류를 뜨고, 사각형 전체에 모티브를 분산시켜 쿠션을 뜨거나, 굵은 실로 떠서 무늬의 크기를 변화시켜 가방을 만드는 식으로 하나의 모티브를 여러가지로 즐기는 것이 가능합니다.

2. 같은 기법을 활용

구슬뜨기의 베리에이션도 여러가지. 물방울 무늬처럼 흩뜨려 놓기도, 크고 긴 타원으로, 눈물모양으로 낙숫물을 만들기도 하고, 위아래의 색을 다르게 하여 도토리를 표현하기도, 크게 부풀려서 기구로 하는 등 같은 기법을 사용해 여러가지 형태로 만들 수 있습니다. 만들고 싶은 형태를 확실히 이미지화하여 그 형태가 되도록 몇번이고 떠서 시행착오를 거듭합시다. 이 외에도 체리나 포도(이부키 히로코 지음 《플라워 니팅》 참조) 등의 과일이나 야채를 뜨는 것도 좋을 듯합니다!

3. 기억이나 주위의 에피소드를 활용

일상의 광경에서도 패턴이 태어납니다. 산 속 집에 놀러간 두 마리의 사슴. 너무나도 귀여워서 패턴에 담아보았습니다. 수족관, 동물원의 동물들, 영국에 살고 있을 때에 익숙했던 양과 말, 여우나 고슴도치, 레이분도섬에서 만난 바다표범들. 모두 마음 속에서 느껴진 설렘이 형태가 된 것입니다.

색깔도 중요합니다. 색의 감각은 어떻게 기를까요? 저는 자연으로부터, 수많은 그림을 보는 것으로부터 배웁니다. 많은 색이나 형태를 보고 있는 가운데 자신의 마음을 끄는 '취향'이 생겨나는 것입니다. 한마디라도 좋으니까 적어둡시다. '이 핑크와 그레이 조합이 예뻤다'라고 말입니다. 나중에 읽어보고는 '나는 이때에 이 색이 좋다고 생각했구나, 그렇다면 이번에 스웨터를 뜰 때에 이 색의 조합으로 해보자'가 됩니다. 지금도 제가 실천하고 있는 방법입니다.

실 고르기

아래 사진에는 7장의 뜨개 바탕이 있습니다. 이것들은 한 장씩 다른 실로 뜬 것. 폭신폭신한 모헤어나 클래식한 인상의 셰틀랜드 실, 살랑살랑한 코튼 등 소재도 다양합니다. 실에 따라 무늬의 크기도 바뀌고, 자, 어떤 실을 고르면 좋을까요.

113페이지의 하트와 케이블 패턴을 예로 들어 보겠습니다. 이 패턴은 의류에도, 큰 숄에도 훌륭하게 어울리며 가방을 떠도 좋을 것입니다. 무엇을 뜰지 정했다면 시험뜨기를 해 봅시다. 다음에는 뜨개 바탕을 만져보며 자신이 만들고 싶은 것에 적합할지 확인합니다. 폭신한 숄이라면 바늘의 호수를 살짝 올려서 헐렁하게 떠도 좋고, 가방으로 만든다면 탄탄한 뜨개 바탕이 필요하므로 바늘의 호수를 낮춰서 단단하게 떠야 합니다.

a : [다루마] 린넨 라미 코튼
b : [로완] 펠티드 트위드
c : [퍼피] 브리티시 파인
d : [로완] 키즈실크 헤이즈
e : [퍼피] 알바
f : [퍼피] 프리티시 파인+키드모헤어 파인
g : [제이미슨스] 스핀드리프트

털실에 감겨 있는 띠지에는 그 실에 관한 여러가지 정보가 적혀 있습니다. 제조사가 제안하는 바늘 호수와 그걸로 만들어지는 게이지(10cm가 몇 코×몇 단으로 구성되어 있는가), 소재나 세탁법 등 띠지에 적혀 있는 정보는 만들고 싶은 것에 다가가기 위한 중요한 힌트입니다. 무언가를 만들기 위해서는 이미지를 확실하게 가지는 것과 그것을 정확하게 만들기 위한 기술과 설계도가 필요합니다. 뜨고 싶은 기분을 도와 주는 털실의 띠지를 잘 활용해봅시다.

얼터너티브 케이블

실

[퍼피] 모나르카

□#901 흰색

바늘　대바늘 10호(5.1㎜), 꽈배기바늘 2개

뜨개 바탕　26코×32단

게이지　24코×26단/10㎝10㎝

난이도　★★☆

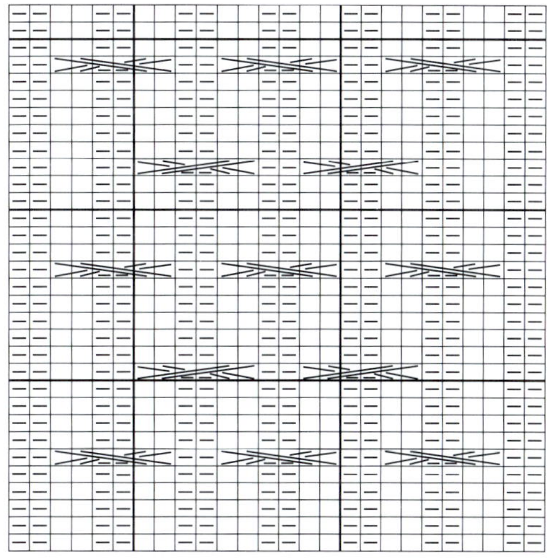

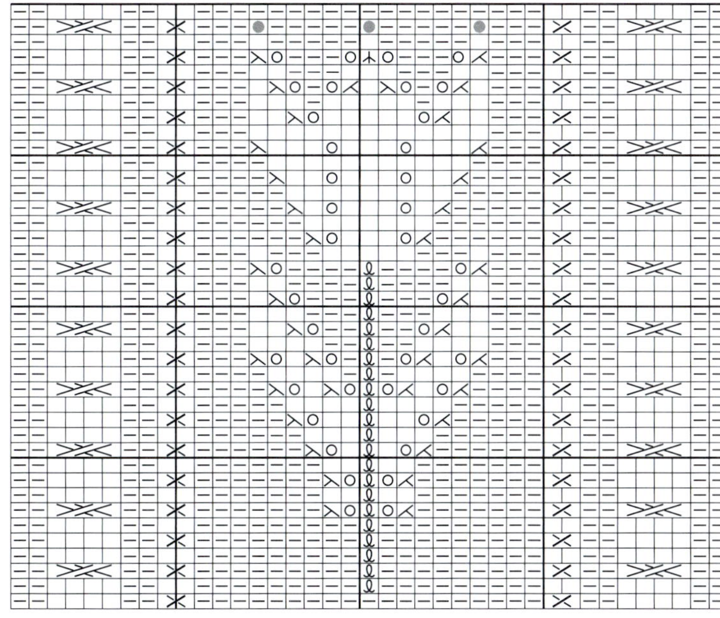

튤립

실

[퍼피] 차스카

□#10 흰색

바늘　대바늘 5호(3.6㎜), 코바늘 3/0호

뜨개 바탕　39코×40단

게이지　22코×30단/10㎝×10㎝

난이도　★★☆

※ 코바늘 구슬뜨기는 135페이지 참조

 =

긴뜨기 2코 구슬뜨기
코바늘 3/0호

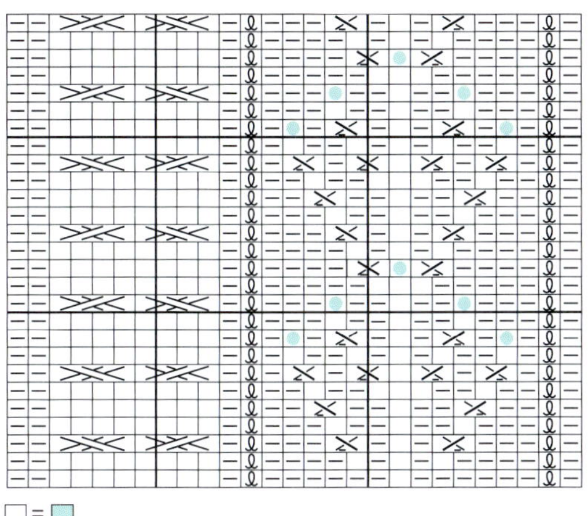

□ = 🟦

허니콤과 버블 트리

실

[퍼피] 브리티시 에로이카

🟦#207 연파랑

바늘 대바늘 8호(4.5㎜), 코바늘 7/0호, 꽈배기바늘

뜨개 바탕 27코×27단

게이지 18코×22단/10㎝×10㎝

난이도 ★★☆

※ 코바늘 구슬뜨기는 135페이지 참조

□ = 긴뜨기 2코 구슬뜨기
코바늘 7/0호

변형 케이블

실

[퍼피] 브리티시 에로이카

🟧#186 오렌지

바늘 대바늘 8호(4.5㎜)

뜨개 바탕 22코×27단

게이지 20코×124단/10㎝×10㎝

난이도 ★★☆

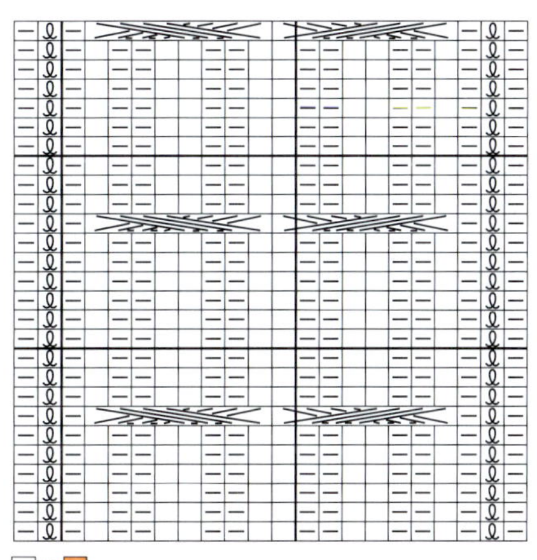
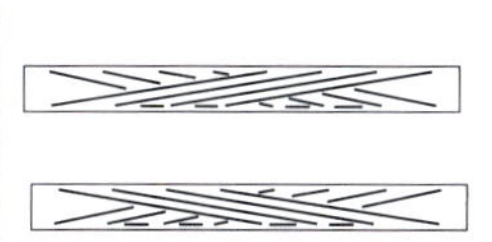

□ = 🟧

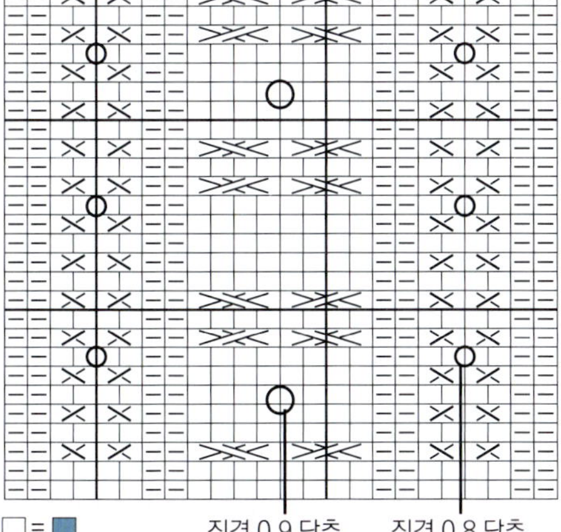

□ = 🟦   직경 0.9 단추   직경 0.8 단추

교차무늬 아란

실

[퍼피] 브리티시 파인

🟦#092 청록색

기타

직경 0.8㎝ 자개단추 6개, 직경 0.9㎝ 자개단추 2개

바늘 대바늘 6호(3.9㎜), 꽈배기바늘

뜨개 바탕 24코×27단

게이지 24코×28단/10㎝×10㎝

난이도 ★★☆

※ 2겹으로 합쳐 뜬다.

자개 단추를 달 때에는 작게 자른 펠트를 안면에 덧대서
보강합니다. 단추를 달면 무게가 더해지므로, 개수는 기호에
맞게 결정하세요.

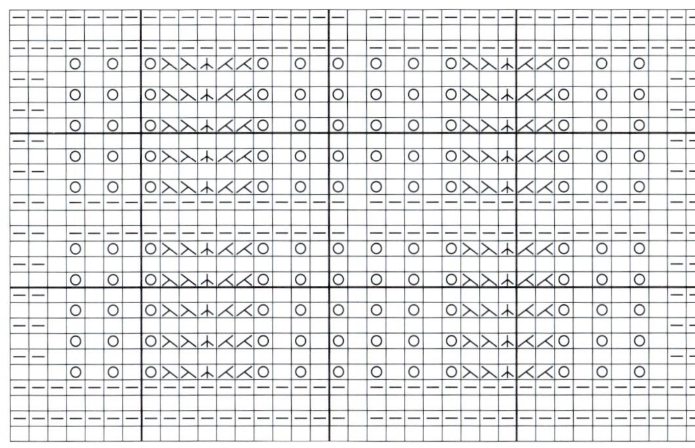

□ = ■

레이시 웨이브

실

[퍼피] 브리티시 파인

■#092 청록색

바늘 대바늘 4호(3.3mm)

뜨개 바탕 37코×28단

게이지 32코×32단/10cm×10cm

난이도 ★★☆

[퍼피] 챠스카

■#41 그레이

[퍼피] 키드모헤어 파인

□#51 레몬 옐로

를 합쳐서 2겹으로 뜬다.

질감도 색도 바뀌는 즐거운 조합입니다.

Point

128페이지의 모헤어 빅 숄에 사용된 무늬의 패턴입니다!

□ = □

하트와 교차뜨기로 만든 비침 무늬

실

[퍼피] 알바

□#1219 아이보리

바늘 대바늘 6호(3.9mm), 코바늘 4/0호

뜨개 바탕 29코×24단

게이지 24코×28단/10cm×10cm

난이도 ★★☆

※ 코바늘 구슬뜨기는 135페이지 참조

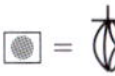 =

긴뜨기 2코 구슬뜨기
코바늘 4/0호

Point

이 페이지의 패턴 2장은 실에 따라 여러 가지 표정이 생겨납니다. 코튼에서 모헤어까지, 어떤 소재나 굵기의 실로 떠도 각각의 결과를 즐길 수 있을 것입니다. 1무늬마다 콧수링을 끼워 콧수를 확인하며 뜨면 틀리지 않고 뜰 수 있답니다.

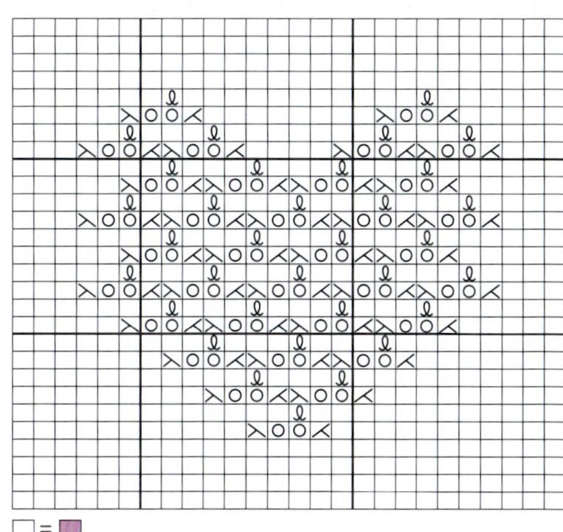

비침무늬 하트

실

[DMC] 해피 코튼

■#795 연보라

바늘　대바늘 6호(3.9mm)

뜨개 바탕　26코×29단

게이지　20코×28단/10cm×10cm

난이도　★★☆

□ = ■

지그재그 아일렛

실

[DMC] 해피 코튼

■#781 초록　■#780 연초록

□#771 버터컵

바늘　대바늘 6호(3.9mm)

뜨개 바탕　25코×37단

게이지　18코×30단/10cm×10cm

난이도　★☆☆

왼코 위, 오른코 위로 바꿔가며 2코 모아뜨기를
하면 탄생하는 지그재그 무늬가 재미있습니다.

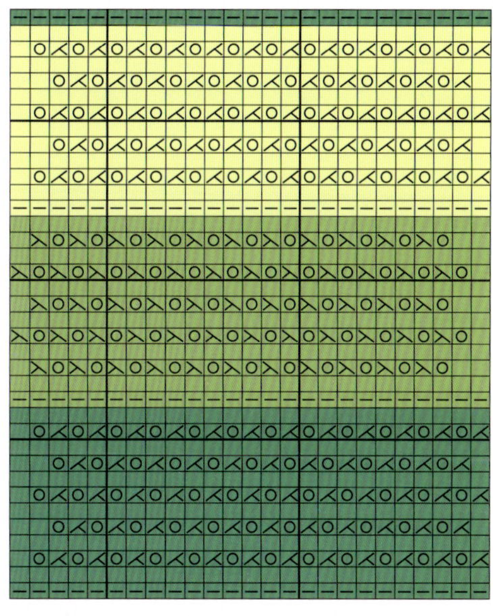

엠보스 스티치

실

[다루마] 긱

■#10 베이지×청록

[다루마] 라메 레이스 #30

■#6 샴페인 골드

바늘　대바늘 10호(5.1mm)

뜨개 바탕　18코×18단

게이지　16코×18단/10cm×10cm

난이도　★★☆

※ 긱과 라메 레이스를 합쳐서 2겹으로 뜬다.

※ 엠보스 스티치 뜨는 법은 118페이지 참조

보기보다 간단한 뜨개 바탕입니다.
뜨는 법을 익혀서 여러 가지 실로
즐겨 봅시다.

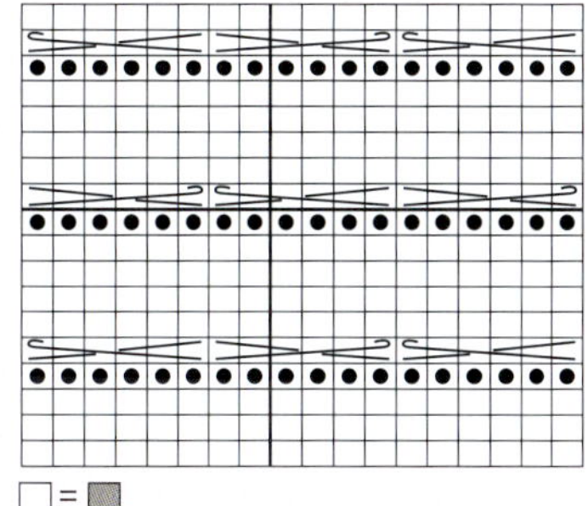

□ = ■

안면에서 뜨는 단
안뜨기, 걸어뜨기, 걸어뜨기

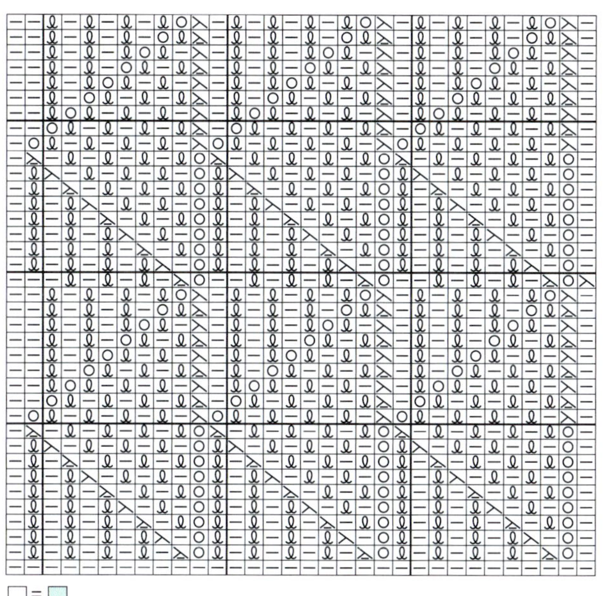

파도

실

[퍼피] 브리티시 파인

□#074 연파랑

[퍼피] 키드모헤어 파인

□#55 청록색

바늘 대바늘 6호(3.9mm)

뜨개 바탕 32코×37단

게이지 24코×28단/10cm×10cm

난이도 ★★★

※ #074와 #55를 2겹으로 합쳐 뜬다.

하늘하늘 프릴

실

[퍼피] 키드모헤어 파인

□#2 흰색

[퍼피] 브리티시 파인

□#066 노랑

바늘 대바늘 4호(3.3mm), 꽈배기바늘

뜨개 바탕 37코×37단

게이지 30코×32단/10cm×10cm

난이도 ★★☆

※ #2와 #066을 2겹으로 합쳐 뜬다.

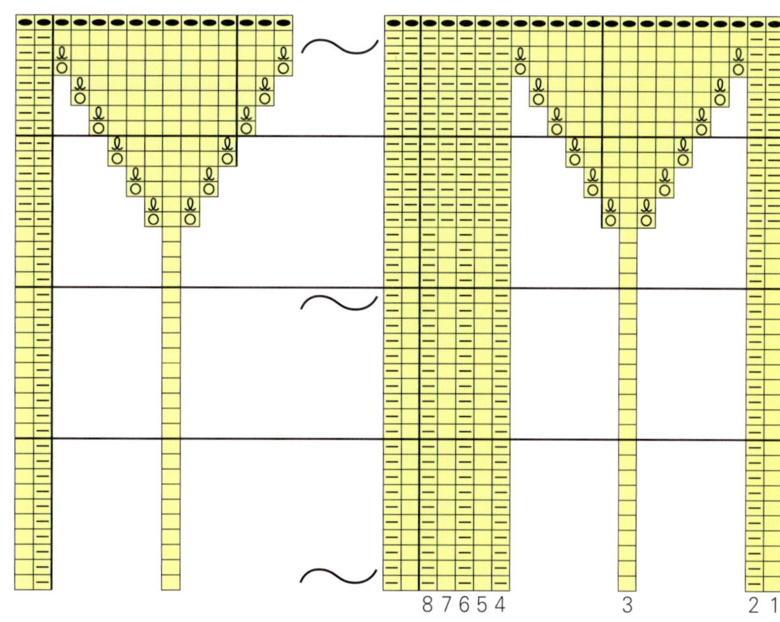

뜨개 플리츠

실

[퍼피] 브리티시 파인

□#085 네온 핑크 □#092 청록색 □#001 흰색

바늘 대바늘 8호(4.5mm)

뜨개 바탕 30코×24단

게이지 32코×34단/10cm×10cm

난이도 ★★☆

※ 모두 2겹으로 뜬다.

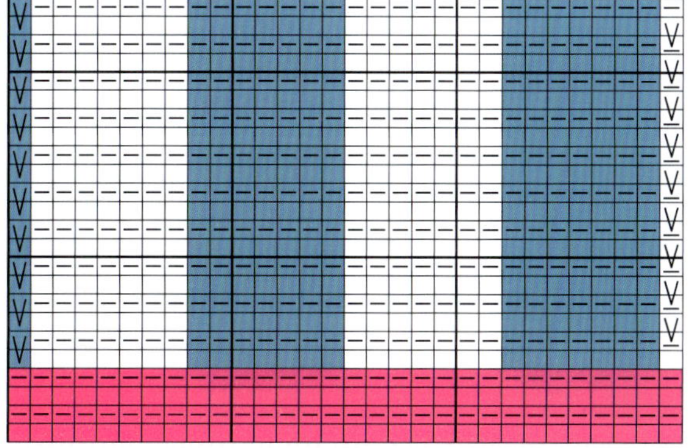

엠보스 스티치 뜨는 법

걸어코를 교차시켜 늘리는, 코의 모양도 뜨는 법도 재미있는 무늬입니다.
여기에서는 가장자리가 말리지 않도록 양끝 2코를 가터뜨기 했습니다.

1 3단을 겉뜨기로 뜨고 안면으로 뒤집어서 4단째에서 엠보스 스티치로 뜨겠습니다. 먼저 안뜨기로 1코 뜹니다.

2 다음에는 오른쪽 바늘에 실을 2바퀴 감습니다.

3 다음 코도 안뜨기를 뜨고 걸어뜨기(2번 감기)합니다. 이어서 [안뜨기+걸어뜨기(2번 감기)]를 반복합니다.

4 이 [안뜨기+걸어뜨기(2번감기)] 세트를 반복하여 끝까지 뜹니다. 바늘에 걸려있는 콧수가 3배가 되었습니다.

5 겉면으로 뒤집어서 첫 번째 코를 뜨지 않고 오른쪽 바늘로 옮깁니다.

6 전 단에서 걸어뜨기한 2코를 당겨 풀어냅니다.

7 1코를 뜨기 않고 옮기기, 걸어코를 풀기을 6코 반복합니다. 긴 코가 생겨났습니다.

8 오른쪽 바늘을 처음의 3코에 넣고 다음의 3코에 덮어씌웁니다.

9 이렇게 생긴 교차무늬 6코를 모두 왼쪽 바늘로 옮깁니다.

10 왼쪽 바늘로 옮긴 교차무늬 6코를 겉뜨기로 뜹니다.

11 이렇게 오른코 버전이 완성되었습니다. 남은 코도 같은 방법으로 뜹니다.

왼코 버전은 8의 오른 바늘의 6코를 왼 바늘에 옮깁니다. 다음에 오른 바늘을 6코의 가운데에서 3코에 넣고 이 3코를 남은 3코에 덮어씌웁니다. 9~11 뜨는 법은 같습니다.

플리츠 무늬 뜨는 법

안면에서 건너는 실을 당겨서 입체적인 주름을 만드는 법입니다.
도톰한 뜨개 바탕이므로 어떻게 사용하면 좋을까를 생각해봅시다.

1 맨끝에서 회색과 파란색의 실을 뒤에서 교차시켜둡니다.

2 회색으로 1코를 뜨고 파란색 실로 바꿔서 2번째 코를 뜹니다.

3 그대로 파란색 실로 7코를 뜨고, 회색으로 변경하여 뒤에서 실을 교차시켜둡니다.

4 회색 실로 1코를 뜨고 파란색 실이 촘촘해지도록 회색 실을 꼭 잡아당겨서 건너는 실의 길이를 줄입니다.

5 이 과정을 실을 7코마다 바꿔가면서 반복합니다. 코가 촘촘하게 차도록 실을 최대한 당기는 것이 포인트입니다.

6 끝까지 뜨면 안면으로 뒤집어서 실을 교차시킵니다.

7 처음 1코는 뜨지 않고 오른 바늘로 옮깁니다.

8 7코마다 실을 바꿔가며 안뜨기로 뜹니다. 이 때에도 간격이 넓어지지 않도록 합니다.

겉면　　　　안면

9 이것을 반복하면 완성입니다. 겉면에는 올록볼록하게 주름이 생기고, 안면에서는 실이 건너는 모습입니다.

116페이지의 스와치의 안면은 오른쪽 사진처럼 되어 있습니다. 안면의 건너는 실을 당겨서 뜨개 바탕이 접히듯 올라와 올록볼록 입체적인 무늬가 생겼습니다.

케이블 무늬에 꽃무늬를 더한 숄입니다. 케이블과 구슬뜨기의 입체감이 아름답습니다. 뜨개 바탕과 맞춘 심플한 자개 단추가 때때로 반짝이는 모습도, 너무 화려하지 않은 이 숄에 잘 어울립니다.

how to make...P.172

삼각형 숄은 매우 간편하게 사용할
수 있는 모양입니다. 어깨에 걸쳐도
술을 달아 끝을 묶어도 예쁘게 쓸
수 있습니다. 중심에서 양쪽으로 무
늬가 펼쳐집니다.
how to make...P.174

엠보스 스티치로 뜬 슈러그는 부드
럽고 비침도 적당히 있습니다. 보타
이를 달아 단정한 느낌을 냈습니다.
입었을 때에 등 쪽이 짧아지지 않도
록 폭을 넉넉하게 잡아 마음 놓고
입을 수 있습니다.

how to make...P.184

이것도 같은 엠보스 스티치를 여름실로
뜬 풀오버. 찰랑창랑한 실과 비침무늬
덕에 여름에도 시원한 한 장입니다. 실
을 변경하는 것만으로 모든 계절에 사
용할 수 있는 패턴입니다.
how to make...P.181

모헤어로 초대형 숄을 떴습니다. 모헤어를 사용하면 커도 무겁지 않고 따뜻하며 폭신폭신 가벼운 레이스와 같은 비침이 생겨납니다. 어깨에 걸쳐도 둘둘 말아도 예쁜 작품입니다. 취향에 따라 태슬이나 술을 달아 주세요.

how to make...P.186

소맷부리에서 빼꼼 보이는 게 귀여운 프릴 핸드 워머. 따뜻하고 멋도 낼 수 있어 좋습니다. 프릴이 2중으로 되어 있는 것이 포인트. 모헤어 2겹으로 하여 마치 예쁜 꽃처럼 보입니다.

how to make...P.188

how to make...P.190

플리츠 뜨기는 두께가 더해지기 때문에 티 코지에 딱인 뜨개법입니다. 폭신폭신한 외양도 귀여워서 차를 마시는 시간이 한층 즐거워질 것 같습니다. 꼭대기에는 고양이 인형을 달아 재치를 더했습니다.

how to make...P.192

110페이지의 스와치의 디자인을
2장 조합하여 만든 패치워크 스타
일의 가방입니다. 각각의 색으로
뜬 스와치를 패치워크 기법으로
이은듯이 보이지만, 색깔만을 바
꿔 패치워크처럼 보이게 했습니다.
좋아하는 색으로 떠 봅시다.
how to make...P.195

구슬뜨기 뜨는 법

많은 스와치에서 사용하고 있는 구슬뜨기는 대바늘로 뜨는 타입과 코바늘로 뜨는 타입이 있습니다.
대바늘은 큰 구슬을 뜰 때에, 코바늘은 작은 구슬을 간편하게 만들고 싶을 때에 적당합니다.

대바늘로 뜨는 1단 구슬 뜨기 (구슬뜨기 부분이 3코×5단)

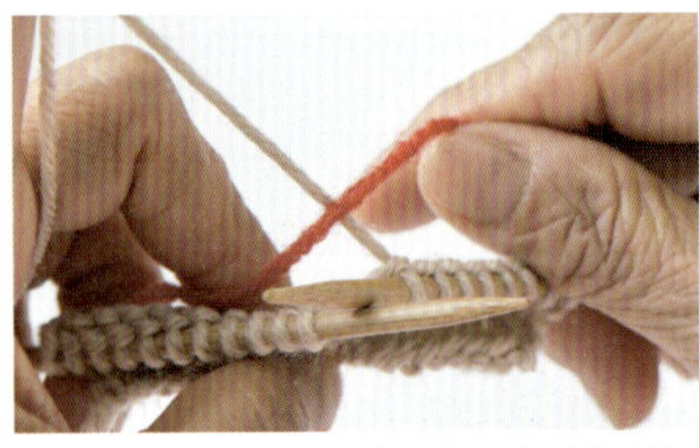

1 구슬뜨기의 1코 앞의 코를 뜨기 전에 구슬뜨기 할 실을 꼬아서 넣고 바탕실로 1코를 뜹니다.

2 구슬뜨기할 실로 3코를 떠 늘립니다. 구슬뜨기의 실로 겉뜨기로 1코 뜹니다.

3 2번째에는 오른쪽의 바늘에 실을 걸어서 걸어뜨기 합니다. 이번에도 왼쪽의 바늘에서 코를 빼지 않습니다.

4 3번째로 같은 코에 바늘을 넣어서 겉뜨기 합니다. 이번에는 왼쪽의 바늘에서 코를 빼냅니다. 이로써 1코에서 3코로 코늘림 되었습니다.

5 안면으로 뒤집어서 늘림한 3코를 안뜨기 합니다.

6 겉면으로 뒤집어서 겉뜨기 하고 안면으로 뒤집어서 안뜨기 합니다. 다음에 겉면으로 뒤집어서 3코를 코바늘로 옮깁니다.

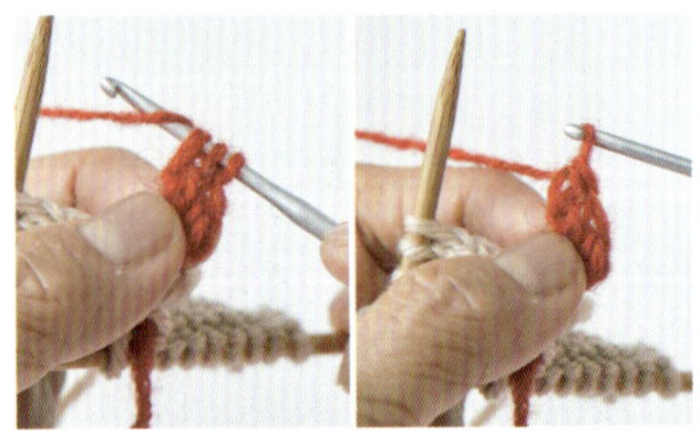

7 코바늘에 실을 걸어서 3코를 빼뜹니다. 오른코 위 3코 보아뜨기가 되었습니다.

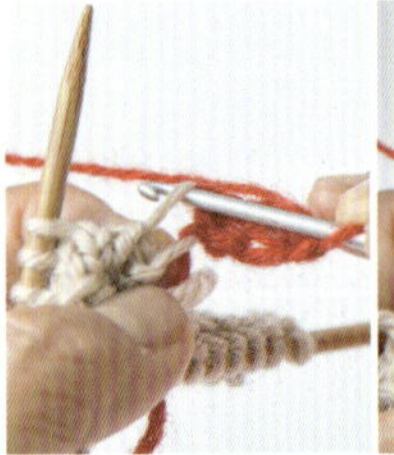

8 늘림한 원래의 코에 그대로 코바늘을 넣어 실을 걸어 빼냅니다.

9 빼뜨기하여 사슬뜨기 1코를 뜹니다.

10 이 1코를 왼쪽 바늘에 걸고 바탕실로 겉뜨기를 합니다.

11 이로써 구슬뜨기가 완성되었습니다. 동그랗고 큼직한 구슬뜨기가 되었습니다.

코바늘로 뜨는 긴뜨기 2코 구슬뜨기

1 구슬뜨기의 1코 앞에서 뜨기 전에 구슬뜨기 실을 꼬아서 넣고 바탕실로 1코 뜹니다.

2 구슬뜨기의 코를 뜰 때에 대바늘이 아닌 코바늘로 실을 걸어서 빼냅니다.

3 코의 뿌리 부분을 손으로 단단히 누르고 그대로 사슬뜨기 합니다.

4 같은 코에 코바늘을 넣어서 미완성의 긴뜨기 2코를 뜹니다.

5 맨 처음의 사슬뜨기코의 높이에 긴뜨기 코를 맞춥니다.

6 코바늘에 실을 걸어 3코(바늘에 걸려있는 실은 5가닥)를 당겨서 빼냅니다. 뿌리 부분을 손가락으로 눌러두면 뜨기 편합니다.

7 다시 한 번 사슬뜨기를 1코 합니다. 이 사슬코를 구슬뜨기의 실로 뜨는지 바탕실로 뜨는지에 따라 다음 단에 보이는 구슬뜨기의 색깔이 바뀌고 완성 모양이 조금 달라집니다.

8 이 1코를 왼쪽의 바늘에 되돌립니다.

9 바탕실로 겉뜨기를 하고 코가 늘어지지 않도록 실을 당깁니다.

10 코바늘 구슬뜨기가 완성되었습니다.

더블 체인 뜨는 법

사자의 갈기나 선물 상자의 리본에 사용하는 기법입니다.
여기에서는 선물상자의 리본으로 해설합니다.

1 리본의 실로 바꾸기 1코 전의 코를 뜨기 전에 리본 실을 교차시켜 넣어 둡니다.

2 바탕실로 1코를 뜹니다. 다음에는 리본 실로 변경합니다.

3 리본의 실로 바꾸어 코바늘을 코에 넣고 실을 걸어 빼뜹니다.

4 그대로 필요한 길이만큼 사슬뜨기 합니다.

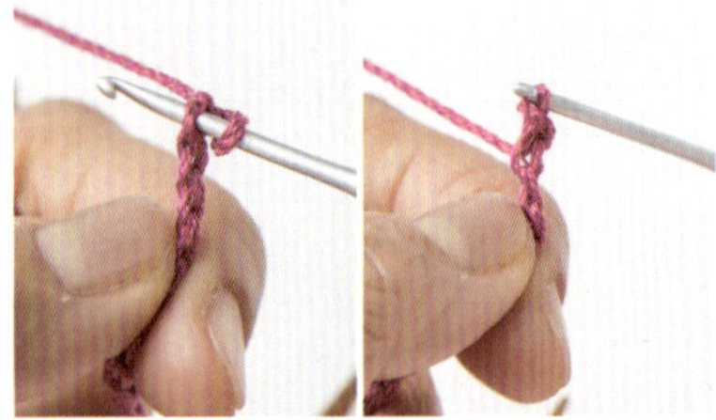

5 다음으로 사슬코 뒤산에 코바늘을 넣어 실을 걸어 빼뜨기 합니다. 이를 반복하여 사슬코를 시작한 부분까지 돌아갑니다.

6 시작 부분까지 떴습니다. 사슬뜨기가 2겹인 더블 체인이 되었습니다.

7 3에서 실을 빼낸 코에 바늘을 넣어 실을 걸어 빼뜹니다.

8 이 코를 오른쪽 바늘로 옮깁니다. 이것으로 리본 부분이 연결되었습니다.

9 바탕실로 변경하여 겉뜨기 하고 계속해서 도안대로 뜹니다.

10 입체적인 리본이 완성 되었습니다. 위와 아래의 리본을 묶어서 즐깁시다.

아이코드 뜨는 법

대바늘로 가는 끈을 뜨는 방법입니다. 쿠션의 테두리에 사용합니다.

1 손가락으로 걸어 만드는 일반적인 코잡기로 4코를 잡습니다. 코의 수로 코드의 굵기가 결정됩니다.

2 시작코를 바늘의 오른쪽으로 보내서 겉뜨기 합니다. 이 때에 실은 왼쪽에 둔 채로 뜹니다. 첫 코에 바늘을 넣어 왼쪽의 실을 걸어 뜹니다.

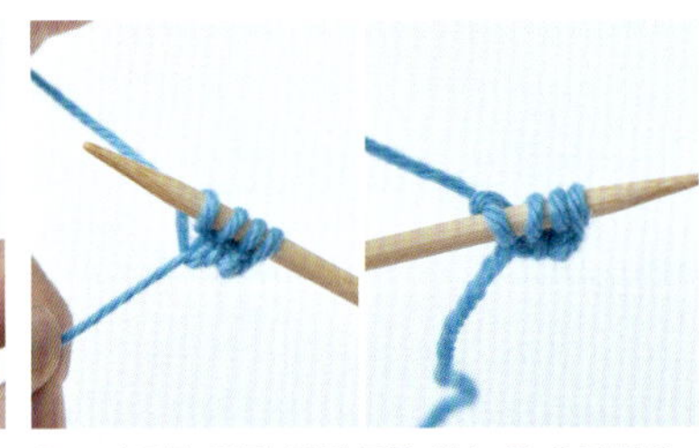

3 4코를 뜨면 뜨개코를 바늘의 오른쪽으로 밀어 옮깁니다.

4 2와 같은 방법으로 실은 왼쪽에 둔 채로 바늘을 넣어서 왼쪽의 실을 걸어서 뜹니다.

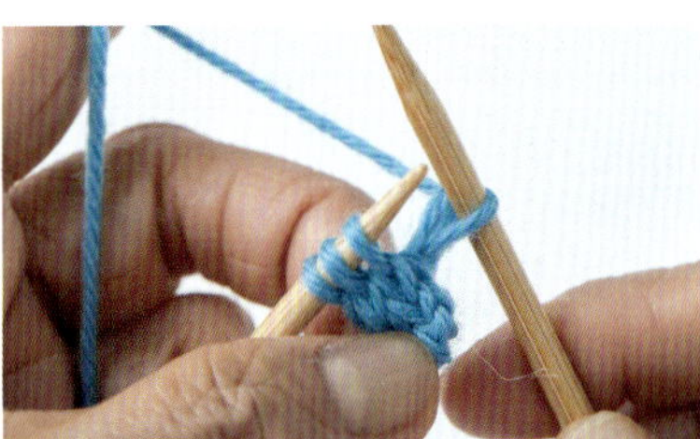

5 다 뜨면 뜨개코를 오른쪽으로 옮겨서 뜨는 것을 반복하여 빙글빙글 뜹니다.

6 아이코드가 되었습니다. 필요한 길이까지 뜨면 코에 실을 통과시켜 조여 완성합니다.

세탁하는 법

뜨개가 끝나면 털실의 띠지에 있는 표시를 확인하여 세탁합니다.
세탁하는 것으로 기름이나 먼지가 떨어지고 폭닥해집니다.

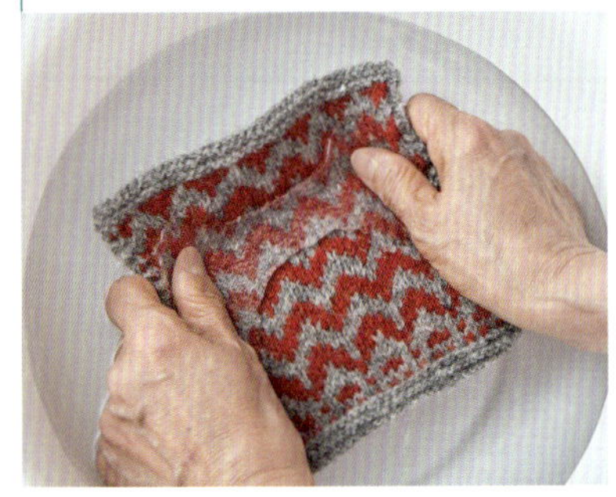

1 미지근한 물에 담가서 펠팅시키고 싶은 경우에는 비벼 빨고, 의류인 경우에는 가만히 눌러 뺍니다.

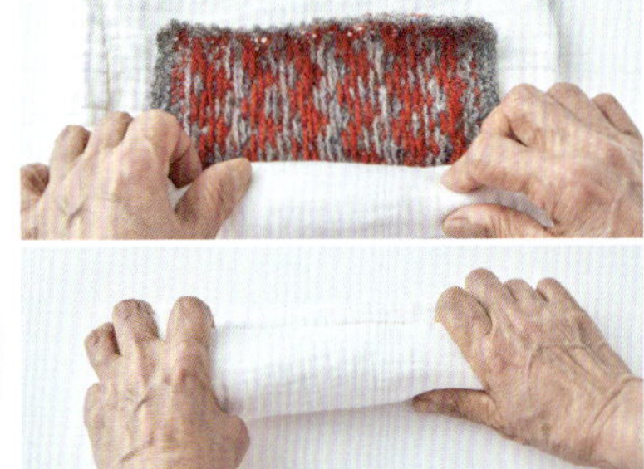

2 타올드라이 합니다. 타올에 끼워서 수분을 제거합니다. 부드럽게 돌돌 말면 딱 좋겠지요.

3 평평하게 펴서 그늘에서 말립니다.

How to make

작품 뜨는 법과 만드는 법

· 도안의 단위는 cm입니다.

· 완성된 작품은 도안의 치수와 차이가 있을 수 있습니다.

· 실은 제조사명, 상품명, 색번호, 색이름, 필요량의 순으로 표기했습니다.

· 게이지는 사방 10cm 안의 콧수와 단수를 표시합니다.

· 원통뜨기할 때에는 줄바늘을 사용해도 좋고 대바늘 4개(5개)를 사용해도 좋습니다.

· 재료는 충분한 분량을 기재했습니다. 그래도 조금 넉넉히 준비해 주세요.

· 핸드 워머 등은 1쌍입니다.

· 패턴의 기호 도안은 컬러 페이지도 참고해 주세요.

· 뜨는 법은 각 과정의 페이지도 참조해 주세요.

* 파선: 일정한 간격을 두고 짧은 선을 늘어 놓아 만든 선

제도와 기호 도안에 대하여

• 기호 도안과 제도製図 모두를 게재했습니다.

【기호 도안】

기호로 표시한 그림으로 1칸이 1코 1단입니다. 뜨개 바탕을 겉면에서 본 모습의 기호입니다. 원통 뜨기로 뜨는 경우에는 계속 겉면을 바라보며 뜨기 때문에 기호 그대로 뜹니다. 왕복 뜨기(평면 뜨기)의 경우에는 뜨개 바탕을 뒤집어서 뜨므로 홀수 단은 겉면, 짝수단은 안면을 보면서 뜹니다. 겉면은 기호 그대로 뜨고, 안면은 기호의 반대가 되는 코(기호가 겉뜨기라면 안뜨기)로 떠 주세요. 같은 기호로 반복할 때에는 파선*으로 그림을 생략해 놓았습니다. 페이지가 나뉘는 부분에는 맞춤표로 이어지는 부분을 표시했습니다.

【제도】

❶ 기초코의 콧수와 사이즈, 원통으로 뜨는지 평면으로 뜨는지, 코잡기 방법 등 시작하는 방법이 표기되어 있습니다.

❷ 뜨개 바탕의 종류와 사용바늘

❸ 시작 위치와 떠 나가는 방향

❹❺ 뜰 단수와 사이즈 ❹는 뜨개코나 실이 바뀌거나, 변화가 있는 부분마다 단수를 표시합니다. ❺전체 단수를 표기합니다.

❻ 원통뜨기를 할 경우에는 파선

❼ 뜨개를 끝내는 방법. 코막음 방법을 표시합니다.

덮어씌우기 코막음은 대바늘로도 코바늘로도 해도 됩니다.

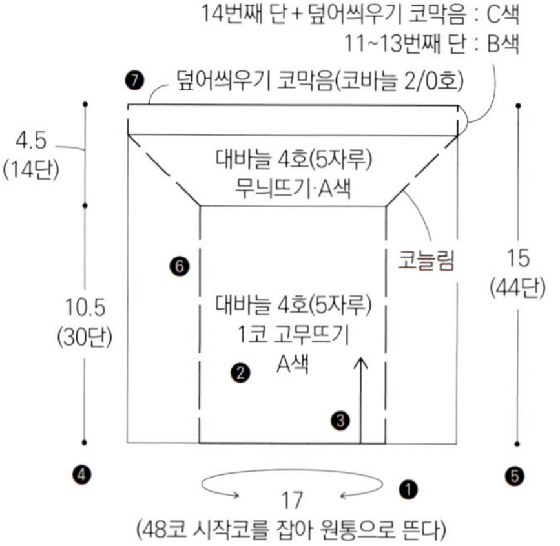

 # **Roses are red 사코슈**

완성 치수　21cm×14.5cm

▶ 도구와 재료

실

[퍼피] 브리티시 파인

#040 베이지　18g

#006 빨강　1g

#007 파랑　3g

#001 흰색　소량

재봉실　적당량

기타

기성품 미니 사코슈　1개

(무인양품 제품 사용 – 라이트 베이지,

20.5×13.5cm)

바늘

대바늘　4호(3.3mm)

자수용 바늘

▶ 게이지

28코×34단/10cm×10cm

▶ 만드는 법

① 일반코잡기하여 도안대로 뜨고, 덮어씌우기 코막음한다. 63~65번째 단에서 안면에 D링을 빼낼 트임을 만들고, 70~72번째 단은 피코 무늬로 뜬다.
　실 정리를 하고 스팀다리미질을 한다.

② 고양이의 목걸이와 대문자를 수놓는다.

③ 세탁하여 건조한다.

④ 겉면이 보이게 반으로 접어 바닥을 공그르기로 꿰매어 주머니 모양으로 만든다. 사코슈를 가운데에 넣어 트임을 통해 D링을 밖으로 빼둔다. 실표까
　지 옆선을 꿰맨다.

⑤ 입구를 피코 무늬 부분에서 안쪽으로 접어 내려 꿰매어 고정하고 옆선의 트임에 뜨개 바탕 1코 분량을 겹쳐 꿰맨다.

⑥ 마무리로 스팀다리미질을 하여 모양을 정돈한다.

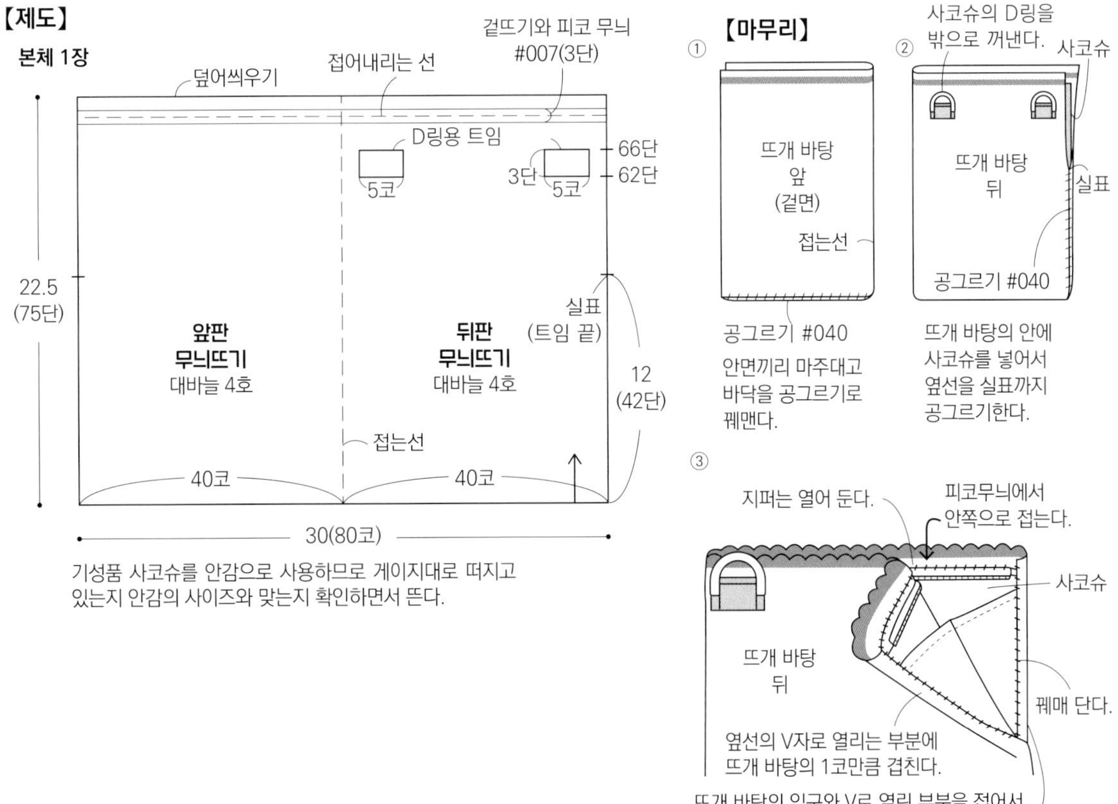

【기호 도안】

겉뜨기
안뜨기
돌려뜨기
왼코 위 2코 모아뜨기
걸어뜨기
덮어씌우기 코막음
콧수링
자수
#040 베이지(바탕색))
#070 파랑
#006 빨강
40
(80)
30
20
10
1
(41)
목줄(#006)
중심
(접는선)
2
넣기
1
배내기
구슬을 준비하여
함께 떠넣는다.

【무늬뜨기＆자수】

아웃라인스티치(#001)

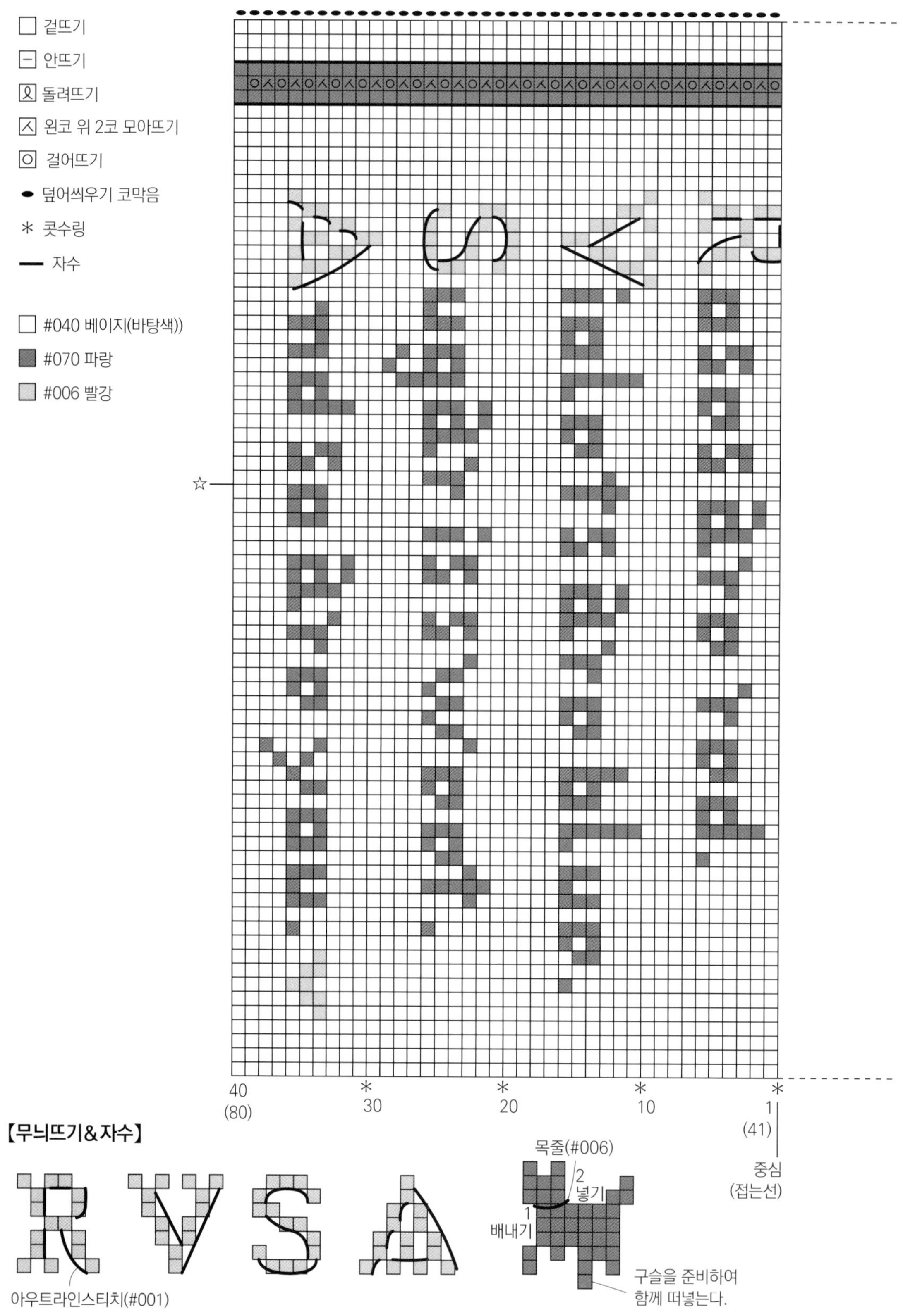

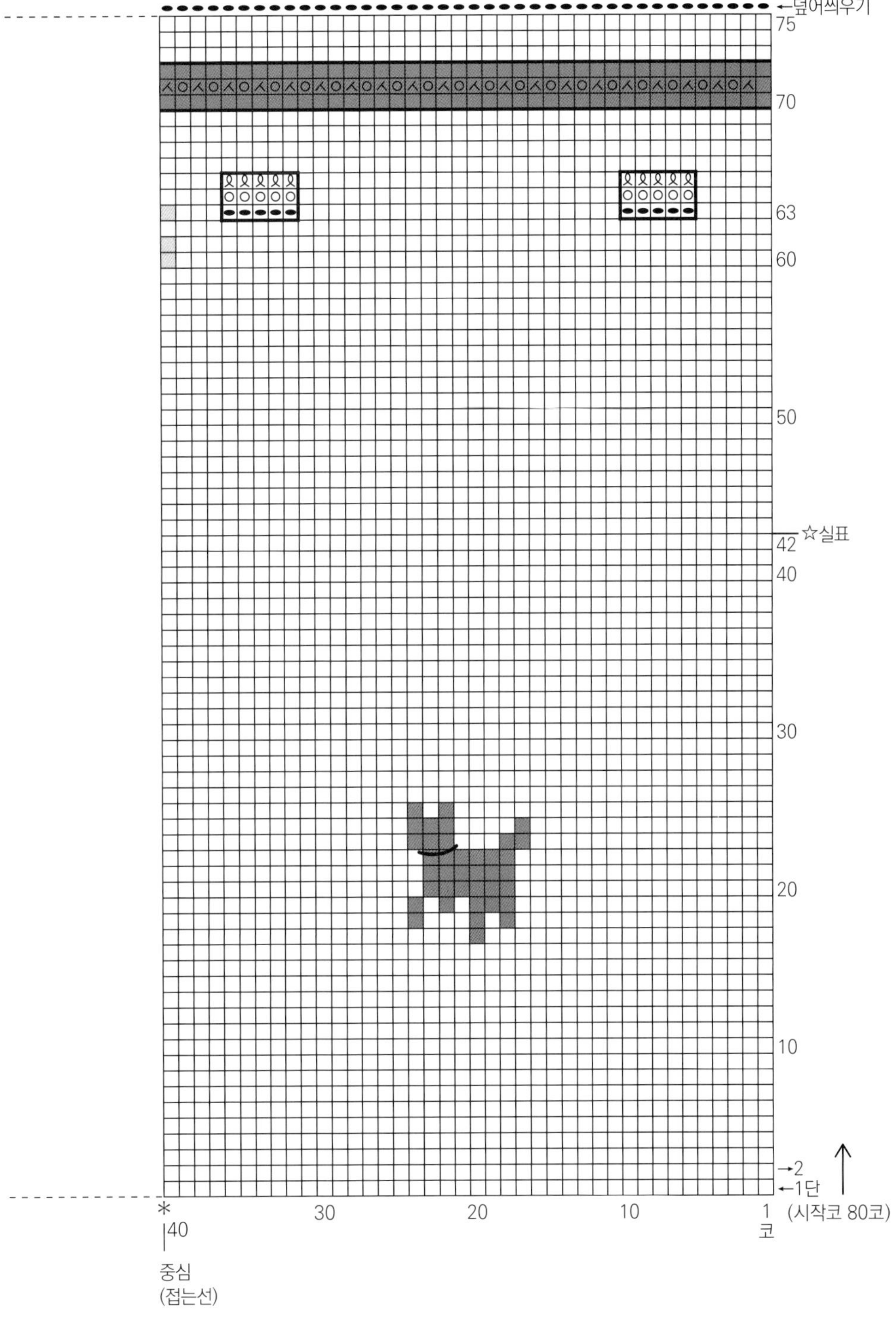

←덮어씌우기
75
70
63
60
☆실표
42
40
50
30
20
10
→2
←1단
(시작코 80코)
1
코
30
20
10
＊
40
중심
(접는선)

 # 봄을 기다리는 여우 조끼

완성 치수 폭 57cm×길이 49cm

▶ 도구와 재료

실

[로완] 펠티드 트위드
#145 트리클   170g
#191 화강암   15g
#220 유황빛   15g
#218 피오르드   15g
#219 연보라색   15g
#152 워터리   15g
#213 라임   15g

[퍼피] 알바
#1265 오렌지   10g
#0130 흰색   3g
알바는 필요한 길이와 분량으로 잘라 둔다.
별 사슬코잡기용 실   적당량

바늘
60cm, 80cm 줄바늘   4호(3.3mm),
  5호(3.6mm), 6호(3.9mm)
또는 막대바늘 5자루
코바늘   4/0호, 6/0호

▶ 게이지
무늬뜨기A 26코×28단/10cm×10cm
무늬뜨기B 24코×32단/10cm×10cm

▶ 만드는 법

① 별 사슬코잡기를 하여 본체 2장을 본체 2장을 도안대로 뜬다. 줄바늘을 사용할 경우에도 평면뜨기(왕복뜨기)한다. 목 둘레에서 좌우로 나눠서 뜨고 어깨 경사는 되돌아뜨기(205페이지 참조)로 떠서 버림뜨기(바탕실과 같은 굵기의 다른 색 실로 3단 정도 메리야스뜨기)를 한다. 스팀다리미질을 하고 실정리한다.

② 앞 몸판과 뒤 몸판을 겉면끼리 마주대고 버림뜨기한 단을 안쪽으로 접어 코바늘로 빼뜨기하여 꿰맨다. 다리미질 한다.

③ 진동 둘레에서 앞뒤 각각 70단에서 59코를 주워 2코 고무뜨기로 7단 뜨고 덮어씌우기 코막음한다.

④ 앞 몸판과 뒤 몸판을 겉면끼리 마주대고 옆선을 코바늘로 빼뜨기하여 꿰맨다.

⑤ 목 둘레에서 172코를 주워 2코 고무뜨기로 10단 뜨고 덮어씌우기 코막음한다.

⑥ 옷단의 사슬코를 풀어가며 바늘에 끼우고, 평면뜨기로 2코 고무뜨기로 앞 몸판 11단, 뒤 몸판 17단을 뜨고 덮어씌우기 코막음한다.

⑦ 실 정리를 하고 스팀다리미질을 하여 정리하여 완성한다.

【제도】

앞 몸판 1장, 뒤 몸판 1장

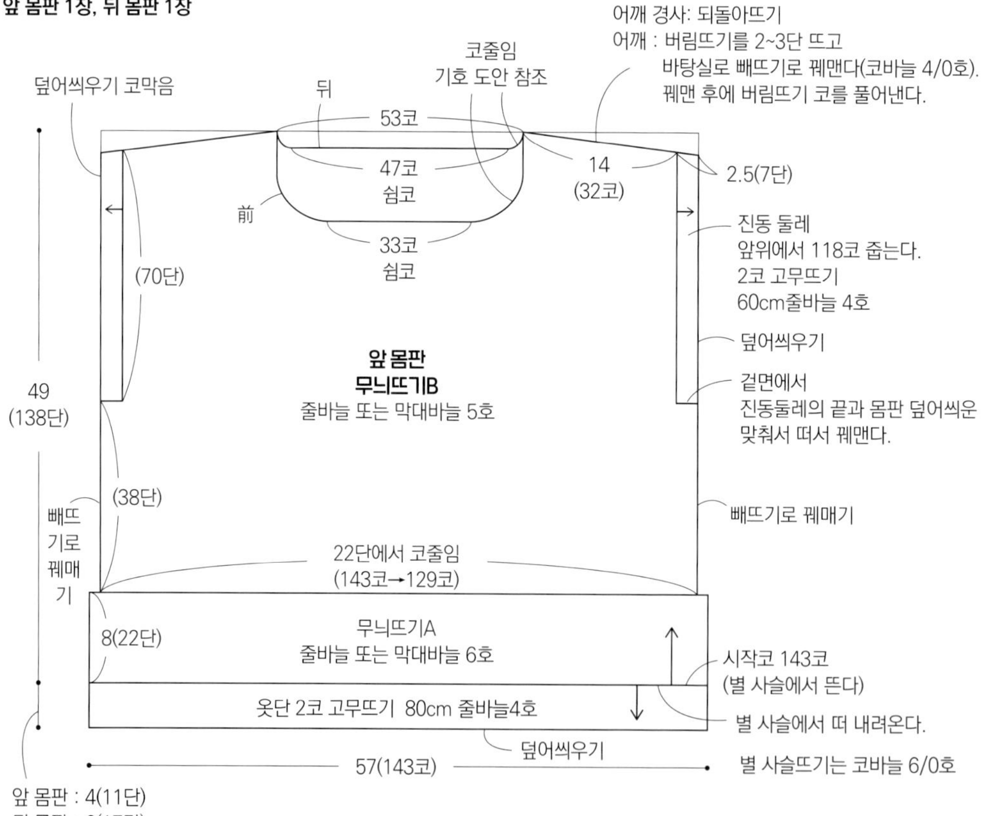

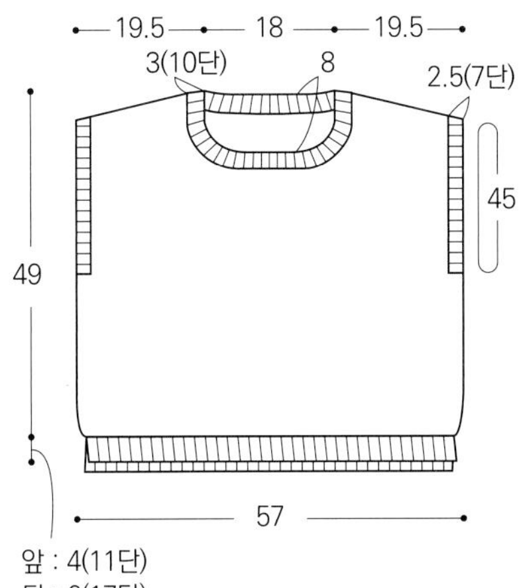

옷단

2코 고무뜨기 / 앞뒤를 나눠 뜬다 / 80cm 줄바늘4호 평면뜨기

· 앞 몸판
① 사슬뜨기를 풀어가며 코를 바늘로 옮긴다.
② #191로 2코 고무뜨기로 2단 뜬다.
③ 3번째 단 부터 2단마다 색(A) 로 바꿔 뜬다.
 #152(3,4단) → #218(5,6단) → #213(7,8단)
 → #220(9,10단) → #219(11단)

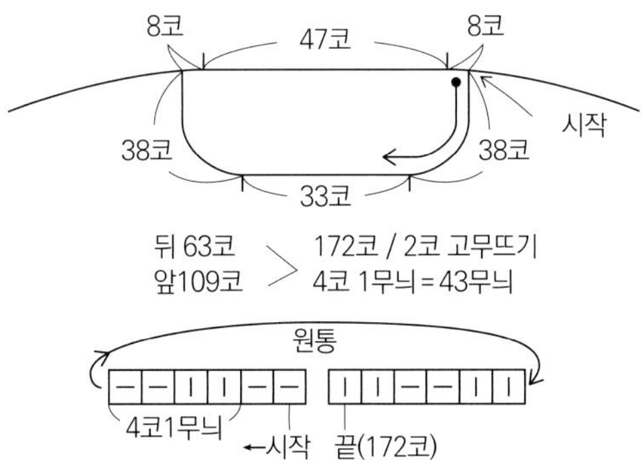

A색 2코 + 4코1무늬×35번 + 양끝 바탕색 1코×2 = 144코

④ 12번째 단에서 겉면을 보고 #219로 모두 덮어씌우기 코막음한다.

· 뒤 몸판

① 뒤 몸판도 동일하게 별도 사슬코를 풀면서 코를 바늘로 옮긴다.
② #191로 2코 고무뜨기를 2단 뜬다.
③ 3번째 단부터 3단마다 색을 바꿔서 뜬다.
 #152(3~5단) → #218(6~8단)
 →#213(9~11단) → #220(12~14단)
 →#219(15~17단)
④18번째 단에서 안면을 보며 #219로 모두 덮어씌우기 코막음한다.

진동 둘레

2코 고무뜨기 / 60cm 줄바늘 4호 평면뜨기
① 진동 둘레를 뜬다.
 몸판 한 면의 70코에서 59코씩 줍는다.
 (4코×29회) + 2코 = 116코 + 2 = 118코

1단 씩 색(A)를 바꿔가면서 6단 뜬다
#145(바탕색) → #191 → #152 → #218
→ #213 → #220 → #219(7단)

② 몸판의 덮어씌우기 코와 겉에서 양끝을 떠서 꿰맨다.
③ 몸판을 안면끼리 마주대고 코바늘로 빼뜨기 하여 꿰맨다.

목둘레

2코 고무뜨기 / 60cm 줄바늘 4호
목둘레 완성 치수 60cm

① 앞뒤, 목 둘레에서 바탕실로 그림과 같이 172코를 줍는다.
② 2번째 단에서는 바탕실로 2코 고무뜨기한다.
③ 3번째 단부터 색을 변경하여 8단 뜬다.
 #145(바탕색)(1,2단)
 #191(3,4단)
 #152(5,6단) 6번째 단에서 코줄임-6코
 #218(7단)
 #213(8단) 코줄임-5코
 #220(9단)
 #219(10단)코줄임-5코 = 156코
④ 안면을 보며 #219로 모든 코를 덮어씌우기 코막음한다.

【목둘레 코줄임 기호 도안】

$\dfrac{172코}{4코1무늬}$ = 43무늬   a: 바탕색으로 안뜨기, b: 여러 색으로 겉뜨기

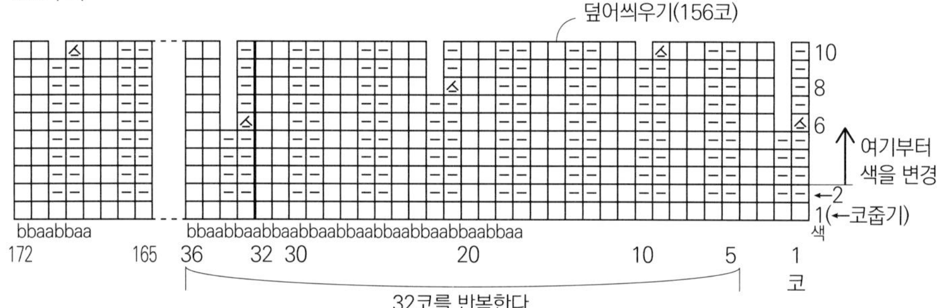

코줄임(32코마다)는 바탕색(안뜨기)로 한다.

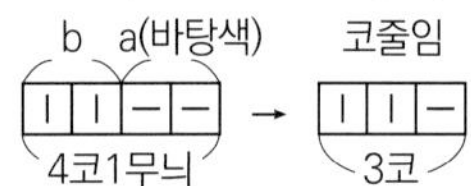

고무뜨기의 마지막 단, 덮어씌우기 코의 색에 따라 전체 분위기가 결정된다.
시험뜨기를 해 보고 마음에 드는 색의 조합을 발견하자.

<무늬뜨기A>

☐ #145 트리클

◩ #220 유황빛

⊠ #218 피오르드

◧ #213 라임

◧ #191 화강암

◧ #219 연보라색

◼ #152 워터리

<무늬뜨기B>

☐ #145 트리클(바탕색)

◩ #0130 흰색(40cm×15가닥)

◩ #1265 오렌지(140cm×15가닥)

◩ #220 유황빛

☐·Ⅰ 겉뜨기

― 안뜨기

↗ 왼코 위 2코 모아뜨기

△ 왼코 위 2코 모아뜨기(안뜨

Ⅴ 걸러뜨기

⊃·⊂ 걸어뜨기

● 덮어씌우기 코막음

【기호 도안】
몸판, 옷단

146페이지로 이어짐
무늬뜨기B
(줄바늘 또는
막대바늘 5호)
1(23)
무늬뜨기A
(줄바늘 또는 막대바늘 6호)
옷단 2코 고무뜨기
(줄바늘 4호)
6코
1무늬
23회 + 5코
1 (143코 코줍기)
코
1단
2단

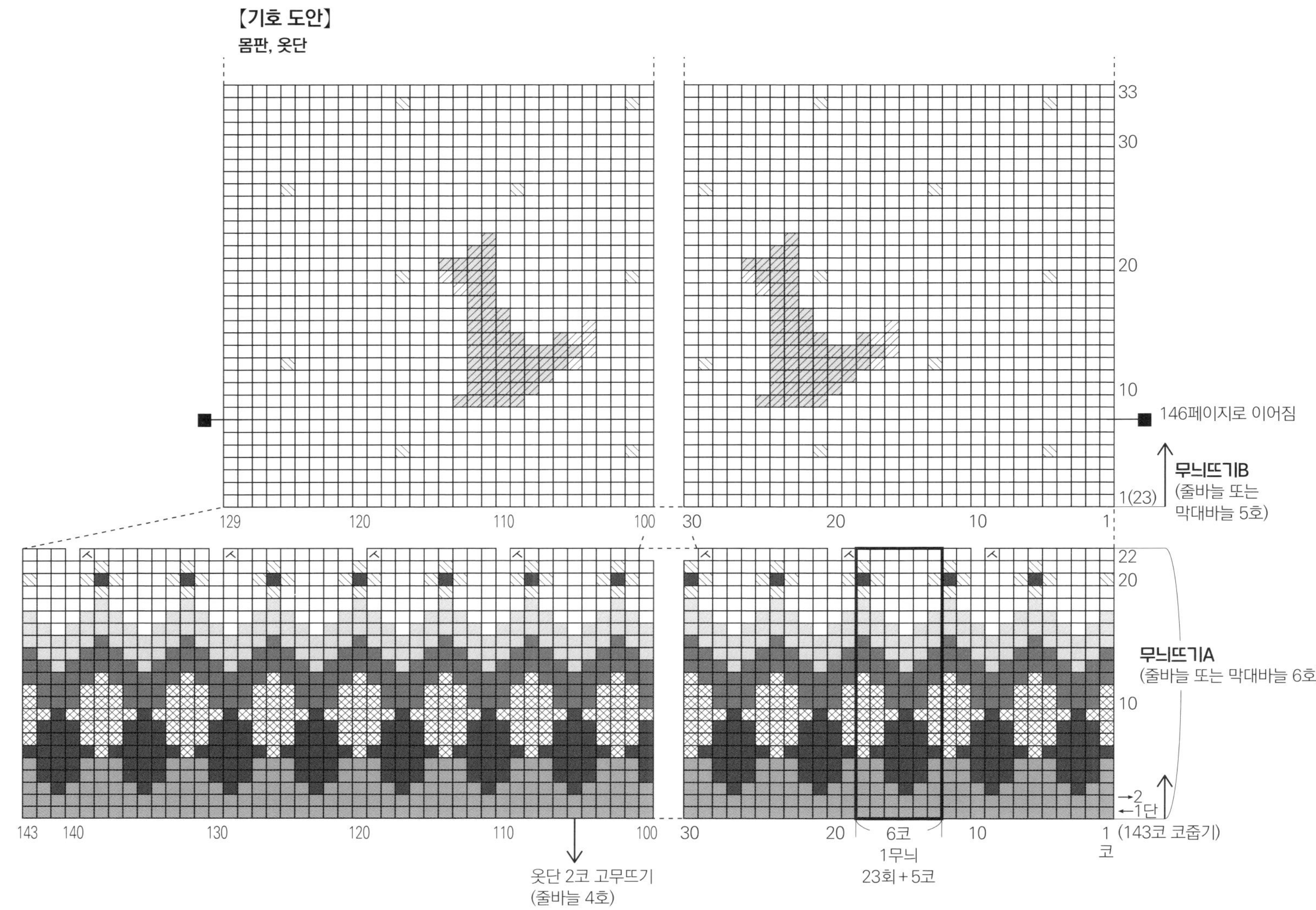

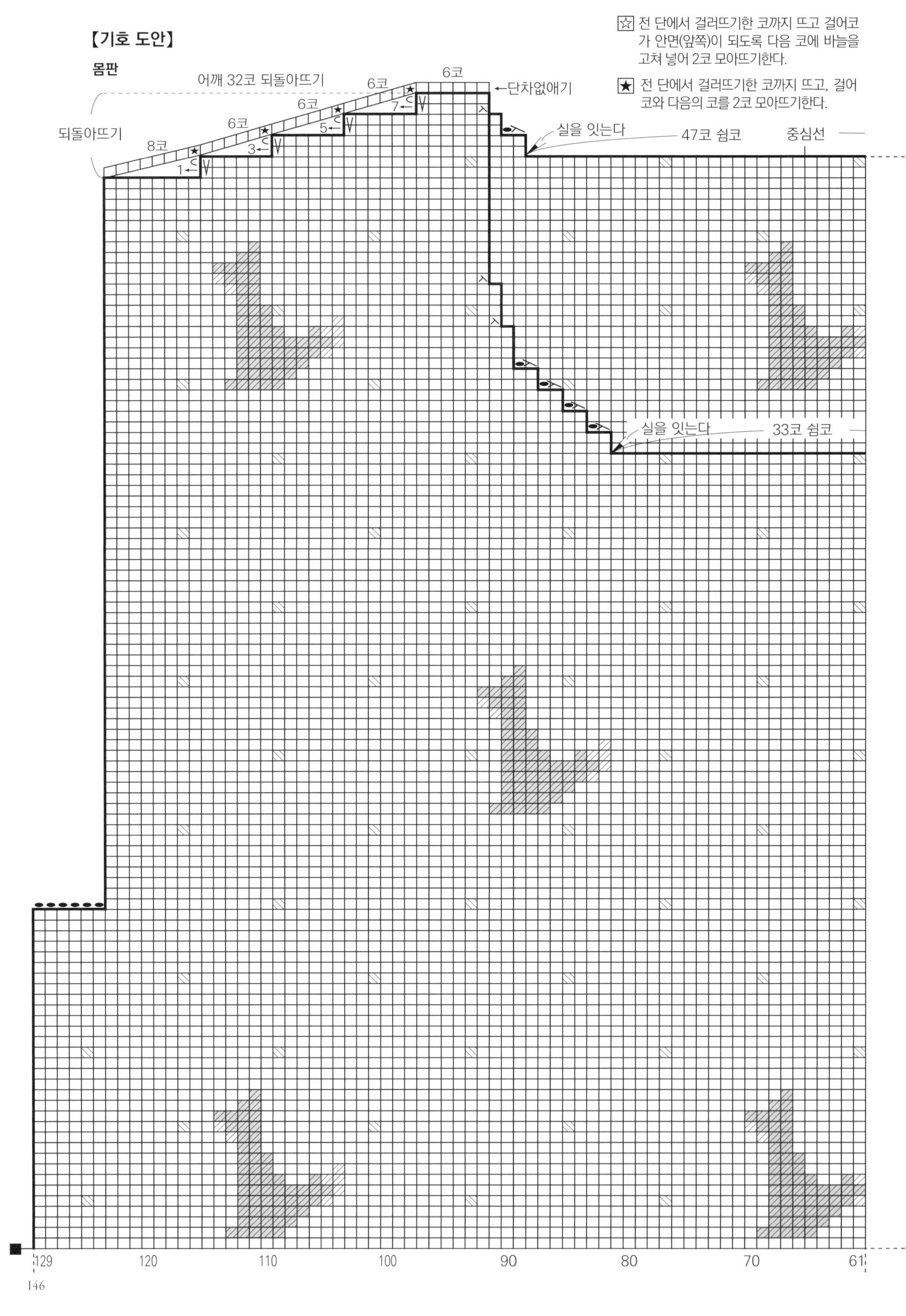

【기호 도안】
몸판
☆ 전 단에서 걸러뜨기한 코까지 뜨고 걸어코가 안면(앞쪽)이 되도록 다음 코에 바늘을 고쳐 넣어 2코 모아뜨기한다.
★ 전 단에서 걸러뜨기한 코까지 뜨고, 걸어코와 다음의 코를 2코 모아뜨기한다.
어깨 32코 되돌아뜨기
되돌아뜨기
8코
6코
6코
6코
6코
단차없애기
7
5
3
1
실을 잇는다
47코 쉼코
중심선
실을 잇는다
33코 쉼코
129
120
110
100
90
80
70
61

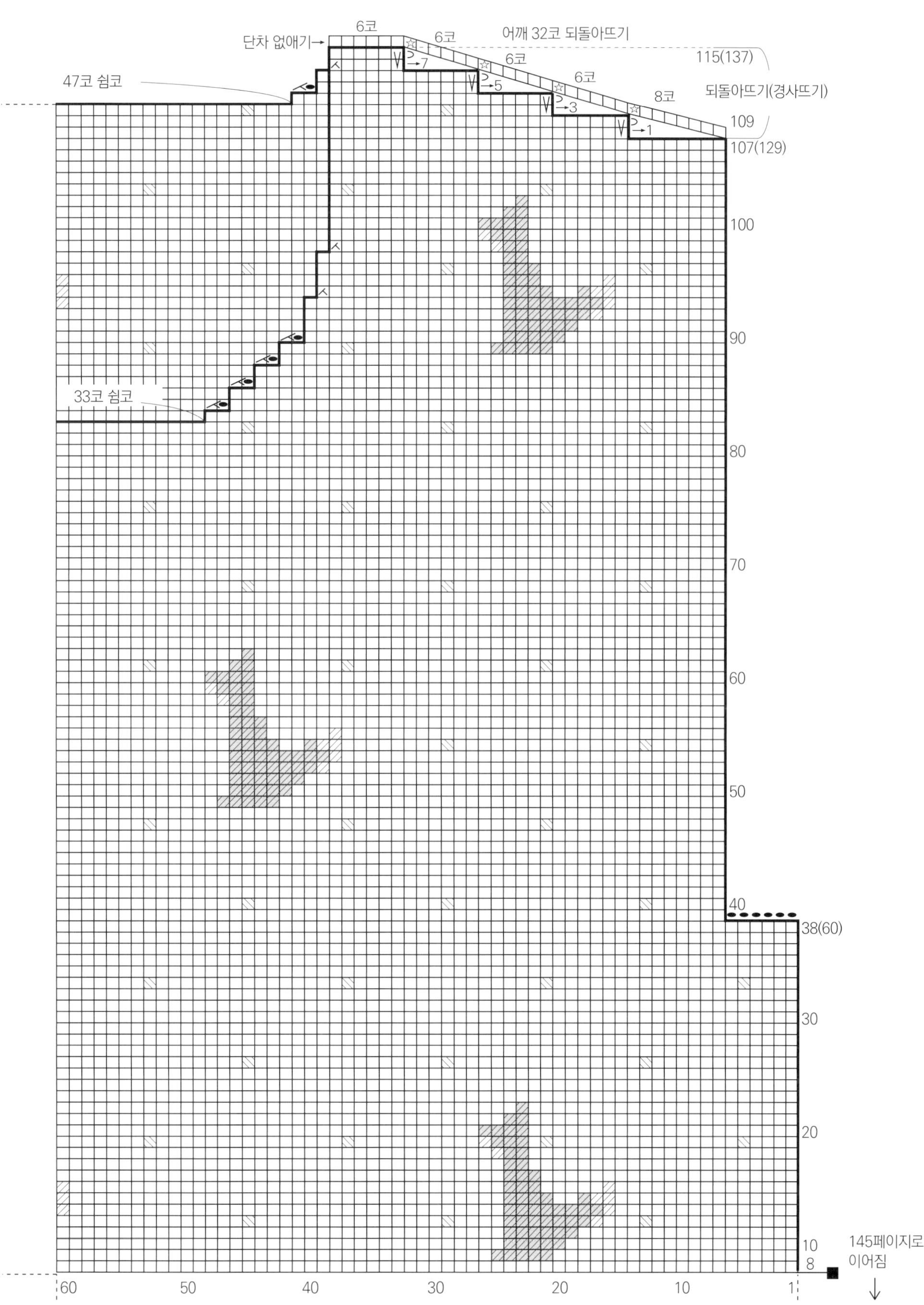

47코 쉼코
33코 쉼코
단차 없애기→
6코
6코
어깨 32코 되돌아뜨기
115(137)
109
107(129)
6코
6코
8코
되돌아뜨기(경사뜨기)
☆-1
→7
→5
→3
→1
100
90
80
70
60
50
40
38(60)
30
20
10
8
60
50
40
30
20
10
1
145페이지로
이어짐

▶ 도구와 재료

실

[퍼피] 베이비 퀸 애니

#822 빨강　85g

#934 노랑　6g

#832 그레이　3g

#962청록색　5g

#802 흰색　1g

청록색은 필요한 길이와 수 만큼 잘라 둔다

별 사슬코잡기용 실　적당량

[DMC] 라이트이펙트 #E168　소량

기타

기성품 파우치(20×27cm)　1개

덧단용 원단　6cm×45cm

직경 0.4cm 수예용 끈　130cm

직경 0.3cm 비즈　1개(눈용)

바늘

대바늘　6호(3.9mm)

코바늘　4/0호, 6/0호

자수용 바늘

▶ 게이지

24코×28단/10cm×10cm

▶ 만드는 법

① 별 사슬코잡기를 하여 도안대로 앞쪽을 뜨고 덮어씌우기 코막음한다. 81번째 단의 피코 부분을 뜬다.

② 사슬코를 풀어가며 바늘에 꿰어 뒤쪽을 뜨고 덮어씌우기 코막음한다. 스팀다리미질을 하고 실정리한다.

③ 자수를 놓고 눈에 비즈를 꿰매 단다.

④ 앞, 뒤를 겉면끼리 마주대고 옆선과 바닥을 코바늘로 빼뜨기로 꿰매어 주머니 모양으로 만든다. 옆선에 끈 구멍을 만든다.

⑤ 덧단을 원통형으로 꿰매어 시접을 접어 주머니에 아래 변만을 꿰매 단다.

⑥ ④의 뜨개바탕의 주머니를 기성품 파우치와 겹치고 피코 무늬 부분을 접어내려 덧단을 뜨개 바탕의 위에 겹쳐서 꿰매 단다.

⑦ 끈 구멍에 끈을 꿴다.

⑧ 마무리로 스팀다리미질을 하여 모양을 정돈한다.

【제도】　본체 1장

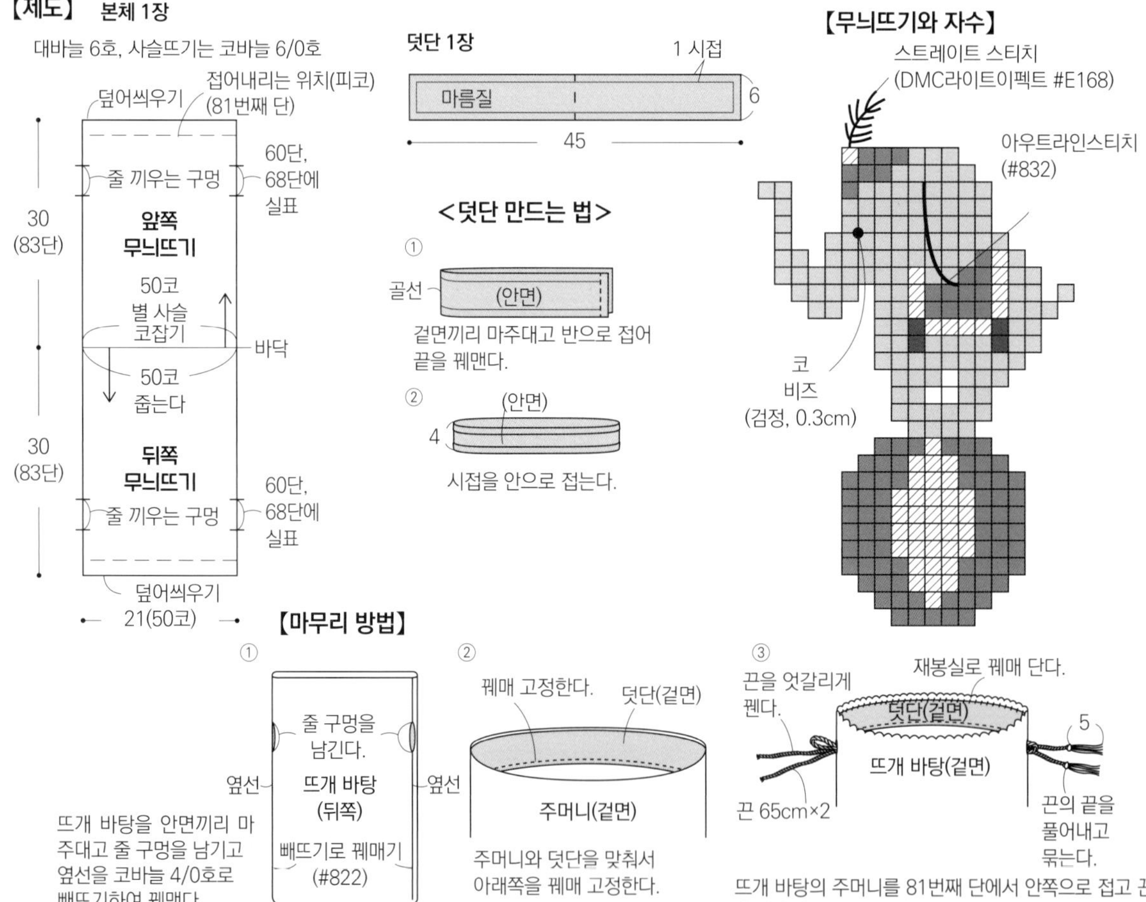

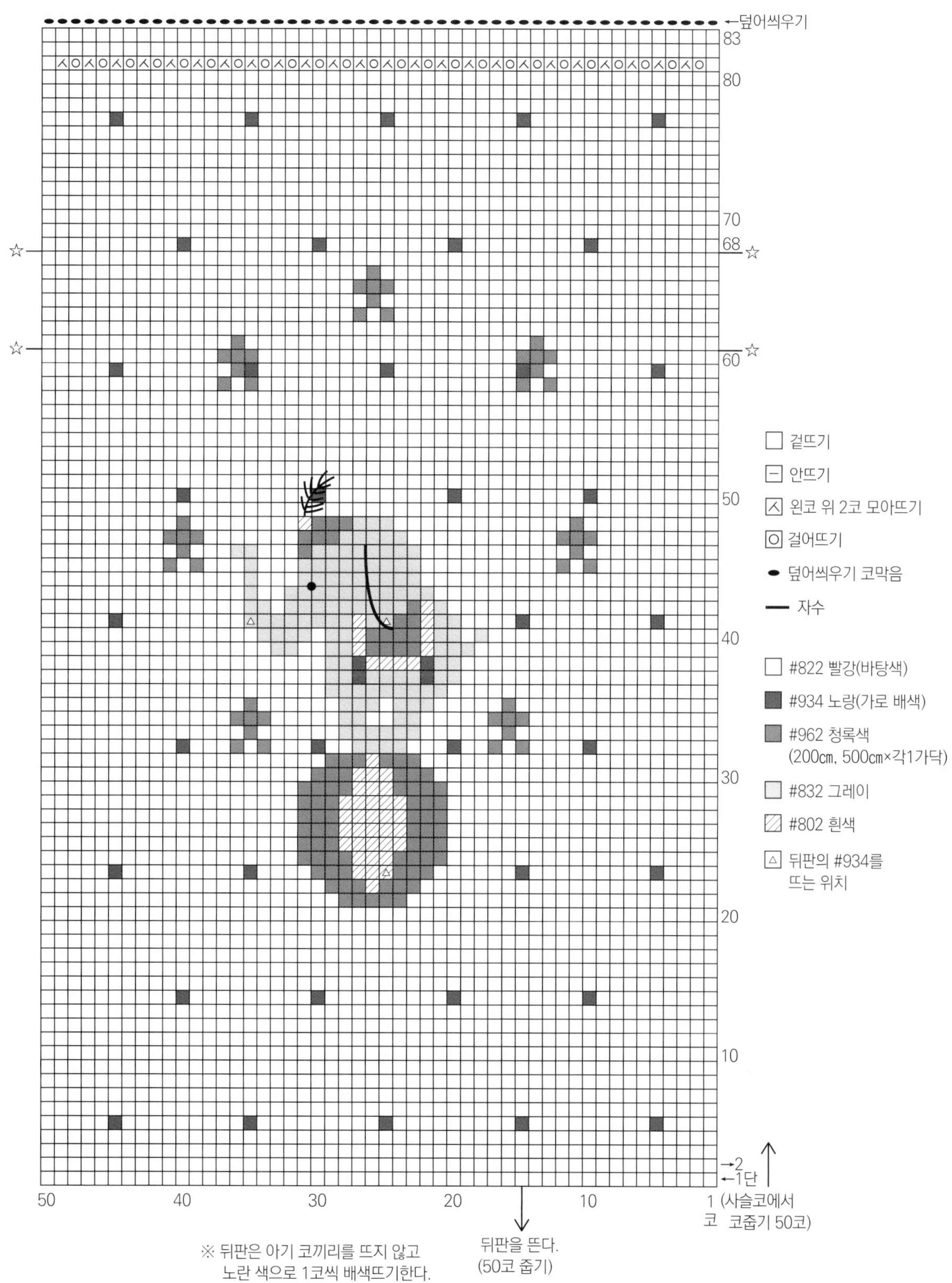

←덮어씌우기
83
80
70
68
60
50
40
30
20
10
→2
←1단
50 40 30 20 10 1
겉뜨기
안뜨기
왼코 위 2코 모아뜨기
걸어뜨기
덮어씌우기 코막음
자수
#822 빨강(바탕색)
#934 노랑(가로 배색)
#962 청록색
(200cm, 500cm×각1가닥)
#832 그레이
#802 흰색
뒤판의 #934를
뜨는 위치
1 (사슬코에서
코 코줍기 50코)
뒤판을 뜬다.
(50코 줄기)
※ 뒤판은 아기 코끼리를 뜨지 않고
노란 색으로 1코씩 배색뜨기한다.

 # 닥스훈트의 산책하기 좋은 날 쿠션

완성 치수 40cm×40cm

▶ 도구와 재료

실

[퍼피] 셰틀랜드
#7 베이지 77g
#3 짙은 갈색 20g
#32 검정 8g
#29 빨강 25g(아이코드용 18g)
#50 흰색 7g
#17 파랑 7g
닥스훈트 부분은 필요한 길이와 수만큼 실을
잘라 둔다.

기타

한 변이 40cm인 사각 쿠션 1개
안감 42cm×42cm

바늘

대바늘 4호(3.3mm), 6호(3.9mm)

▶ 게이지

24코×24단/10cm×10cm

▶ 만드는 법

① 일반코잡기하여 도안대로 뜨고 덮어씌우기 코막음한다. 실 정리를 하고 스팀다리미질을 한다.
② 뜨개 바탕과 안감을 겉면끼리 마주대어 아래에 창구멍을 남기고 테두리를 꿰맨다.
③ 겉면이 보이도록 뒤집어 쿠션을 넣고 창구멍을 감침질로 꿰맨다. 스팀다리미질을 하여 정리한다.
④ 아이코드를 떠서 원통으로 만들고, 스팀다리미질을 하여 정리한다.
⑤ 쿠션의 테두리에 아이코드를 꿰매 단다.

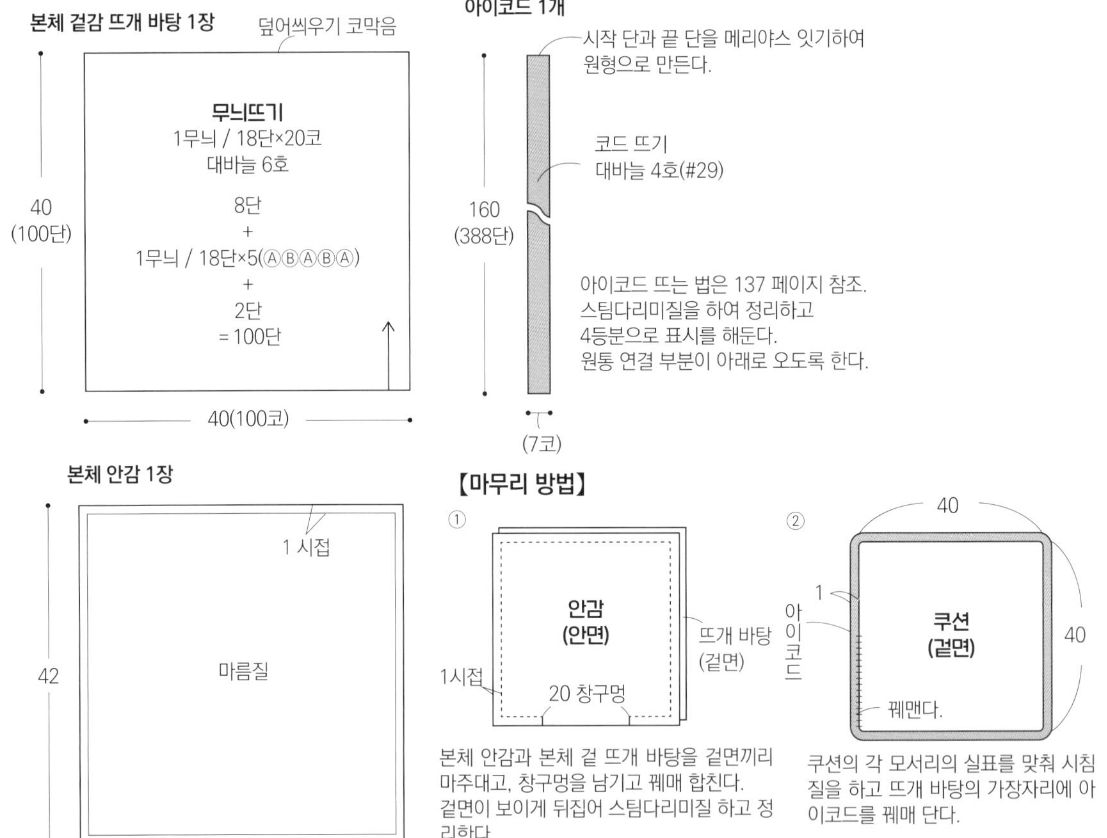

【기호 도안】

← 덮어씌우기 코막음
100(108) 메리야스뜨기
98(106)
92(100)
ⒶⒷⒶ를 반복. 18단×3 = 54단
36(44)
32(40)
Ⓑ1무늬 / 20코×18단
22(30)
20(28)
18(26)
Ⓐ1무늬 / 20코×18단
10(18)
2(10)
1(9)
8
1무늬 20코×3회=60코
메리야스뜨기
→2
←1단(시작코 100코)
100 97 90 84
23 20 10 4 3
무늬뜨기
메리야스뜨기 3코

□ 겉뜨기
● 덮어씌우기 코막음
□ #7 베이지(바탕색)
■ #32 검정(45cm×23가닥, 몸통 왼쪽 30cm×2가닥, 오른쪽 15cm×2가닥)
■ #3 짙은 갈색(125cm×23가닥, 70cm×4가닥)
■ #29 빨강(45cm×15가닥)
□ #17 파랑(45cm×8가닥, 25cm×4가닥)
▨ #50 흰색(35cm×23가닥, 20cm×4가닥)

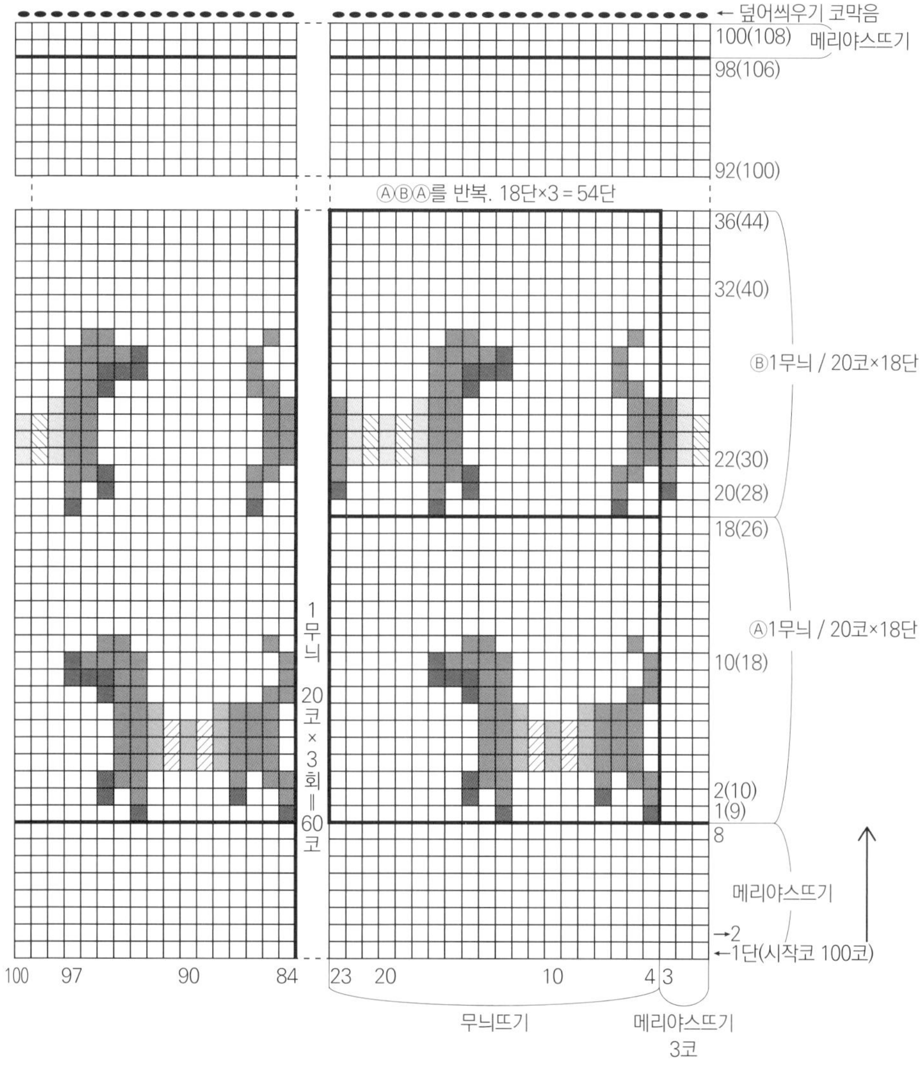

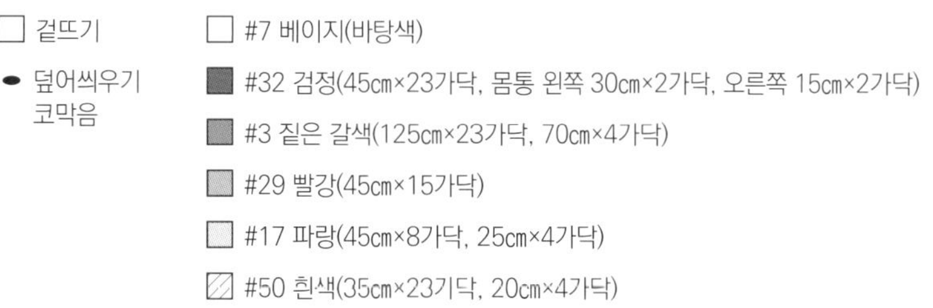

▶ 도구와 재료

실

[로완] 펠티드 트위드
#172 진회색 65g
[다루마] 셰틀랜드 울
#15 블랙 6g
#18 레드 4g(태슬용 2g)
#1 아이보리 14g(태슬용 10g)
[DMC] 해피 코튼
#781 잔디 소량
고양이용으로 필요한 길이, 가닥 수대로 실을 잘라 둔다.

기타

한 변이 30cm인 사각 쿠션 1개

바늘

대바늘 6호(3.9mm)
코바늘 4/0호
자수용 바늘

▶ 게이지

22코×28단/10cm×10cm

▶ 만드는 법

① 일반코잡기하여 도안대로 뜨고, 덮어씌우기 코막음한다. 뒤쪽으로 접히는 96번째 단은 1번째 단에서 안뜨기하고, 뒷쪽에는 고양이를 뜨지 않고 레드
　실로 1코를 떠 넣는다. 실 정리를 하고 스팀다리미질을 한다.
② 고양이 얼굴을 수놓는다.
③ 뜨개 바탕을 겉면끼리 마주대고 아래에 창구멍을 남기고 코바늘로 빼뜨기하여 꿰맨다.
④ 겉면이 보이도록 뒤집어서 쿠션을 넣고, 창구멍을 감침질하여 꿰맨다. 스팀다리미질을 하여 정리한다.
⑤ 태슬을 만들어서 모서리에 꿰매 단다.

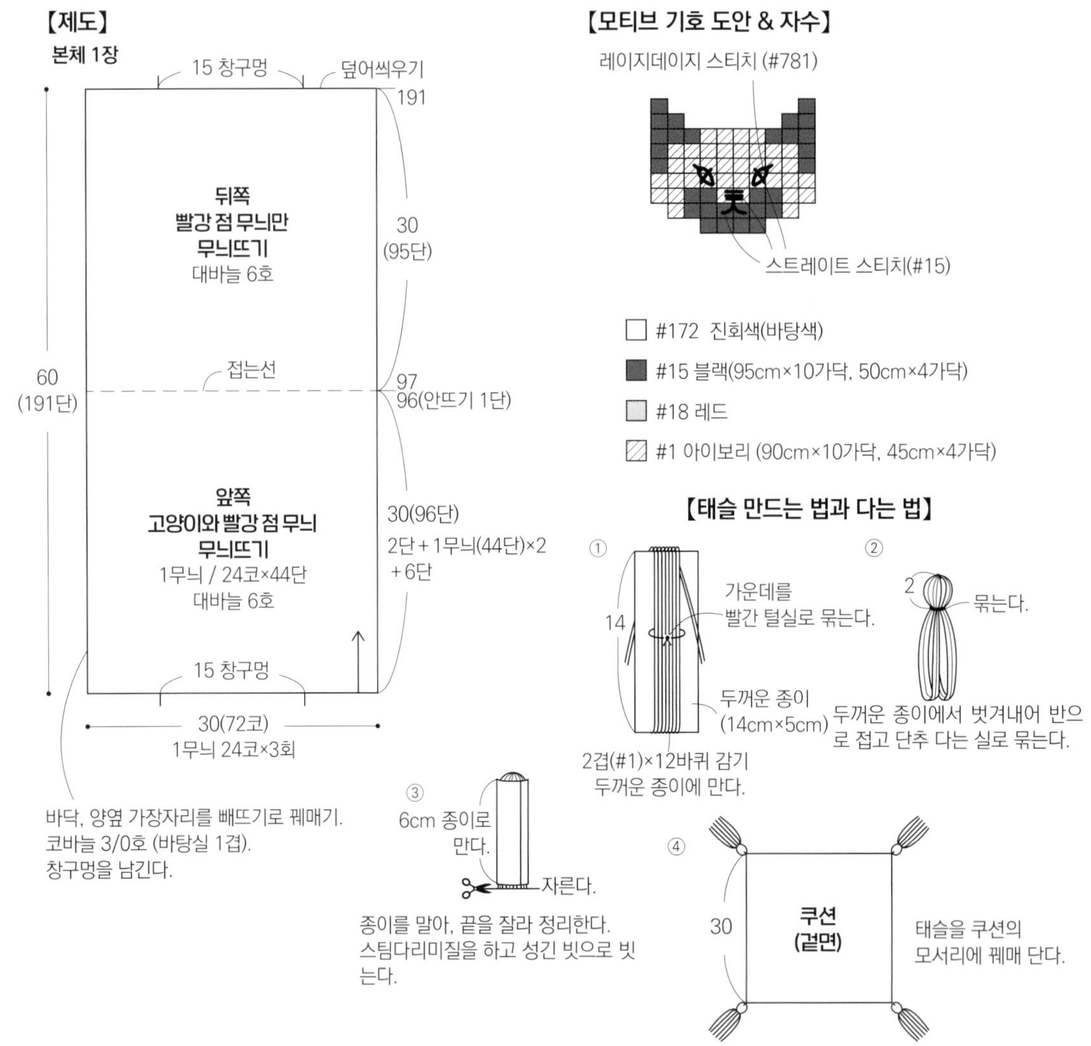

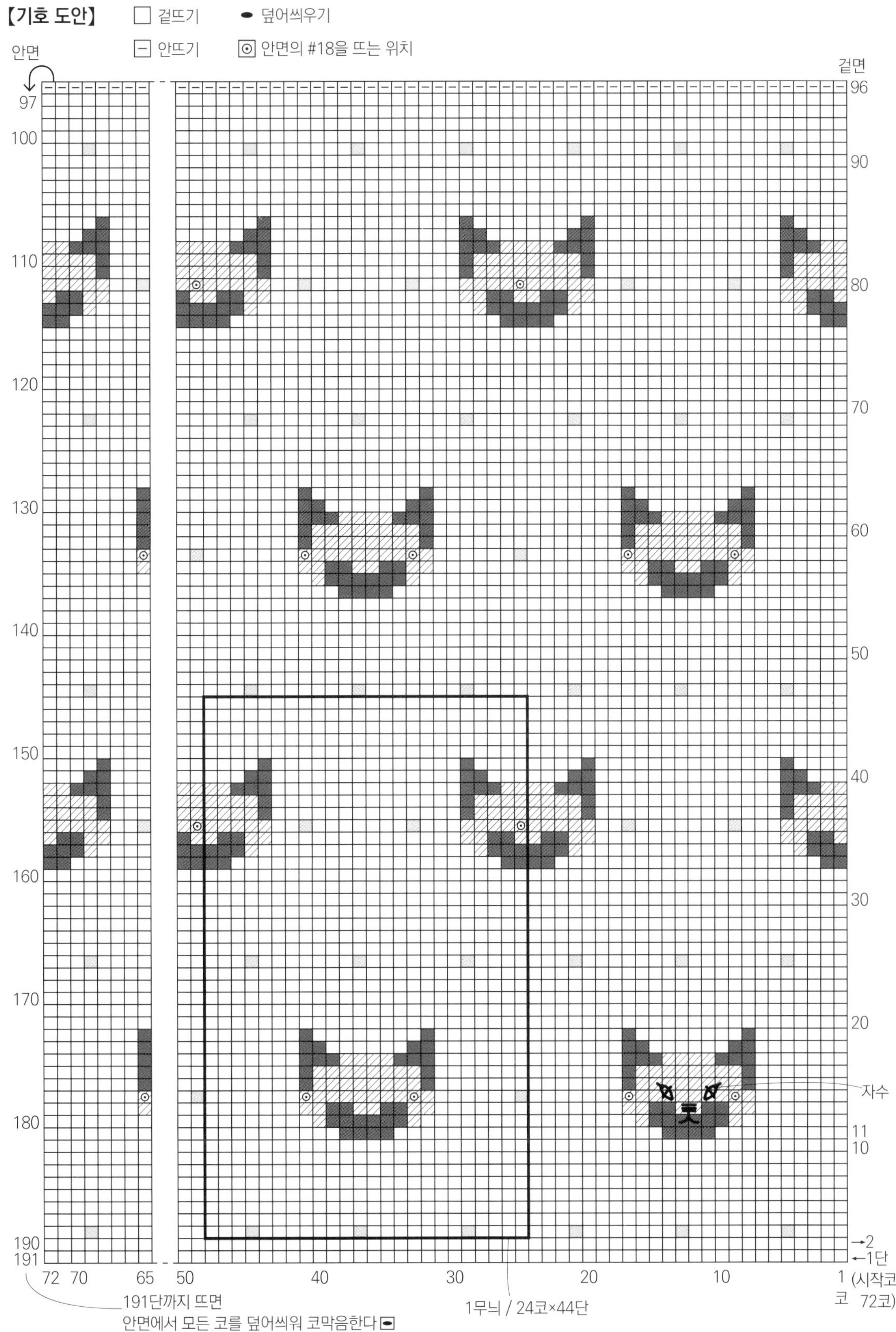

【기호 도안】
겉뜨기
덮어씌우기
안뜨기
안면의 #18을 뜨는 위치
안면
겉면
자수
191단까지 뜨면
안면에서 모든 코를 덮어씌워 코막음한다
1무늬 / 24코×44단
1 (시작코 코 72코)
1단
2

▶ 도구와 재료

실

[다루마] 체비엇 울
#3 에메랄드   80g
[DMC] 해피 코튼
#775 감초   1g(2겹으로 사용)
#761아이보리   3g(2겹으로 사용)
#780 밝은 녹색   소량

기타

기성품 캔버스 가방 22.5㎝×20.5㎝   1개
폭 2.5㎝ 그로그랭 리본   43㎝

바늘

40㎝ 줄바늘
　4호(3.3㎜), 6호(3.9㎜)
대바늘   4호(3.3㎜)
코바늘   4/0호
자수용 바늘

▶ 게이지

20코×30단/10㎝×10㎝

▶ 만드는 법

① 일반코잡기하여 도안대로 뜨고 덮어씌우기 코막음한다.
② 실을 정리하고 스팀다리미질을 한다. 안면끼리 마주대고 바닥을 휘갑치기하여 주머니 모양으로 만든다.
③ 손잡이를 뜬다.
④ 세탁하여 건조한다.
⑤ 자수를 놓는다.
⑥ 캔버스백의 손잡이를 반으로 접어 꿰매고 손잡이 뜨개 바탕의 양 끝을 가방에 꿰매 단다. 캔버스백 손잡이를 뜨개 바탕으로 감아서 바탕실로 휘갑치기하여 여민다.
⑦ 캔버스백의 입구 안쪽에 그로그랭 리본의 아랫변을 꿰매 단다.
⑧ 뜨개 바탕의 주머니에 캔버스백을 넣어 리본의 윗변과 겹쳐 꿰매 단다.

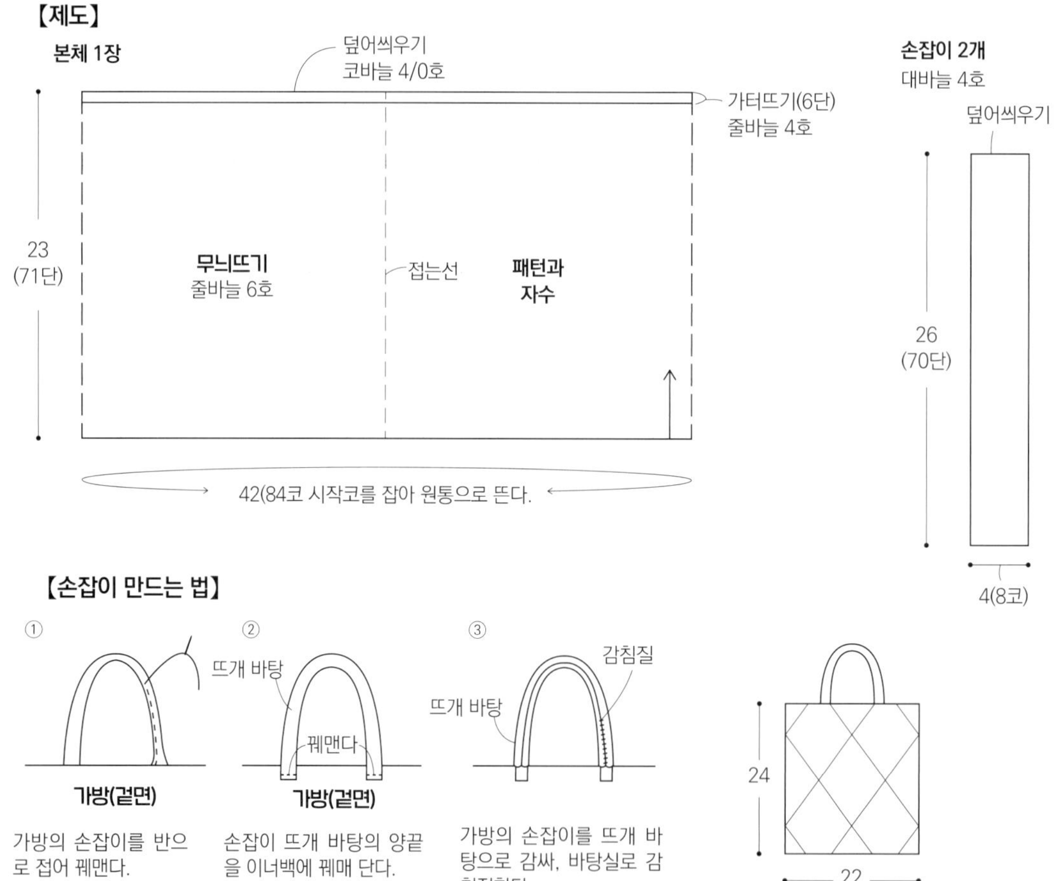

【만드는 법】

①
옆선
뜨개 바탕(겉면)
옆선
감침질(#3)

안면끼리 마주대고
바닥을 감침질한다.

②
그로그랭 리본
가방(겉면)
리본의 끝은
1cm 접어 겹친다.

가방 입구의 안쪽에 그로그랭
리본의 아랫변을 꿰맨다.

③
그로그랭 리본
0.5
꿰매서 고정
가방(뜨개 바탕)
캔버스 가방(안면)

뜨개 바탕의 안에 캔버스 가방을
넣고 바닥의 위치를 맞춰서 리본의
위쪽 가장자리를 바깥 가방에 꿰매
고정한다.

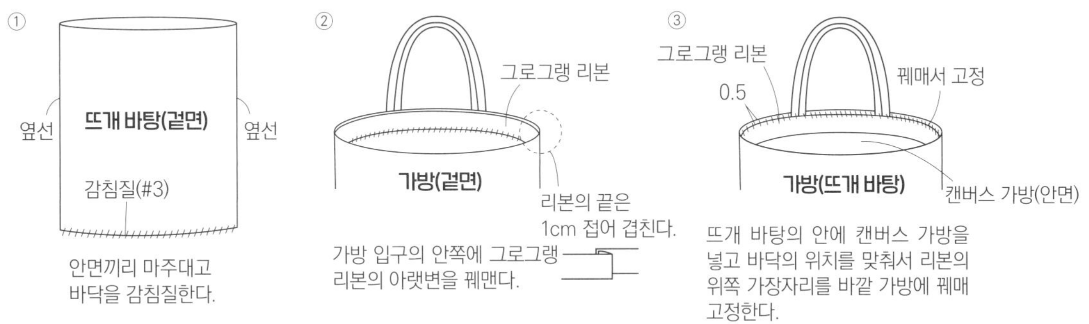

【기호 도안】

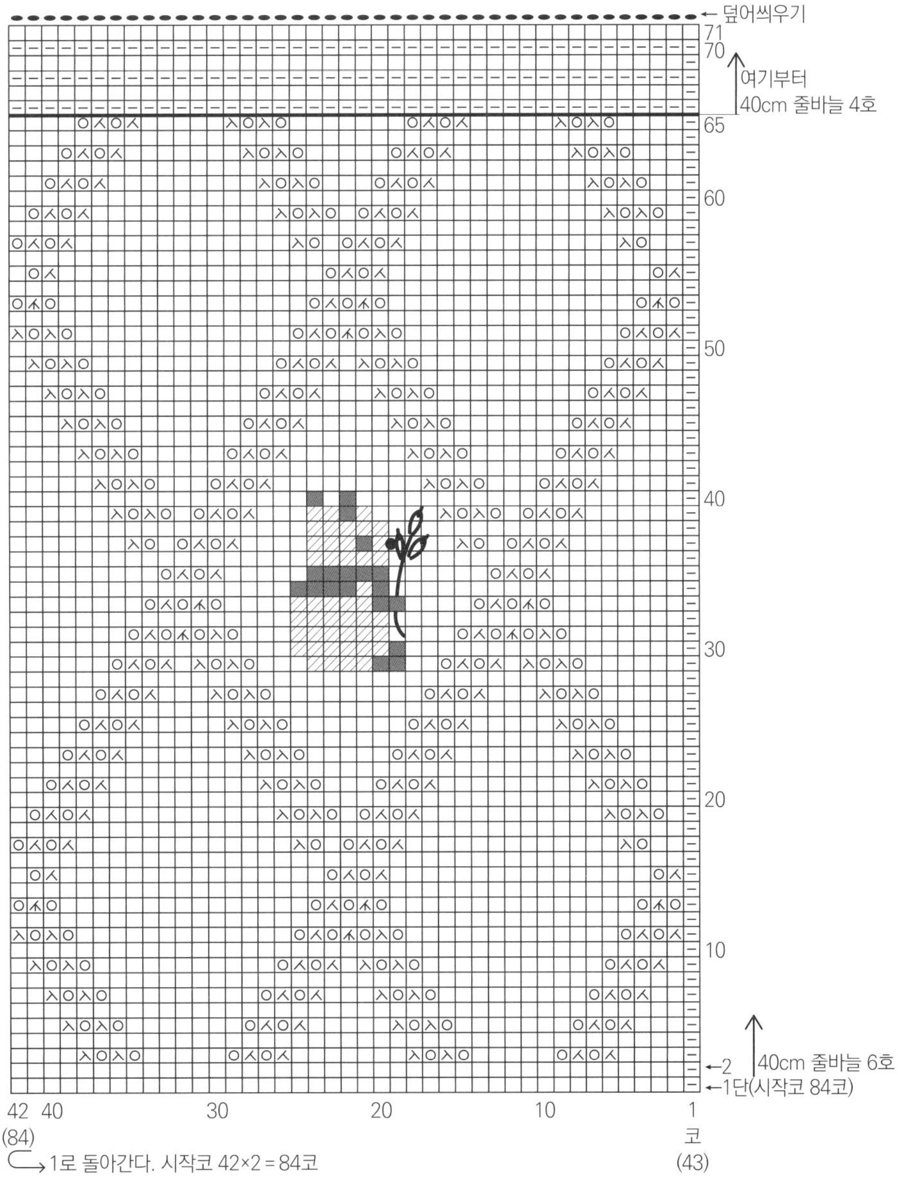
겉뜨기
안뜨기
오른코 위 2코 모아뜨기
왼코 위 2코 모아뜨기
왼코 위 3코 모아뜨기
걸어뜨기
덮어씌우기
자수
#3 에메랄드
#775 감초
#761 아이보리
← 덮어씌우기
71
70
65
60
50
40
30
20
10
여기부터
40cm 줄바늘 4호
←2
←1단(시작코 84코)
40cm 줄바늘 6호
42 40 30 20 10 1
(84)
코
(43)
1로 돌아간다. 시작코 42×2 = 84코

【모티브 기호 도안 &자수】

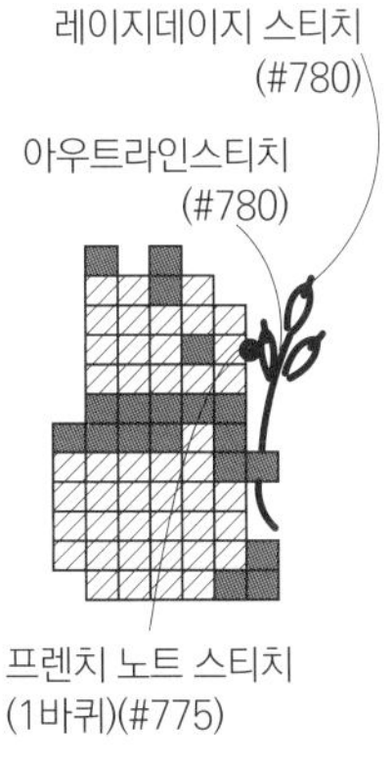
레이지데이지 스티치
(#780)
아우트라인스티치
(#780)
프렌치 노트 스티치
(1바퀴)(#775)

패턴은 한 쪽에만 들어가 있다. 취향에 따라 양쪽에 넣어도 좋다.

▶ 도구와 재료

실

[다루마] 셰틀랜드 울
#8 회색   70g
[DMC] 해피 코튼
#761 아이보리   2g
#775 감초   4g
#780 밝은 녹색   1g
#781 잔디   1g
#759 자갈색   1g
#789 빨강   4g
#794 멜론   1g
#776 비스킷   1g
#793 소르베   1g
#795 연보라   1g

기타

기성품 캔버스백 32.5×25.5cm   1개
폭2.5cm그로그랭 리본   52cm
직경 0.8cm 자개 단추   16개

바늘

대바늘   5호(3.6mm)
코바늘   3/0호
자수용 바늘

▶ 게이지

20코×30단/10cm×10cm

▶ 만드는 법

① 일반코잡기하여 도안대로 뜨고 덮어씌우기 코막음한다. 97번째 단에서 피코 무늬를 뜬다.
② 실 정리를 하고 스팀다리미질을 한다.자수를 놓는다.
③ 뜨개 바탕을 겉면끼리 마주대고 바닥과 옆선을 코바늘로 빼뜨기하여 꿰맨다.
④ 캔버스백의 손잡이를 떼어내어 반으로 접는다. 손잡이 뜨개 바탕을 떠서 가방의 손잡이를 감싸서 손잡이를 만든다.
⑤ 뜨개 바탕의 주머니 안에 캔버스백을 넣고 피코 무늬부분에서 접어서 꿰매 고정한다.
⑥ 캔버스백의 안쪽에 손잡이를 꿰매 단다.
⑦ 캔버스백의 입구의 안쪽에 그로그랭 리본을 꿰매 단다. 스팀다리미질을 하여 모양을 정돈하고 자개 버튼을 단다.

【제도】

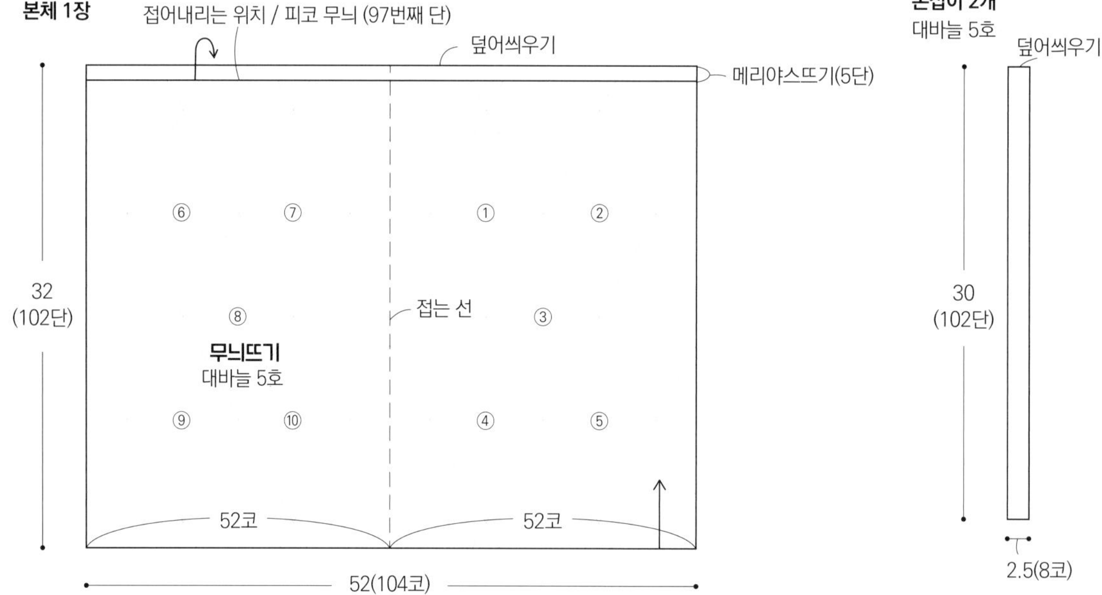

【손잡이 만드는 법】

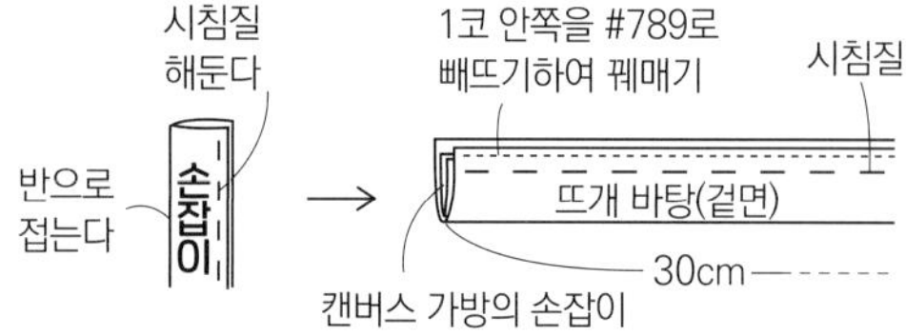

캔버스 가방 손잡이의 재봉실을 입구의 아래쪽으로 잘라내고, 손잡이를
10cm 짧게 자른다.
손잡이를 반으로 접어 뜨개 바탕으로 감싸서 만든다.
1코 안쪽을 코바늘 3/0호 #789를 사용해 빼뜨기로 꿰맨다.

【마무리하는 법】

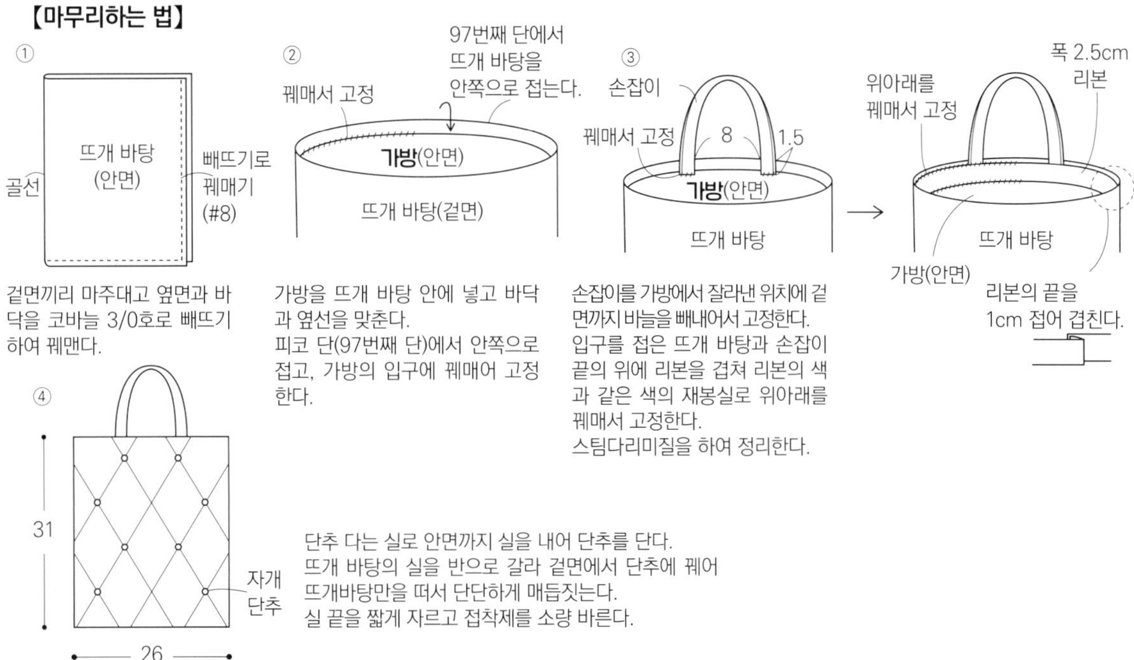

겉면끼리 마주대고 옆면과 바닥을 코바늘 3/0호로 빼뜨기하여 꿰맨다.

가방을 뜨개 바탕 안에 넣고 바닥과 옆선을 맞춘다.
피코 단(97번째 단)에서 안쪽으로 접고, 가방의 입구에 꿰매어 고정한다.

손잡이를 가방에서 잘라낸 위치에 겉면까지 바늘을 빼내어서 고정한다.
입구를 접은 뜨개 바탕과 손잡이 끝의 위에 리본을 겹쳐 리본의 색과 같은 색의 재봉실로 위아래를 꿰매서 고정한다.
스팀다리미질을 하여 정리한다.

단추 다는 실로 안면까지 실을 내어 단추를 단다.
뜨개 바탕의 실을 반으로 갈라 겉면에서 단추에 꿰어 뜨개바탕만을 떠서 단단하게 매듭짓는다.
실 끝을 짧게 자르고 접착제를 소량 바른다.

【모티브 기호 도안&자수】

기호 도안의 같은 단에서 같은 색을 사용할 때에는 실을 미리 작은 뭉치로 나눠 둔다.

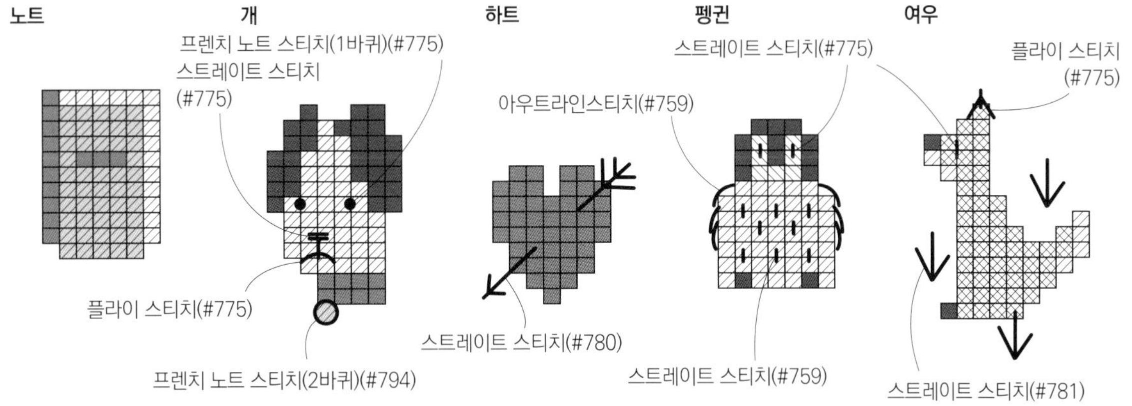

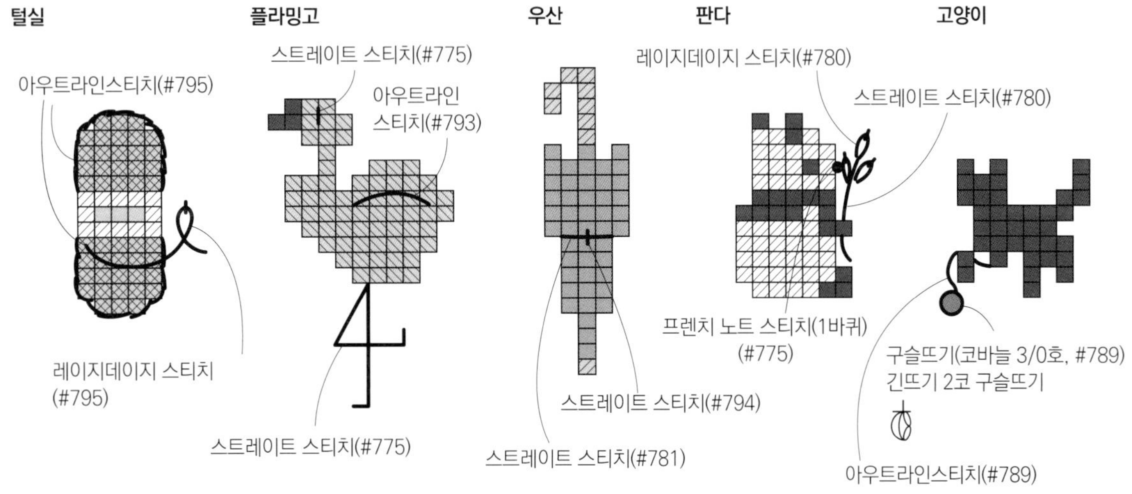

노트

개
프렌치 노트 스티치(1바퀴)(#775)
스트레이트 스티치(#775)
플라이 스티치(#775)
프렌치 노트 스티치(2바퀴)(#794)

하트
아우트라인스티치(#759)
스트레이트 스티치(#780)

펭귄
스트레이트 스티치(#775)
스트레이트 스티치(#759)

여우
플라이 스티치(#775)
스트레이트 스티치(#781)

털실
아우트라인스티치(#795)
레이지데이지 스티치(#795)

플라밍고
스트레이트 스티치(#775)
아우트라인 스티치(#793)
스트레이트 스티치(#775)

우산
스트레이트 스티치(#794)
스트레이트 스티치(#781)

판다
레이지데이지 스티치(#780)
스트레이트 스티치(#780)
프렌치 노트 스티치(1바퀴)(#775)

고양이
구슬뜨기(코바늘 3/0호, #789)
긴뜨기 2코 구슬뜨기
아우트라인스티치(#789)

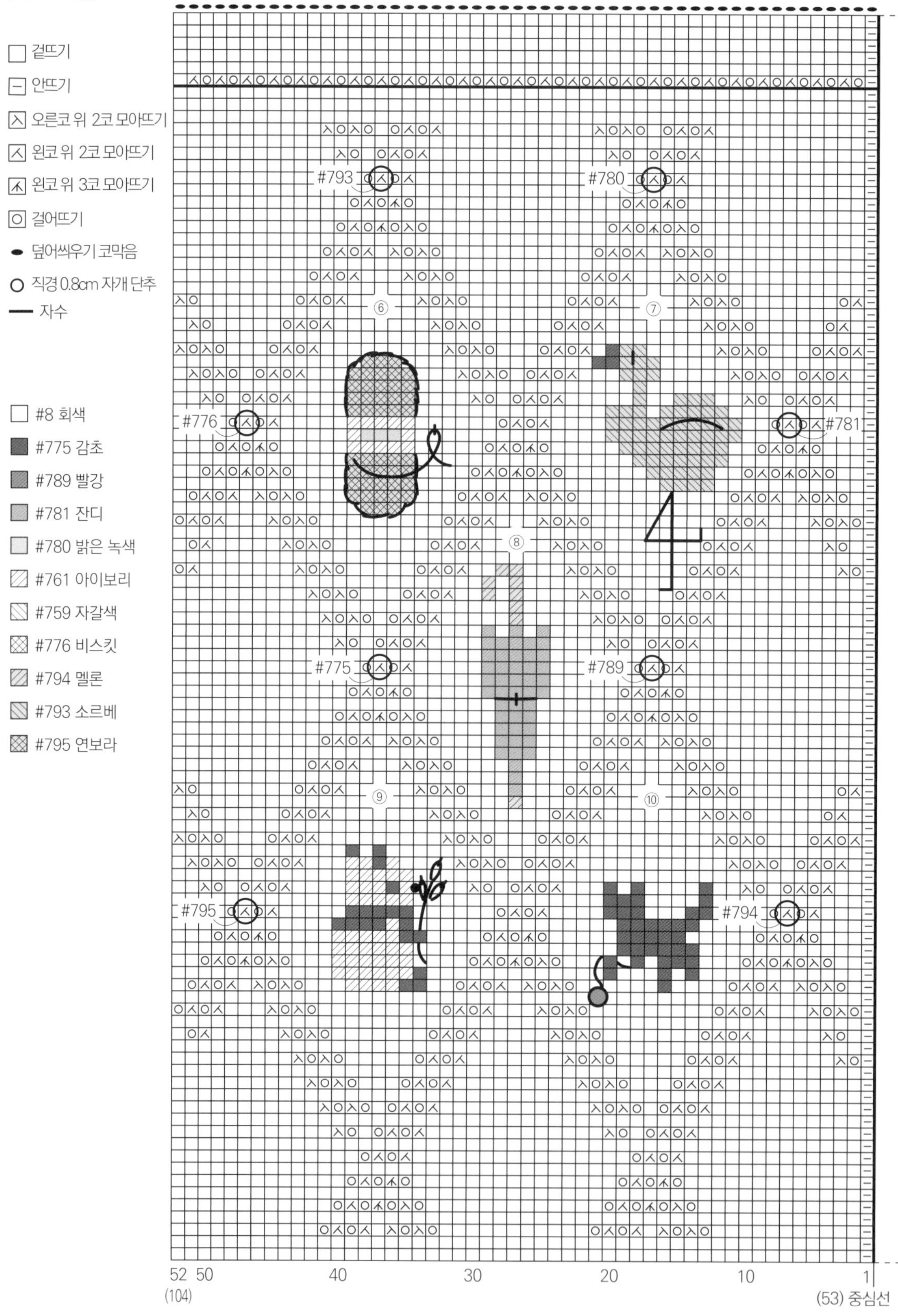

【기호 도안】

□ 겉뜨기
− 안뜨기
⅄ 오른코 위 2코 모아뜨기
⅄ 왼코 위 2코 모아뜨기
ㅅ 왼코 위 3코 모아뜨기
O 걸어뜨기
● 덮어씌우기 코막음
O 직경 0.8cm 자개 단추
— 자수

□ #8 회색
■ #775 감초
■ #789 빨강
■ #781 잔디
□ #780 밝은 녹색
◩ #761 아이보리
◩ #759 자갈색
▨ #776 비스킷
◩ #794 멜론
◩ #793 소르베
▨ #795 연보라

#793
#780
#776
#781
#775
#789
#795
#794

⑥ ⑦ ⑧ ⑨ ⑩

52 50
(104)
40
30
20
10
1
(53) 중심선

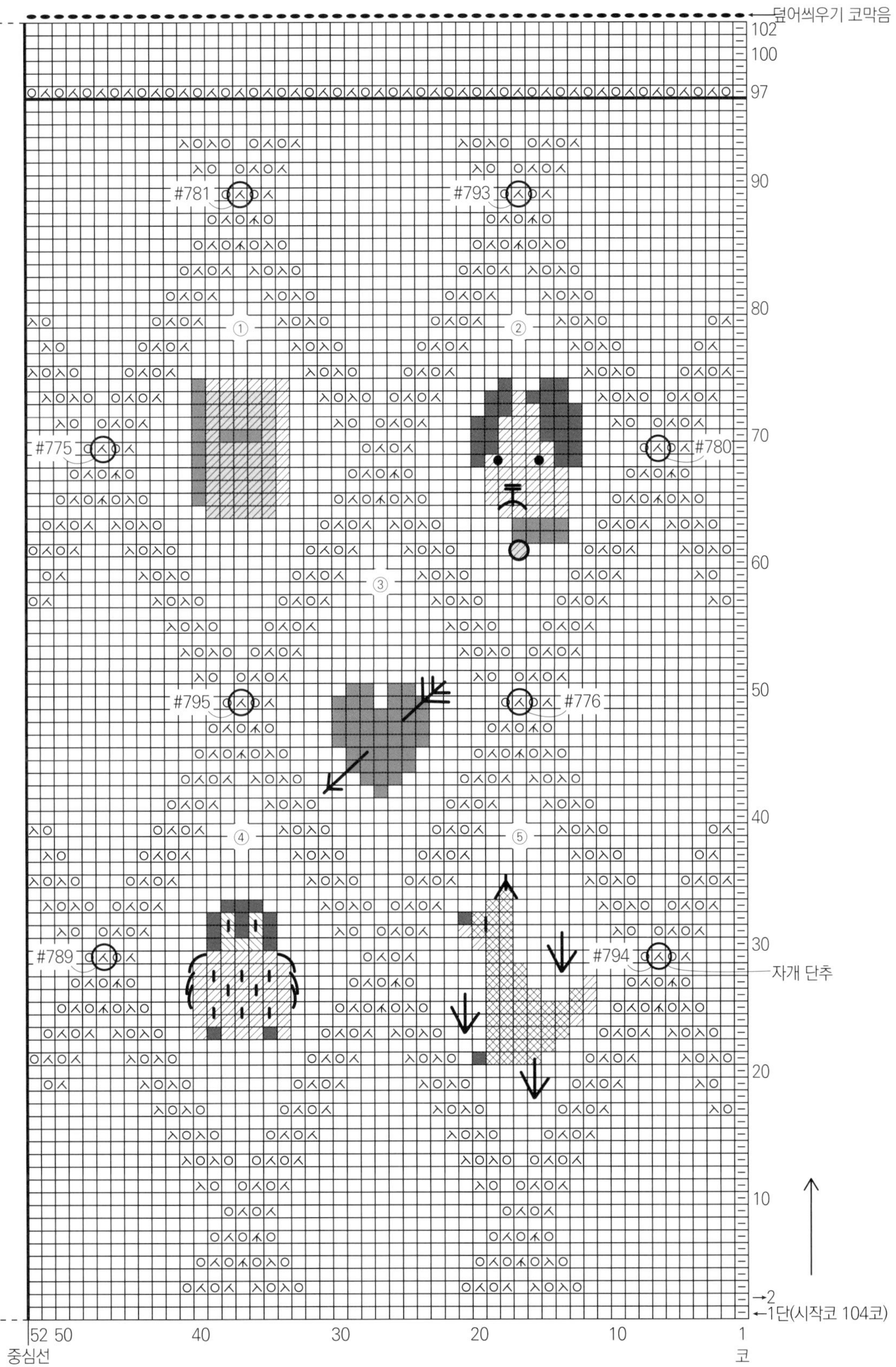
덮어씌우기 코막음
102
100
97
90
#781
#793
80
①
②
70
#775
#780
③
60
50
#795
#776
40
④
⑤
30
#789
#794
자개 단추
20
10
2
1단(시작코 104코)
52 50
40
30
20
10
1
중심선
코

▶ 도구와 재료

실

[퍼피] 브리티시 파인
#001 흰색　80g
#040 베이지　18g
#085 네온 핑크　15g
[다루마] 슈퍼 워시 스패니시 메리노
#103 네온 피치　10g

마트료시카와 바닥의 물방울 무늬에 사용되
는 실은 필요한 길이와 분량으로 잘라 둔다.
실은 모두 2겹으로 합쳐 사용한다.

기타

기성품 토트백 (높이 20cm ×폭 35cm ×깊이
15cm)　1개
　※ 직접 만들어도 좋다. 만들 때에는 안주
　머니용 원단 65×37cm 필요
대나무 손잡이　2개
　(높이12cm×폭18.5cm×직경 1.5cm, 메르
　헨 아트 뱀부 핸들 다테아나 W17cm)
안지름 1.5cm 손잡이용 샤클　4개
　(메르헨 아트 샤클 소)
퀼트용 접착 심지　55cm×35cm
바닥판　14.5cm×20cm

바늘

60cm 줄바늘　5호(3.6mm)
대바늘　5호(3.6mm)
코바늘　4/0호
자수용 바늘

도구

수예용 송곳
일자 드라이버
접착제(금속용)
양면 테이프

▶ 게이지

24코×28단/10cm×10cm

▶ 만드는 법

① 일반코잡기로 시작코를 잡아 기호 도안대로 60단까지 뜨고 다른 바늘로 옮긴다. 같은 것을 한 장 더 떠서 줄바늘로 이 두장을 이어서 72단까지 뜨고
　덮어씌우기 코막음한다. 65번째 단에서 피코 무늬를 뜬다. 실 정리를 하고 스팀다리미질을 한다.
② 자수를 놓고 겉면끼리 마주대고 옆선을 코바늘로 빼뜨기하여 꿰맨다.
③ 바닥을 일반코잡기로 시작코를 잡아 기호 도안대로 뜨고 덮어씌우기 코막음한다. 실 정리를 하고 스팀다리미질을 한다.
④ 바닥과 본체를 겉면끼리 마주대고 코바늘로 빼뜨기하여 꿰맨다.
⑤ 기성품 토트백 또는 제작한 안주머니를 바닥판에 붙인다.
⑥ 퀼트용 접착 심지를 주머니 모양으로 만들어 안주머니에 겹쳐 접착한다.
⑦ 뜨개 바탕으로 만든 주머니를 안주머니에 겹쳐 피코무늬 부분에서 접어내리고 꿰매 고정한다.
⑧ 손잡이를 단다.

【제도】

본체 2장

접어내리는 선(65단)
덮어씌우기 코막음
#085 피코 무늬(65단)와 겉뜨기(66단)
겉뜨기 #001(61~64단)
겉뜨기 #001(67~72단)
3(12단)
↑ 원통뜨기 줄바늘 5호 2겹

A　B　C　A　B　A

22
(60단)

25
(72단)

A　D　B　A　B　C　A

무늬뜨기
대바늘 5호 2겹

B　A　B　D　A　B

36(85코)

바닥 1장

뜨개 바탕 본체의
옆선과 맞춘다.
덮어씌우기 코막음

무늬뜨기
대바늘 5호
2겹

14
(42단)

20(45코)

안주머니 1장

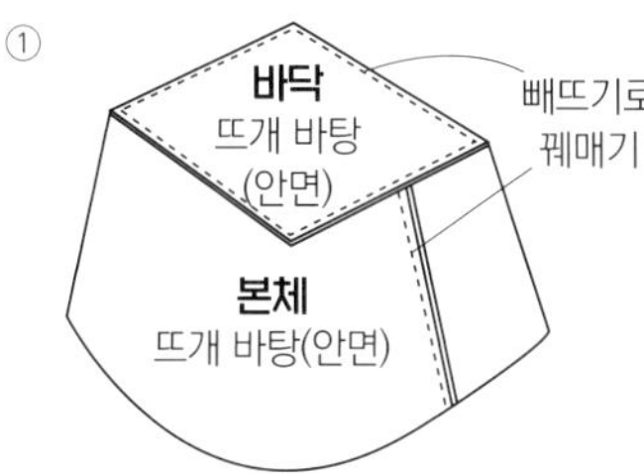

【안주머니 만드는 법】

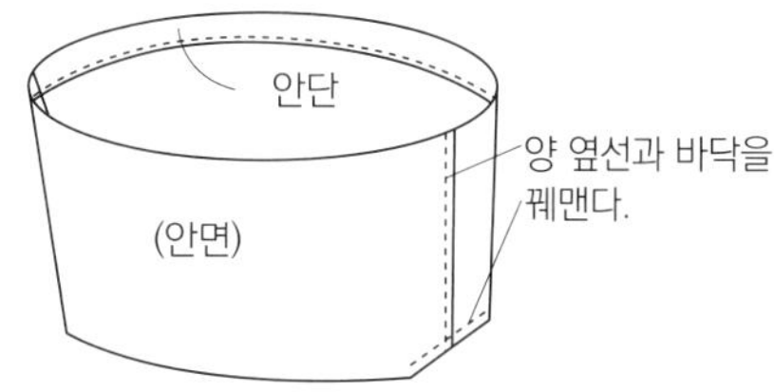

겉면끼리 마주대고 옆선과 바닥 모서리를
꿰매고 안단을 접어 내려서 꿰맨다.

【마무리 방법】

① 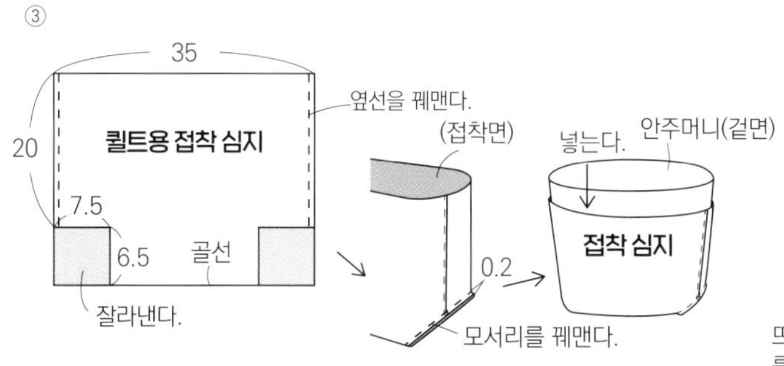

본체 뜨개 바탕 2장을 겉면끼리 마주대고
옆면을 코바늘 4/0호로 빼뜨기로 꿰매고
바탁판과 겉면끼리 마주대고 빼뜨기로
꿰맨다.

② 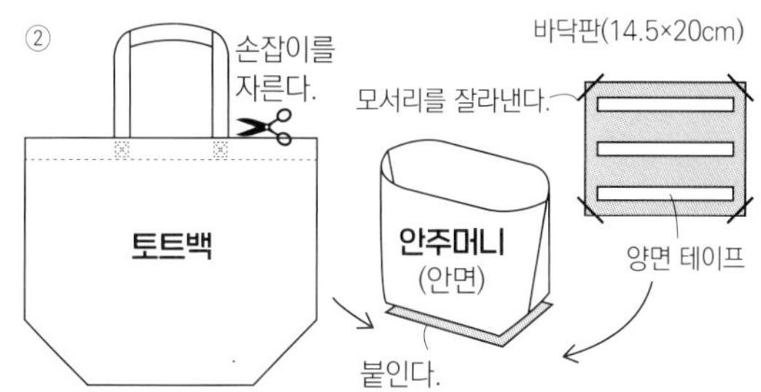

기성품 토트백을 사용할 때에는 손잡이를 안단에서 떼
어내고, 만들어서 사용할 경우에는 시접 1㎝로 퀼트용
접착 심지와 같은 방법으로 양면 테이프로 바닥판 을
붙인다.

③ 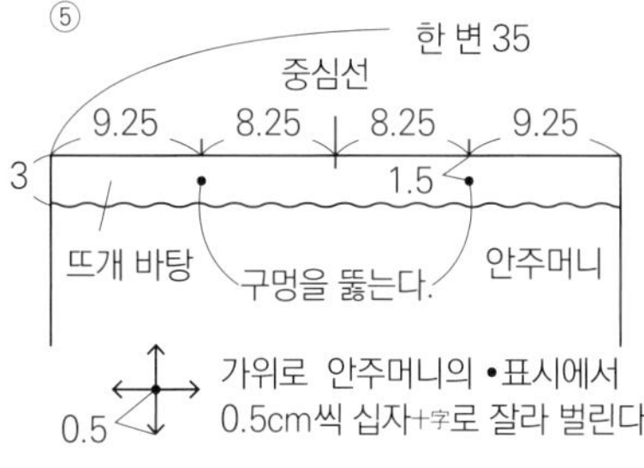

접착 심지의 접착면을 안쪽으로 하여서 옆면과 모서리를 꿰매어 주머니
모양으로 만든다. 안주머니에 넣어 안쪽에서 다리미질을 하여 접착한다.

④
피코 무늬에서 안쪽으로
접어 내린다.

안주머니의 입구에
꿰매 단다.

뜨개 바탕 주머니의 안쪽에 안주머니를 넣고, 입구
를 꼭 맞춰 뜨개 바탕의 안단 위치에서 안쪽으로 접
어 안주머니의 안단에 사이즈를 맞춰 시침질한 뒤
꿰매어 단다.

⑤ 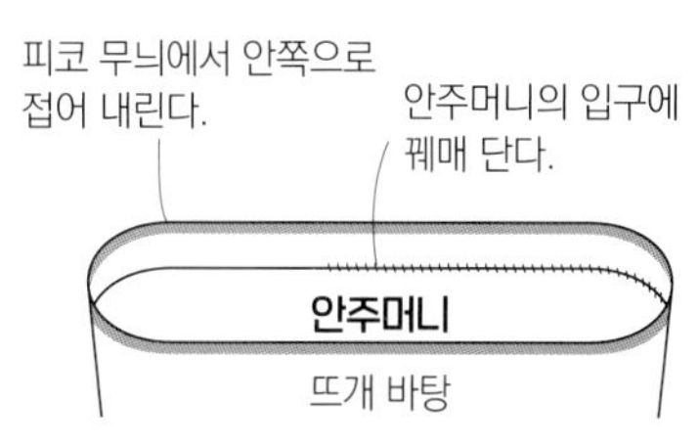

가위로 안주머니의 •표시에서
0.5cm씩 십자+字로 잘라 벌린다.

나사는 '대' 쪽에서만 넣는다. 뜨
개 바탕의 겉면에 나사가 오도록
단다.

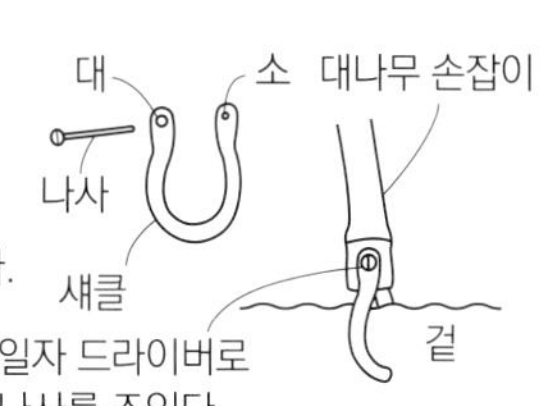

입구의 안쪽에 손잡이 다는 위치를 정해
안쪽에서 겉면에 송곳으로 구멍을 뚫어
셔클을 끼운다.
접착제를 소량 발라 고정한다.

【앞판&뒤판 기호도안】

덮어씌우기
72(12)
70(10)
67(7) 여기부터
66(6)
65(5) 줄바늘 5호
61(1)
60
접는 위치
중심선
2
1단
85 80 70 60 50 40 30 20 10 1 코 (시작코 85코)

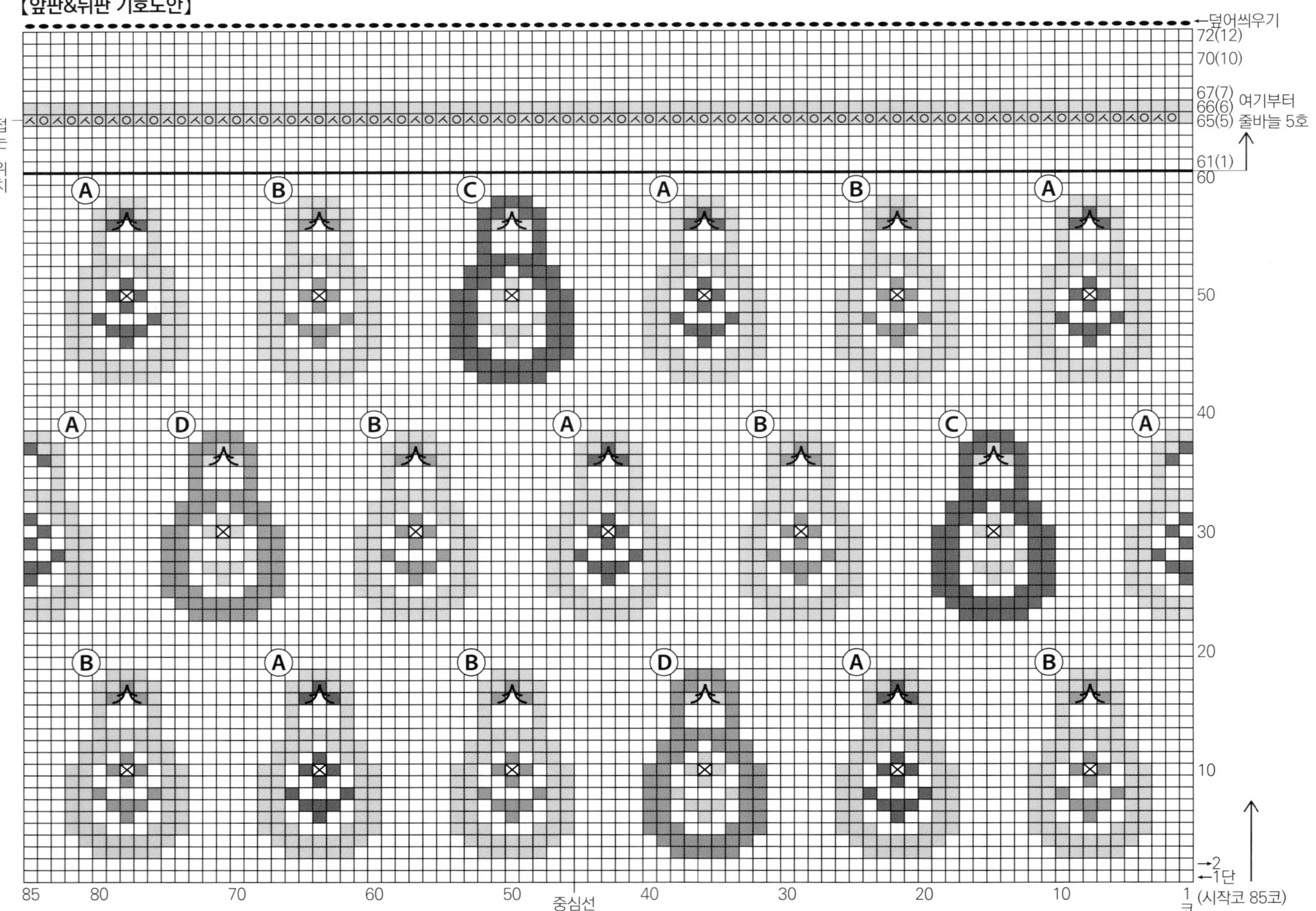

□ 겉뜨기   □ #001 흰색(바탕색)

☒ 왼코 위 2코 모아뜨기 □ #040 베이지

□ 걸어뜨기   □ #085 네온 핑크

● 덮어씌우기 코막음   □ #103 네온 피치

☒ 바탕색의 위에 크로스스티치

【마트료시카 기호 도안】

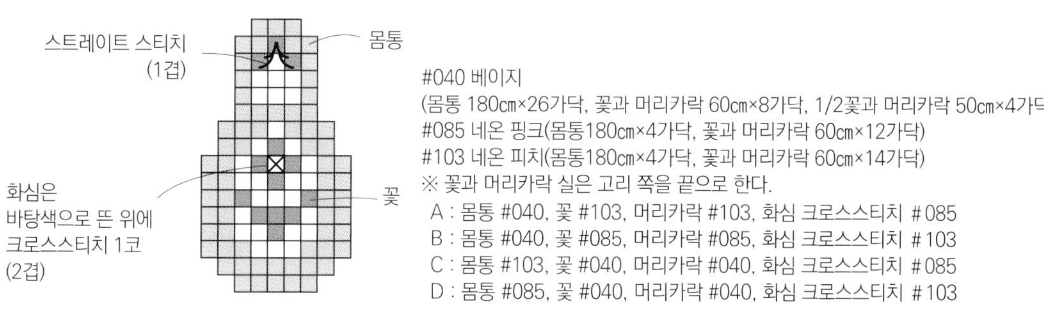

#040 베이지
(몸통 180㎝×26가닥, 꽃과 머리카락 60㎝×8가닥, 1/2꽃과 머리카락 50㎝×4가닥)
#085 네온 핑크(몸통180㎝×4가닥, 꽃과 머리카락 60㎝×12가닥)
#103 네온 피치(몸통180㎝×4가닥, 꽃과 머리카락 60㎝×14가닥)
※ 꽃과 머리카락 실은 고리 쪽을 끝으로 한다.
 A : 몸통 #040, 꽃 #103, 머리카락 #103, 화심 크로스스티치 #085
 B : 몸통 #040, 꽃 #085, 머리카락 #085, 화심 크로스스티치 #103
 C : 몸통 #103, 꽃 #040, 머리카락 #040, 화심 크로스스티치 #085
 D : 몸통 #085, 꽃 #040, 머리카락 #040, 화심 크로스스티치 #103

【바닥 기호 도안】

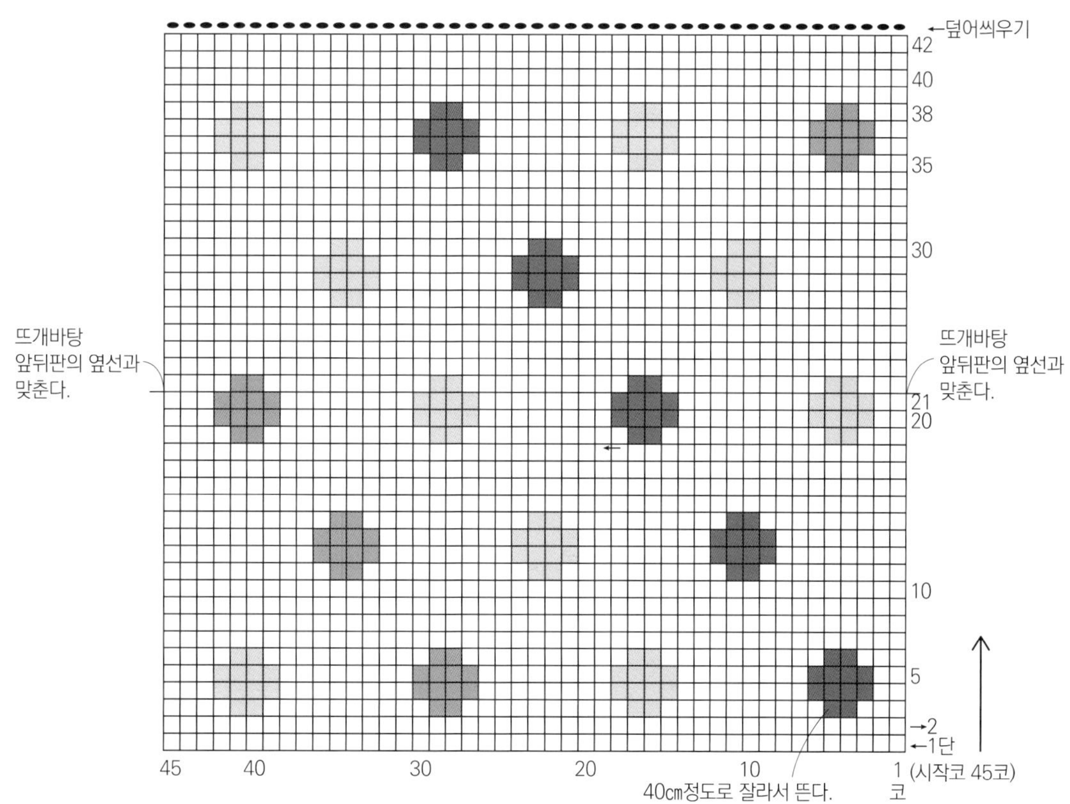

 # 털실무늬 대바늘 케이스

완성 치수   38cm×39cm

▶ 도구와 재료

실

[제이미슨스] 스핀드리프트

#105 연베이지　45g(끈용3g)

#760 카스피 해　9g

#188 셔벗　8g

#770 민트　8g

#780 라임　11g(끈용3g)

#540 코랄　7g

#616 아네모네　7g

#1160 앙골담초　6g

#750 페트롤　2g

#478 앰버　2g

#585 플럼　2g

배색무늬용 실은 필요한 길이와 분량으로 잘라 둔다.

기타

안감용 원단(가운데 띠 포함)　57cm×51cm

퀼트용 접착 심지　39cm×37cm

바늘

대바늘　4호(3.3mm)

코바늘　6/0호

자수용 바늘

▶ 게이지

26코×36단/10cm×10cm

▶ 만드는 법

① 일반코잡기하여 도안대로 뜨고 코바늘로 덮어씌우기 코막음한다. 실 정리를 하고 스팀다리미질을 한다.

② 자수를 하고 더블 체인으로 끈을 만든다. 세탁하여 건조한다.

③ 퀼트용 접착 심지를 붙일 사이즈를 재서 자르고, 뜨개 바탕에 부착한다. 큰 털실 뭉치를 수놓고 세탁한다.

④ 안감과 가운데 띠를 만든다. 안감용 원단에 띠와 끈을 달아 꿰맨다.

⑤ 뜨개 바탕의 안면에 ④를 맞춰 꿰매 달고, 덮개와 포켓을 접는다. 포켓은 꿰매서 마무리한다.

⑥ 스팀다리미질을 하여 정리한다.

【제도】

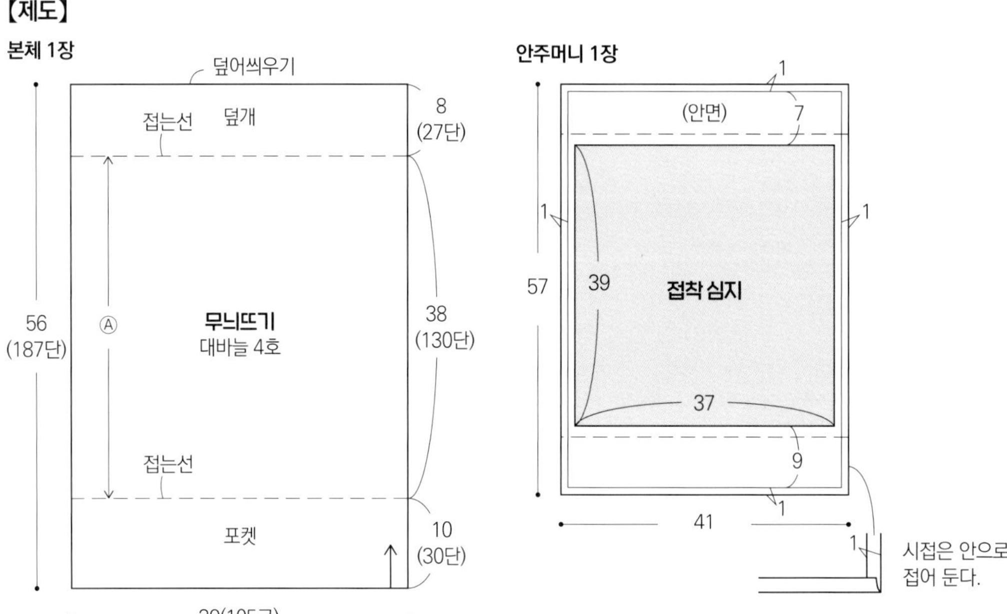

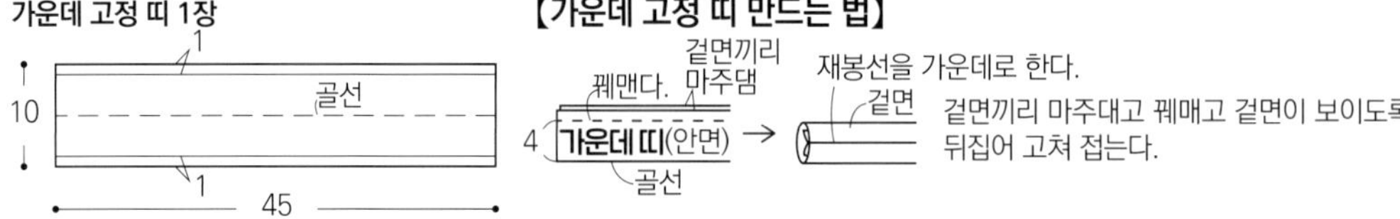

【마무리 방법】

① 뜨개 바탕(안면) 0.5

0.5 ⓐ 접착 심지 0.5

0.5

0.5

뜨개 바탕이 완성되면 세탁을 한 후에 ⓐ의 길이를 재서 접착심지를 0.5㎝ 짧게 잘라서 얇은 원단을 덮어 다리미질해 접착한다. 접착 심지로 바늘을 빼내가면서 큰 털실 뭉치 등을 수놓고 세탁한다.

② 안주머니(겉면)

1. 고정끈의 왼쪽 끝을 안으로 1cm 말아 넣고 꿰맨다.

고정 띠(겉면)
3.5   2.5   3

3. 남은 분량은 오른쪽 끝의 뒤로 말아 넣어 꿰맨다.

4. 줄을 끼워넣고 꿰맨다.

2. 칸막이를 꿰맨다.
3.5㎝×6회
2.5㎝×6회
3㎝×1회
손가락 하나 들어갈 정도로 여유를 두며 꿰맨다.

안쪽 가운데에 고정끈의 봉합선이 오도록 배치

25

줄 75cm
#105 #780 2겹으로
코바늘 6/0호로
더블체인 스티치를150코 뜬다.

안주머니에 고정끈을 꿰매 달고 칸막이를 꿰맨다.

③ 2. 위 덮개를 가터뜨기의 아래(159단)로 접어내리고 양 옆선을 2.5㎝ 꿰맨다.

가터뜨기 접는선
꿰맨다   2.5   꿰맨다

1. 양끝은 뜨개바탕을 2코 안쪽으로 접어 안주머니에 공그르기로 고정한다.

덮개
가터뜨기 접는선
안주머니(겉면)

꿰맨다
뜨개 바탕(겉면)
포켓

4.감침질

꿰맨다

3. 아래의 포켓을 접어 올려 고정 띠와 같은 간격으로 꿰매 칸을 만든다.

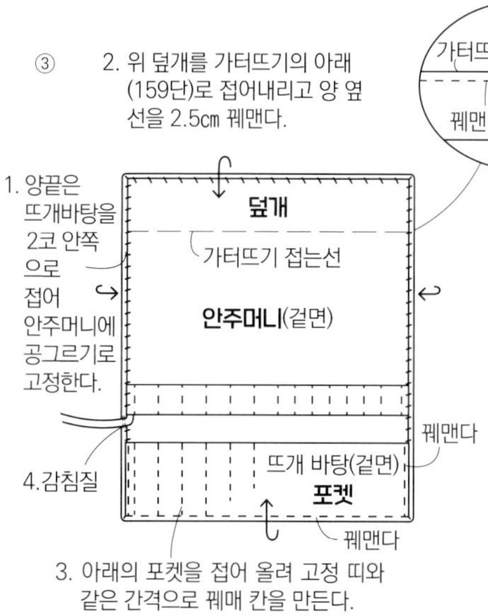

뜨개 바탕과 안주머니를 안면끼리 마주대고 감침질한다. 덮개를 접는선에서 접어서 양끝을 꿰매고, 접는선은 가터뜨기의 아래에서 꿰맨다. 아래의 포켓도 접는선에서 접어 꿰매어 마무리하고 양끝과 바닥을 꿰매어 고정한다. 전체를 스팀다리미질하여 정리한다.

【모티브 뜨기 & 자수 도안】

큰 털실 뭉치: 모두 아웃트라인스티치
(ⓐ=오른쪽, ⓑ=왼쪽) 220%확대하여 사용

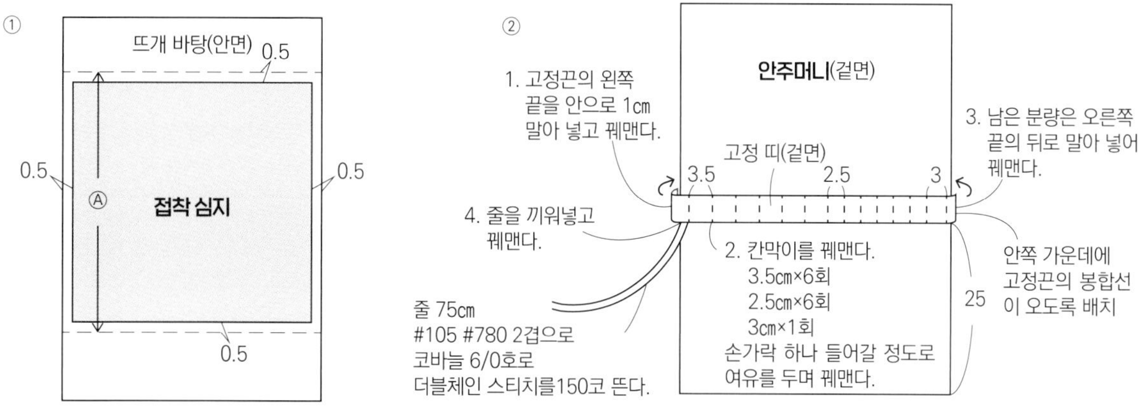

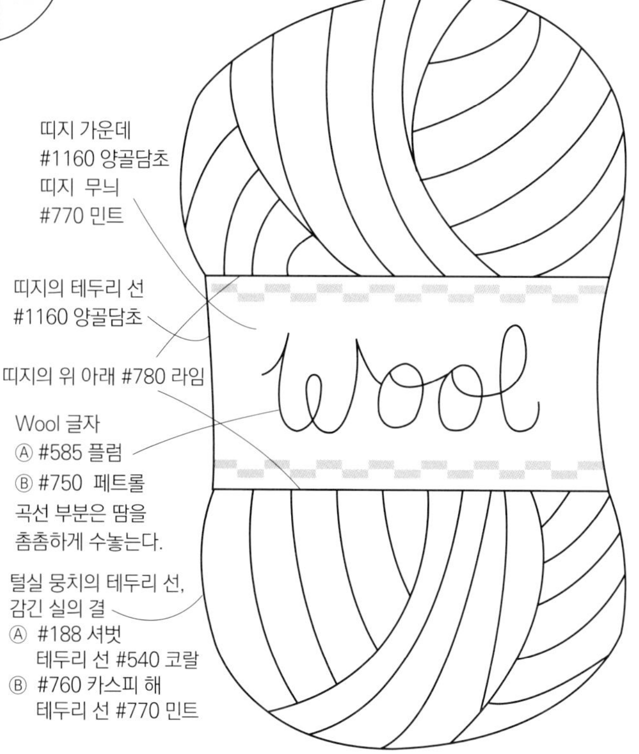

띠지 가운데
#1160 양골담초
띠지 무늬
#770 민트

띠지의 테두리 선
#1160 양골담초

띠지의 위 아래 #780 라임

Wool 글자
ⓐ #585 플럼
ⓑ #750 페트롤
곡선 부분은 땀을 촘촘하게 수놓는다.

털실 뭉치의 테두리 선,
감긴 실의 결
ⓐ #188 셔벗
 테두리 선 #540 코랄
ⓑ #760 카스피 해
 테두리 선 #770 민트

무늬뜨기 실 길이
• 실패(#478) 45㎝×3가닥
• 실패에 감긴 실(색깔별) 70㎝×3가닥(자수 분량 포함)
• 단추(색깔별) 60㎝×4가닥
• 작은 털실 뭉치(색깔별) 130㎝×7가닥
 작은 털실 뭉치의 띠지: 가로 배색으로 뜬다.

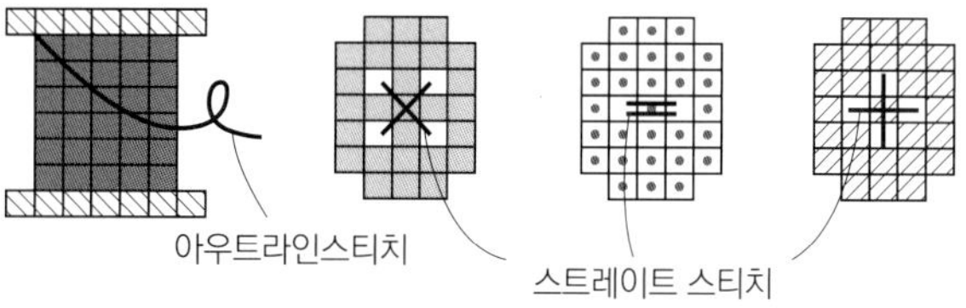

아웃트라인스티치   스트레이트 스티치

【제도】　　　상단

□ 겉뜨기

⊟ 안뜨기

● 덮어씌우기

— 자수

□ #105 연베이지(바탕색)

■ #750 페트롤

■ #585 플럼

■ #188 셔벗

■ #780 라임

▨ #1160 양골담초

▨ #478 앰버

⊙ #540 코랄

⊡ #616 아네모네

▨ #760 카스피 해

△ #770 민트

큰 털실 뭉치의 뒤에서 실이 건너지 않도록 #105 실을 3개로 나눠서 뜬다.

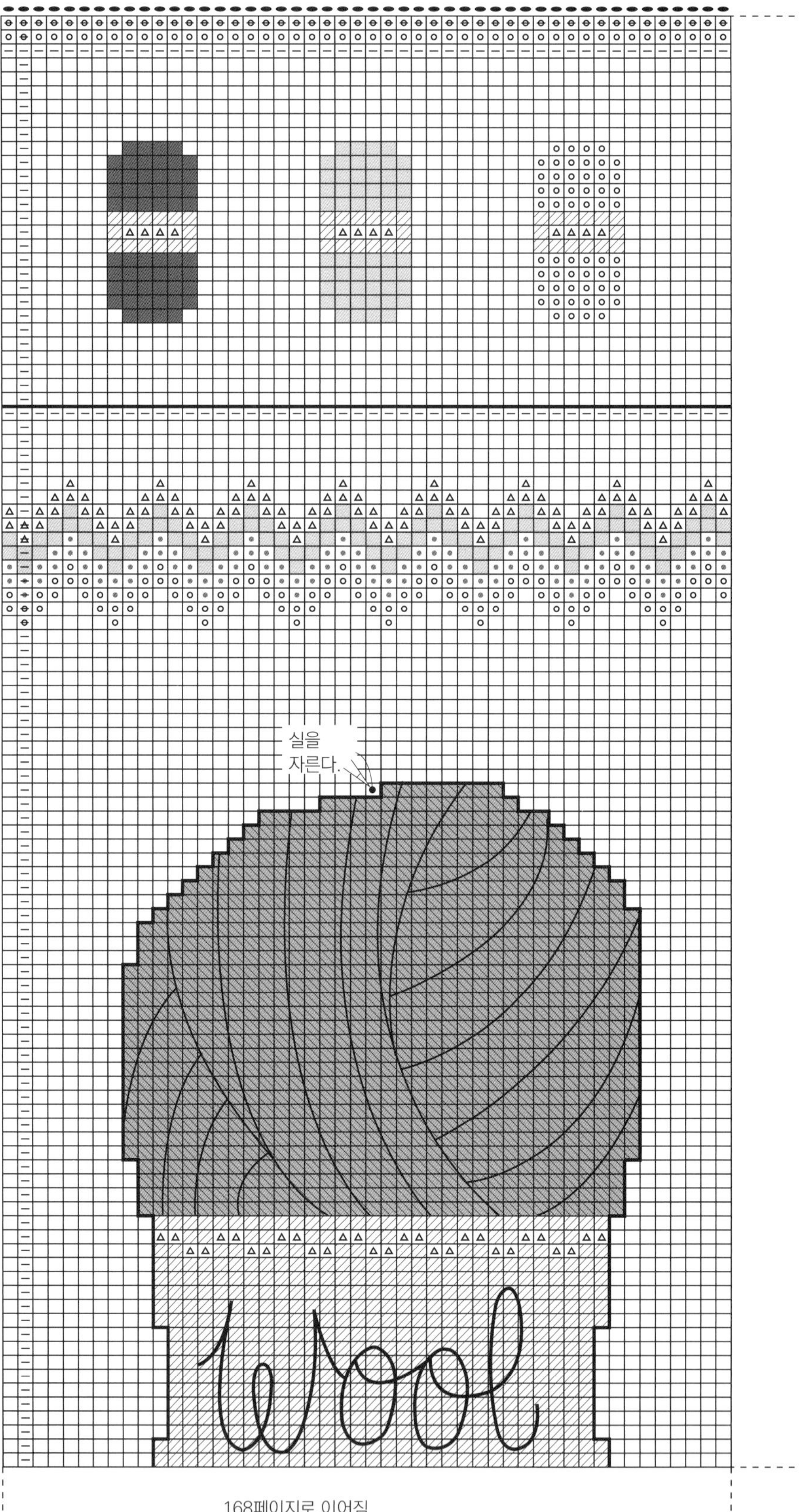

168페이지로 이어짐

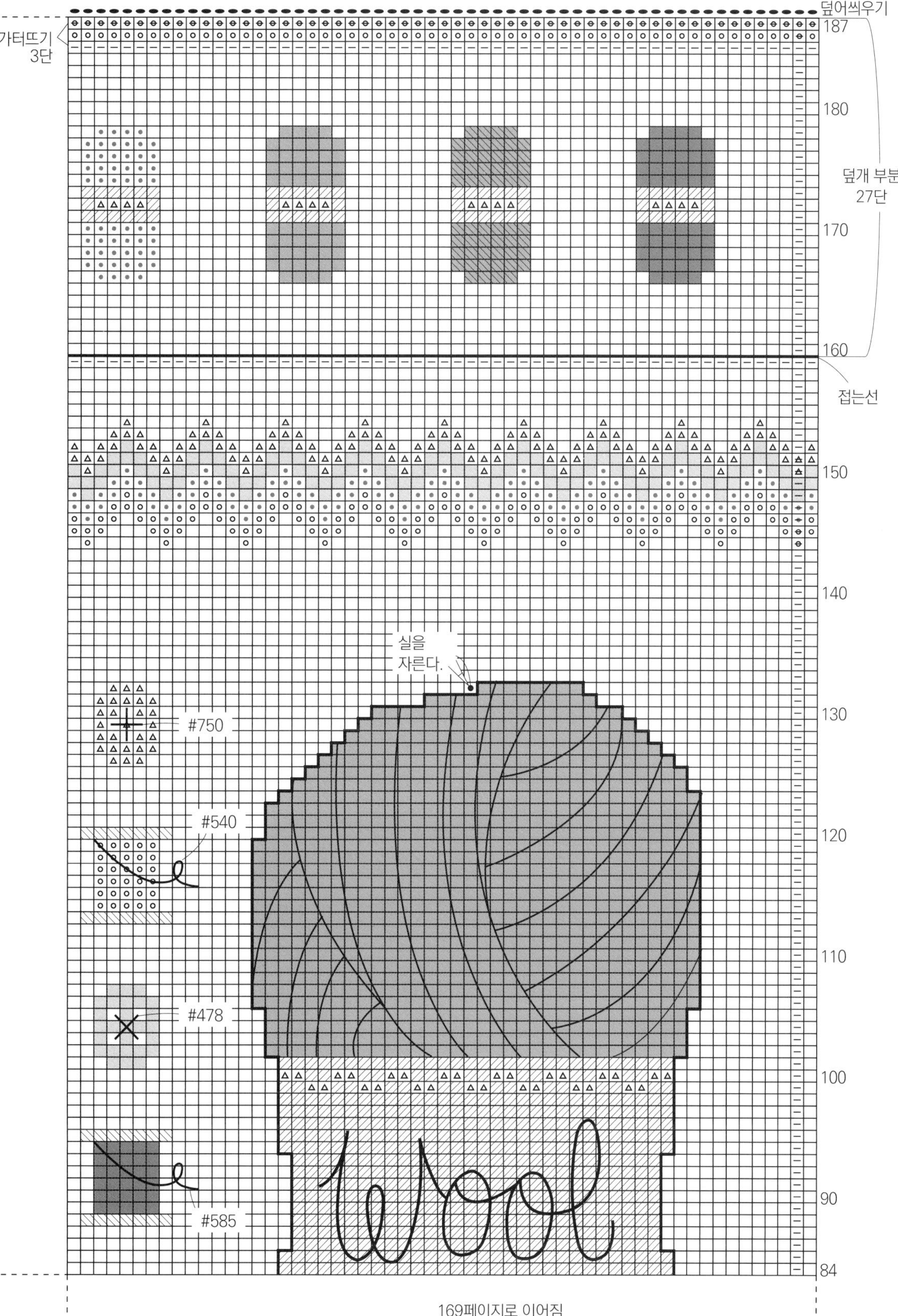

덮어씌우기
187
가터뜨기
3단
덮개 부분
27단
180
170
160
접는선
150
140
실을
자른다.
130
#750
#540
120
110
#478
100
#585
90
84
169페이지로 이어짐

166페이지에서 이어짐

3번째 뭉치의
실을 잇는다

105　100　90　80　70　60　58

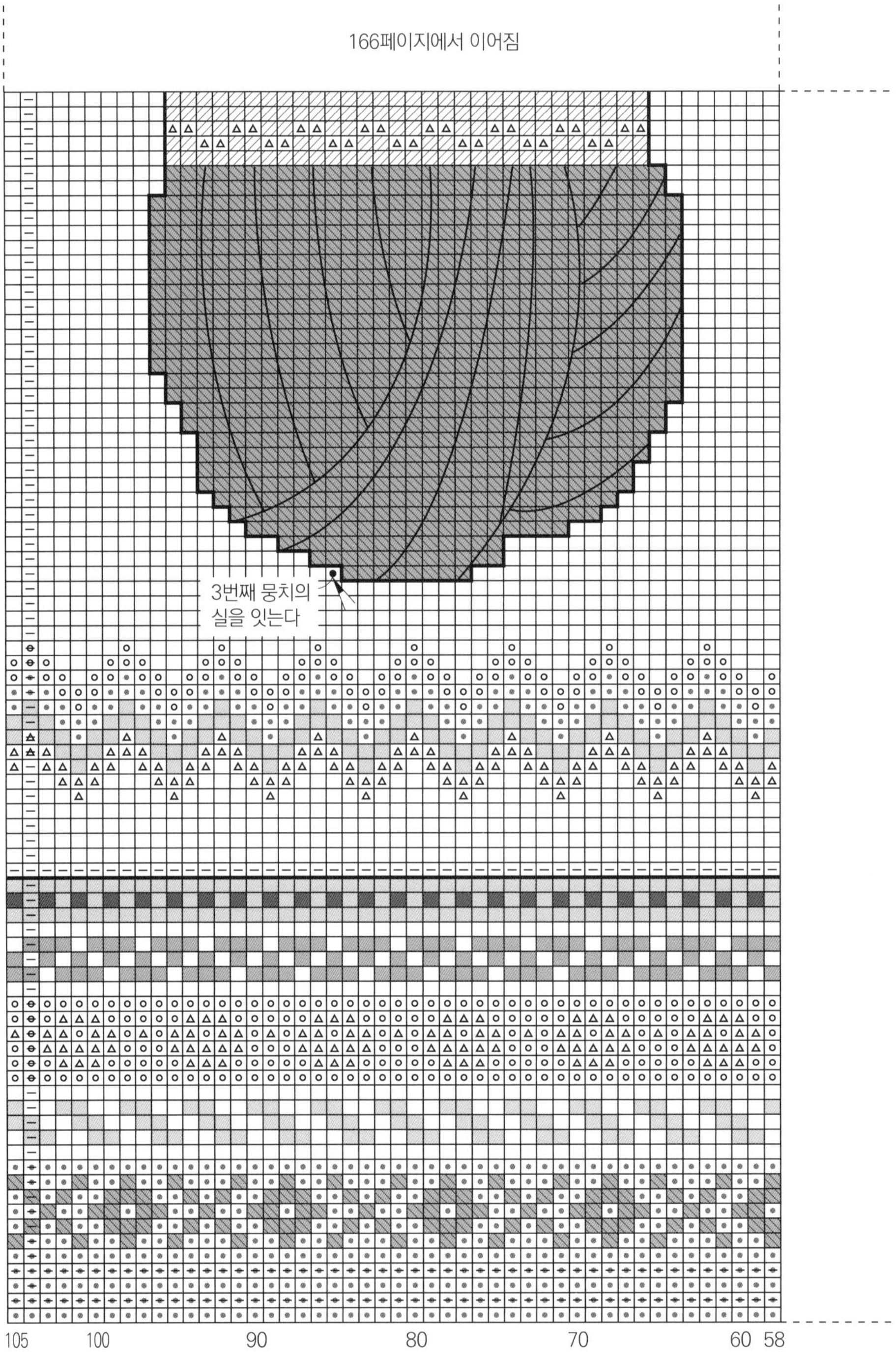

#770
#750
#780
2번째 뭉치의
실을 잇는다
접는선
포켓 부분
30단
가터
뜨기
4단
→2
←1단
50
40
30
20
10
1 (시작코 105코)
코
83
80
70
60
50
40
30
28
23
20
17
12
10

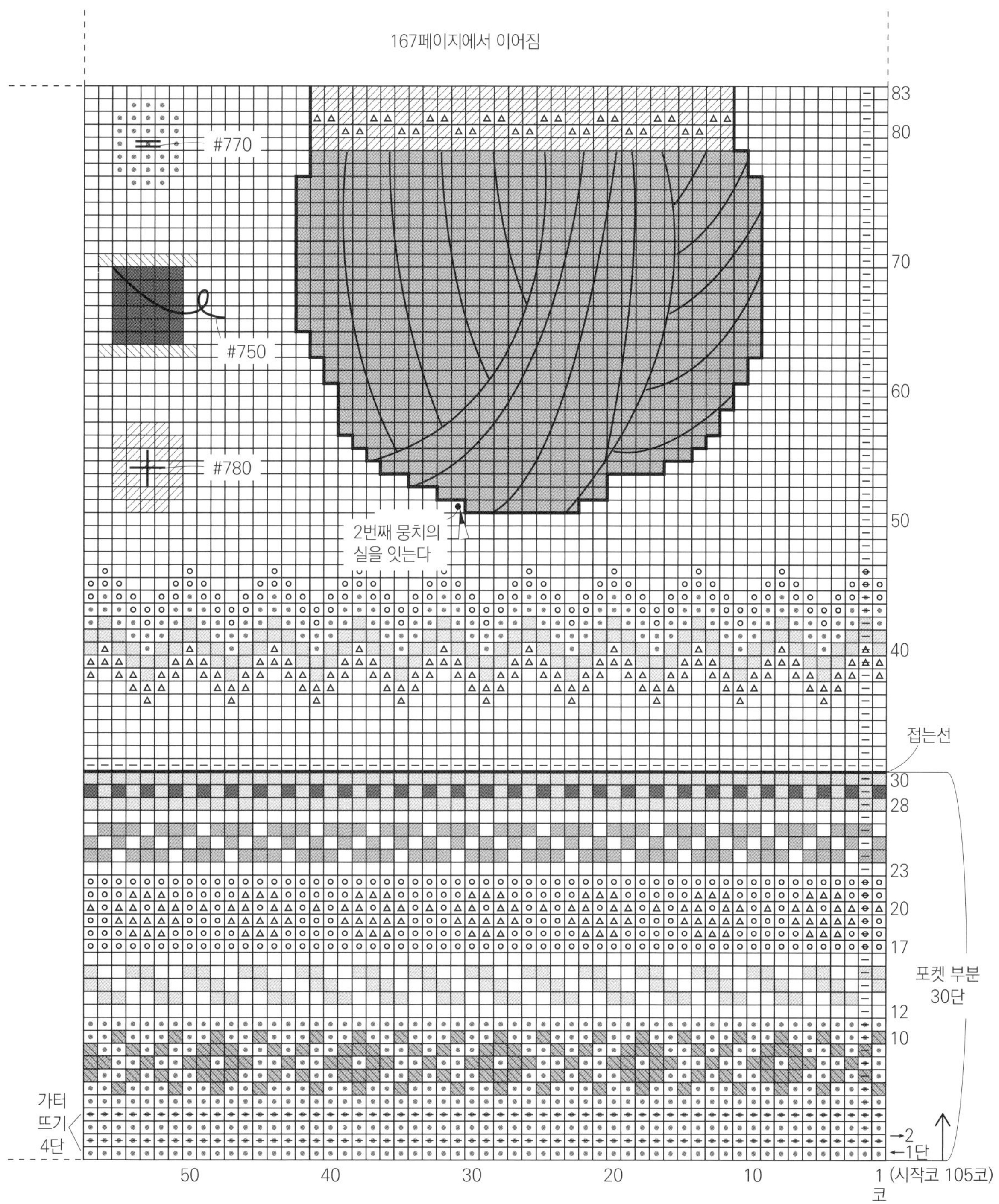

169

 # 털실 무늬 코바늘 케이스

완성 치수　17㎝×22㎝

▶ 도구와 재료

실
[제이미슨스] 스핀드리프트
#105 연베이지　17g(끈용 2g)
#760 카스피 해　2g
#188 셔벗　4g(끈용 2g)
#770 민트　2g
#780 라임　2g
#540 코랄　2g
#616 아네모네　2g
#1160 양골담초　2g
#750 페트롤　2g
#478 앰버　2g
#585 플럼　2g
배색무늬용 실은 필요한 길이와 분량으로 잘라 둔다.

기타
안감용 원단　18cm×23.5cm
퀼트용 접착 심지　16cm×21.5cm

바늘
대바늘　4호(3.3mm)
코바늘　6/0호
자수용 바늘

▶ 게이지
26코×36단/10㎝×10㎝

※ 안감용 원단과 접착 심지의 크기는 자신의 뜨개 바탕(세탁 후)에 맞춘다.

▶ 만드는 법

① 일반코잡기하여 도안대로 뜨고, 안면에서 덮어씌우기 코막음한다. 실 정리를 하고 스팀다리미질을 한다.
② 자수를 놓은 뒤 더블체인스티치로 코드를 만든다. 세탁하여 건조한다.
③ 안감용 원단에 퀼트용 접착 심지를 붙이고 뜨개 바탕의 안면에 맞춰 끝을 끼고 꿰매 단다.
④ 덮개와 포켓을 접고 포켓은 바느질하여 마무리한다.
⑤ 스팀다리미질을 하여 정리한다.

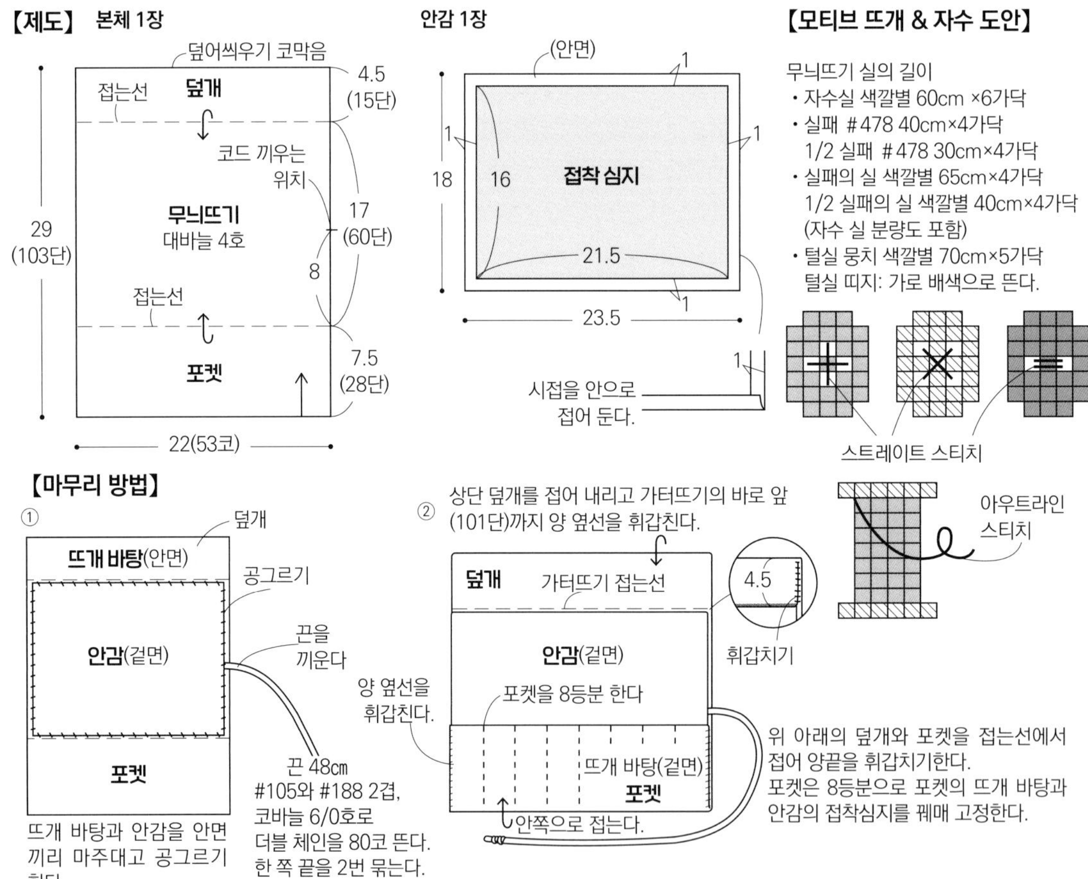

【기호 도안】

←덮어씌우기
103
100
90
88
덮개 부분
15단
#188
#540
#780
#760
#780
#188
#750
70
60
#1160
#750
#585
#770
50
#478
#770
#616
40
30
28
20
포켓 부분
28단
10
가터뜨기 4단
2
←2
←1단
53 50 40 30 20 10 1
코
(시작코 53코)
□ 겉뜨기
⊟ 안뜨기
● 덮어씌우기
— 자수
□ #105 연베이지(바탕색)
■ #750 페트롤
▨ #585 플럼
▨ #188 셔벗
□ #780 라임
▨ #1160 양골담초
▨ #478 앰버
⊙ #540 코랄
● #616 아네모네
▨ #760 카스피 해
△ #770 민트

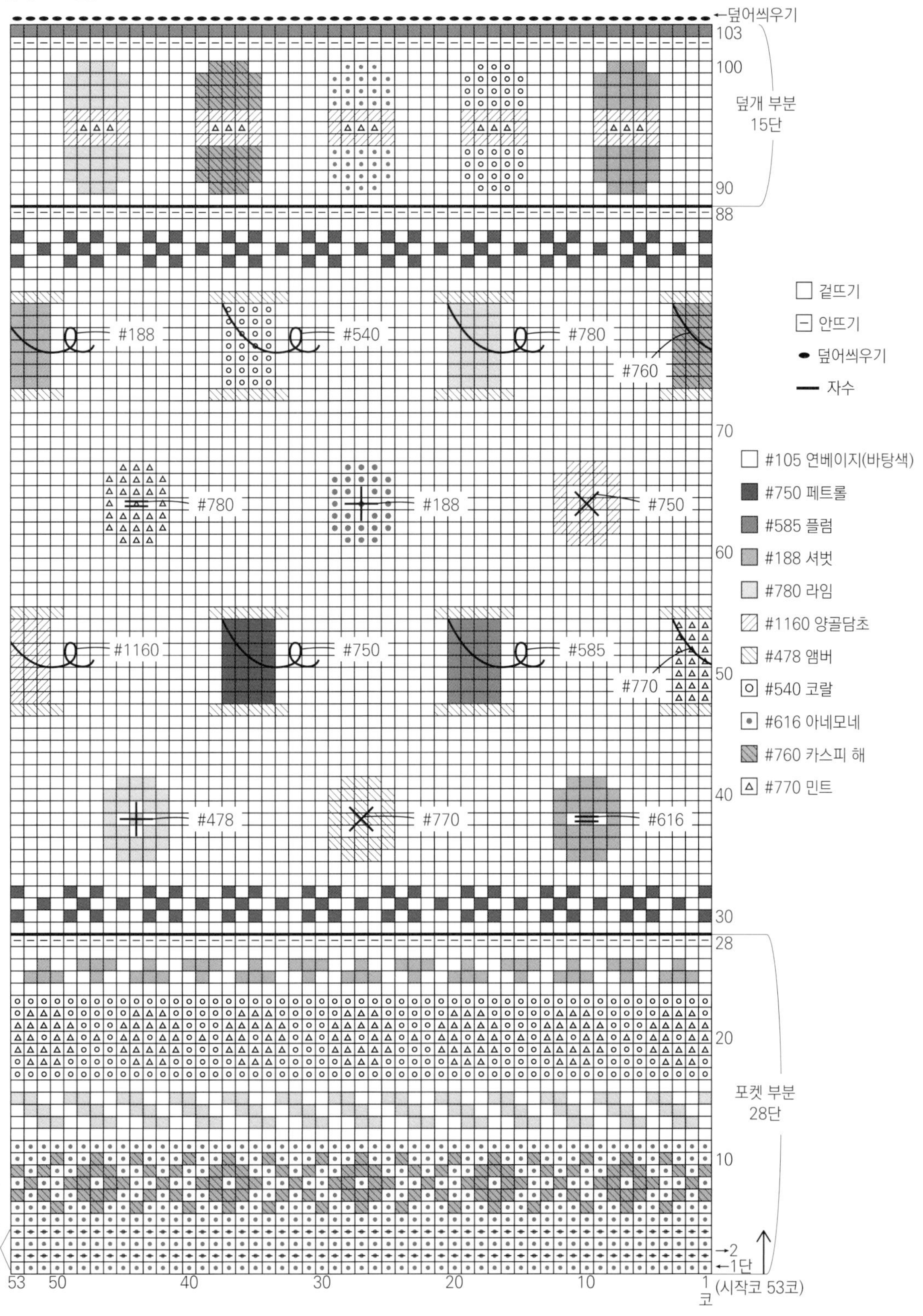

▶ 도구와 재료

실
[퍼피] 브리티시 파인
#021 라이트 베이지　485g(2겹으로 사용)

기타
직경 0.8cm 자개 단추　120개
직경 0.9cm 자개 단추　84개
펠트 회색 20cm×20cm

바늘
대바늘　5호(3.6mm), 6호(3.9mm)
코바늘　4/0호
꽈배기바늘　2개

▶ 게이지
22코×30단/10cm×10cm

▶ 만드는 법

① 일반코잡기하여 도안대로 뜨고 안면에서 덮어씌우기 코막음한다. 세탁하여 건조한다.
② 펠트를 1cm 지름으로 204장 잘라서, 미지근한 물로 세탁하여 말린다.
③ 안면에 펠트를 대고 단추를 꿰매 단다.
④ 스팀다리미질을 하여 정리한다.

【제도】

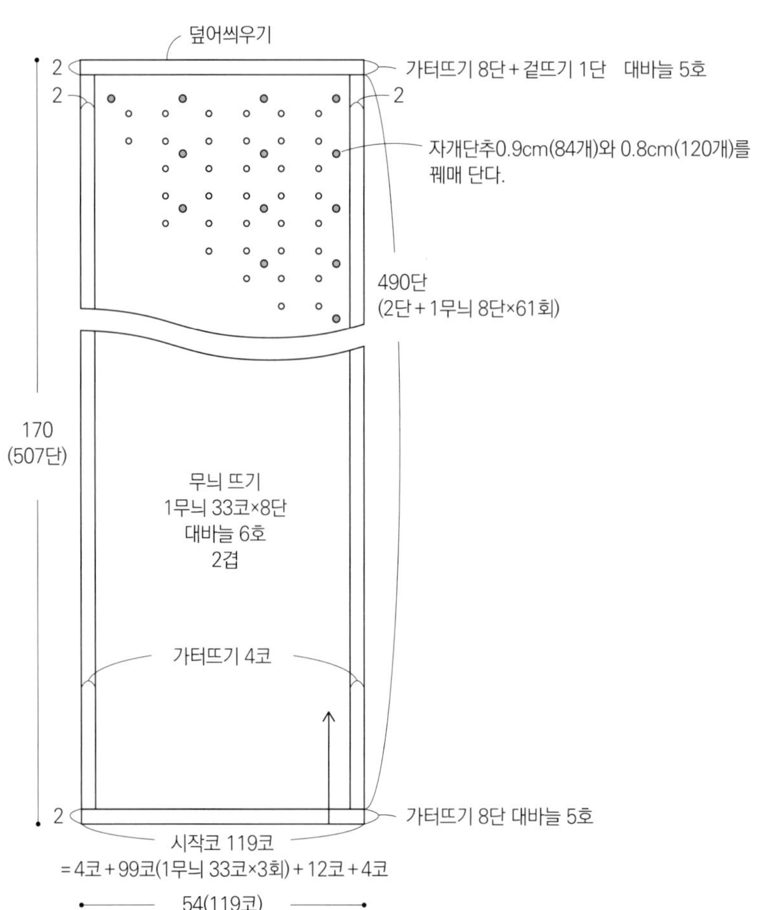

【기호 도안】

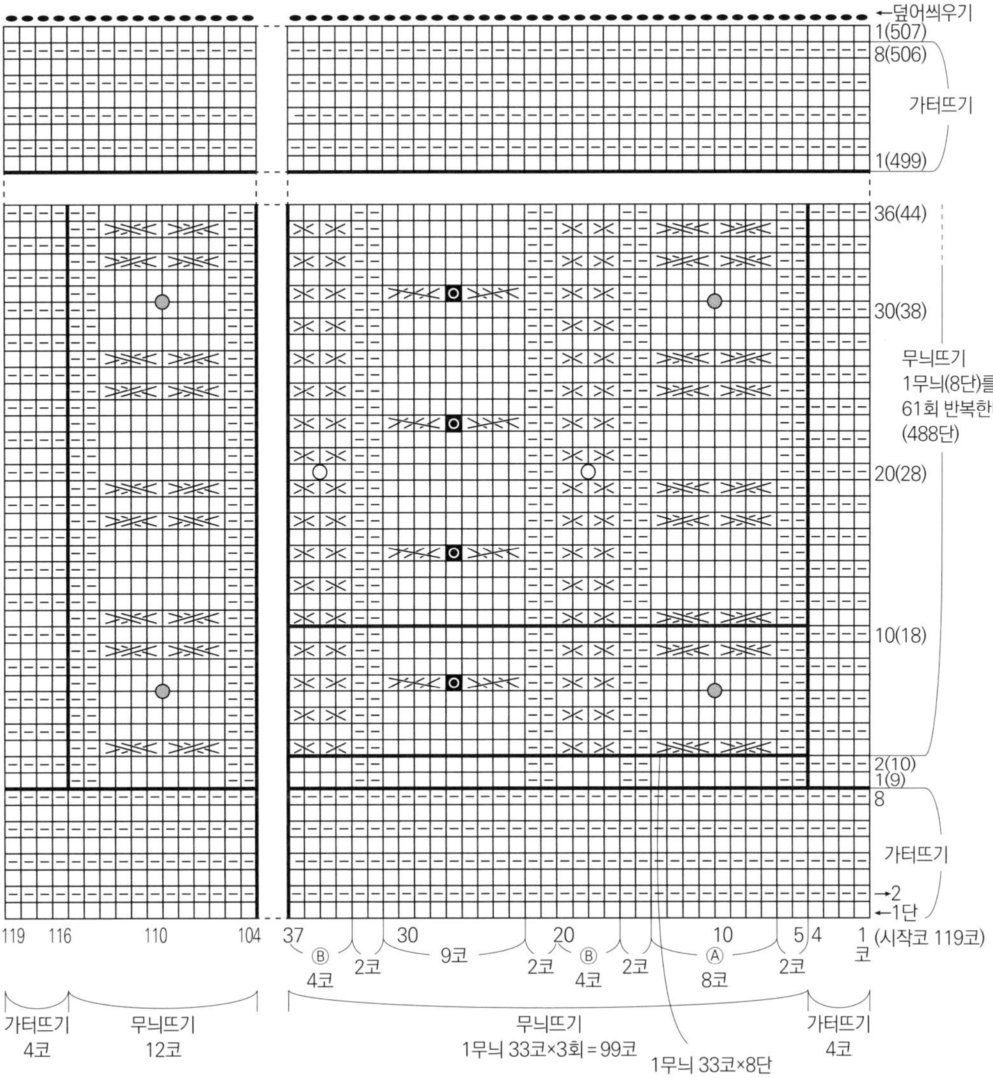

□ 겉뜨기

− 안뜨기

⧓ 오른코 위 1코 교차뜨기

⧓ 왼코 위 1코 교차뜨기

오른코 위 2코 교차뜨기

왼코 위 2코 교차뜨기

오른코 위 1코와 3코 교차뜨기

왼코 위 1코와3코 교차뜨기

● 덮어씌우기

◉ 구슬뜨기(코바늘 4/0호)
긴뜨기 3코 구슬뜨기

● 자개단추 0.9cm: 21개×4열 = 84개   2무늬마다 단다.

○ 자개단추 0.8cm: 20개×6열 = 120개   5무늬마다 단다.

자개단추는 안쪽에 직경 1cm의 원형으로 자른 펠트를 덧대어 꿰매 단다.

 # 하트 레이스 삼각 숄

완성 치수　170cm×78cm

▶ 도구와 재료

실

[퍼피] 브리티시 파인
#064 블루 그레이　186g(태슬용 6g)

바늘

80cm 줄바늘　4호
대바늘　4호(3.3mm)
코바늘　3/0호
꽈배기바늘　2개

▶ 게이지

26코×30단/10cm×10cm

▶ 만드는 법

① 일반코잡기(대바늘 1자루 사용)해서 기호 도안대로 뜬다. 남은 16코를 8코씩 나눠서 겉면끼리 마주대고 안면에서 코바늘로 빼뜨기로 꿰매기한다. 코줄임 부분은 좌우대칭이 되도록 주의한다. 스팀다리미질을 하여 정리한다.

② 스캘럽의 테두리를 늘어지지 않도록 쫀쫀하게 뜬다.

③ 세탁, 건조하고 스팀다리미질을 하여 정리한다.

④ 취향에 따라 남은 실로 태슬을 만들어 세탁, 건조하여 양 끝에 단다.

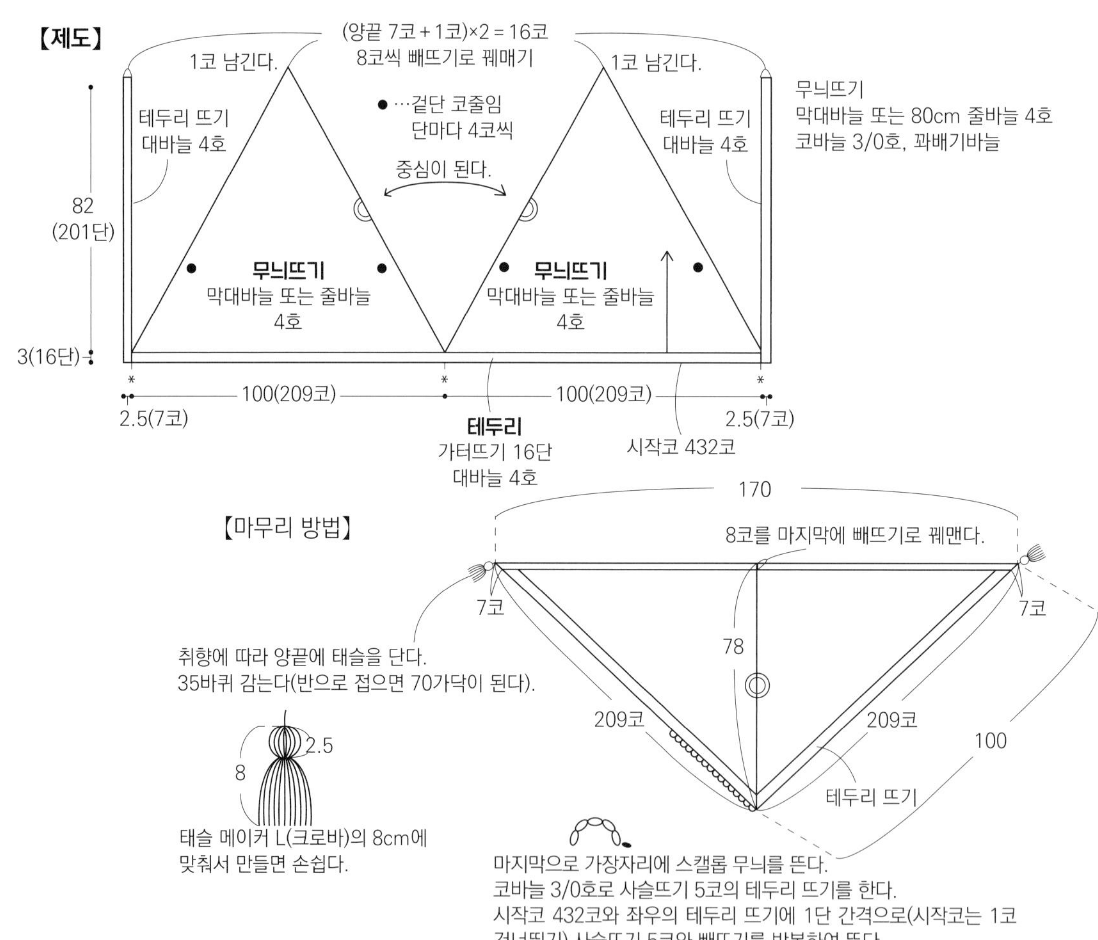

【기호 도안】

테두리 뜨기 7코

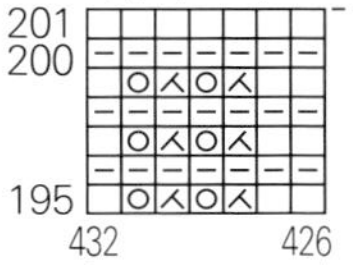

178페이지로 이어짐
중간의 반복되는 구간 생략

(7코 + 1코)×2 = 16코
바늘에 8코씩 나누어 안면에서
코바늘로 빼뜨기로 꿰매기한다.

테두리 뜨기 7코

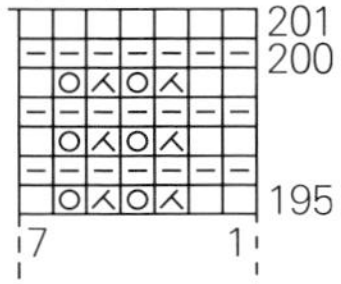

180페이지로 이어짐
중간의 반복되는 구간 생략

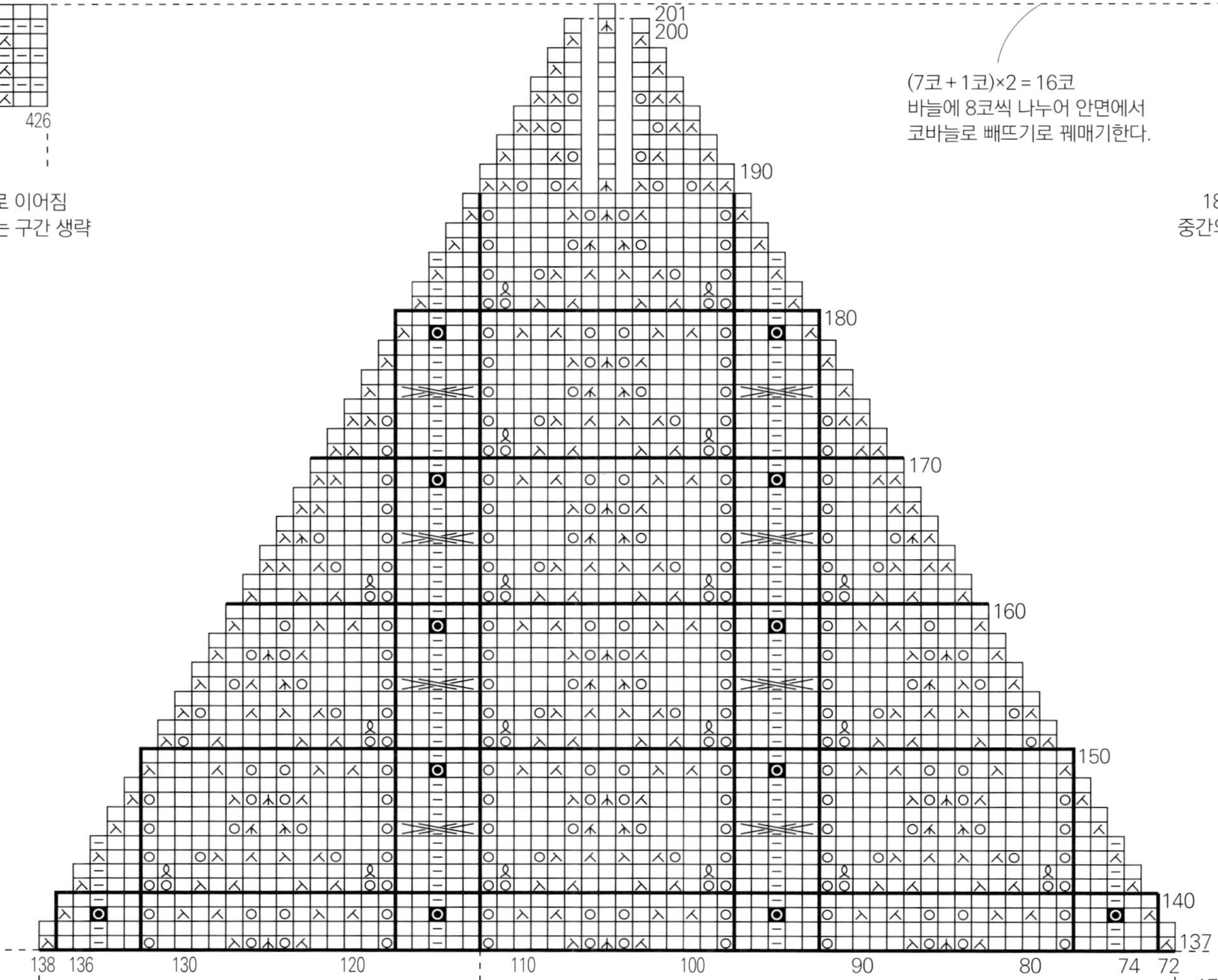

176, 177페이지로 이어짐

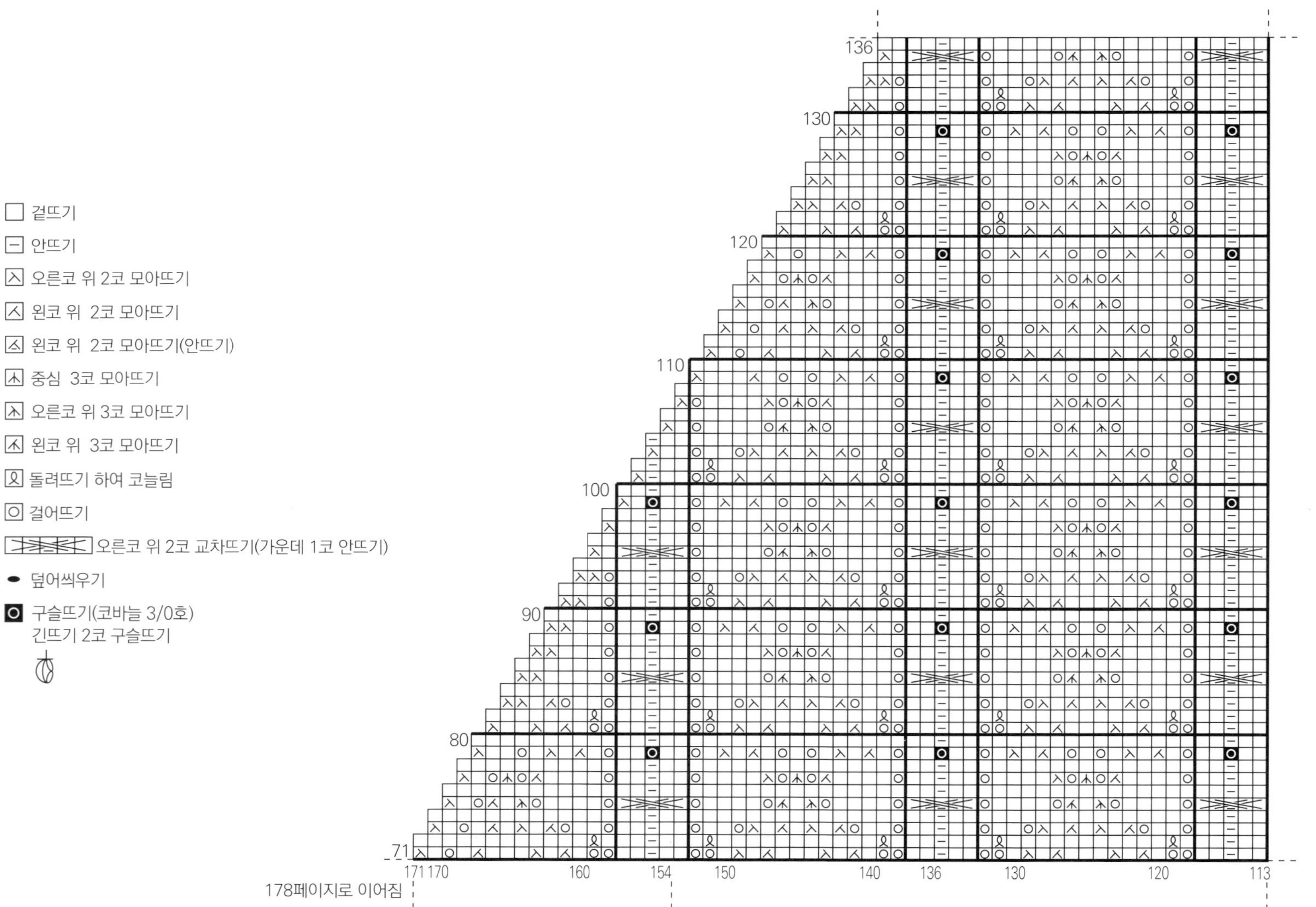

겉뜨기
안뜨기
오른코 위 2코 모아뜨기
왼코 위 2코 모아뜨기
왼코 위 2코 모아뜨기(안뜨기)
중심 3코 모아뜨기
오른코 위 3코 모아뜨기
왼코 위 3코 모아뜨기
돌려뜨기 하여 코늘림
걸어뜨기
오른코 위 2코 교차뜨기(가운데 1코 안뜨기)
덮어씌우기
구슬뜨기(코바늘 3/0호)
긴뜨기 2코 구슬뜨기
178페이지로 이어짐

179, 180페이지로 이어짐

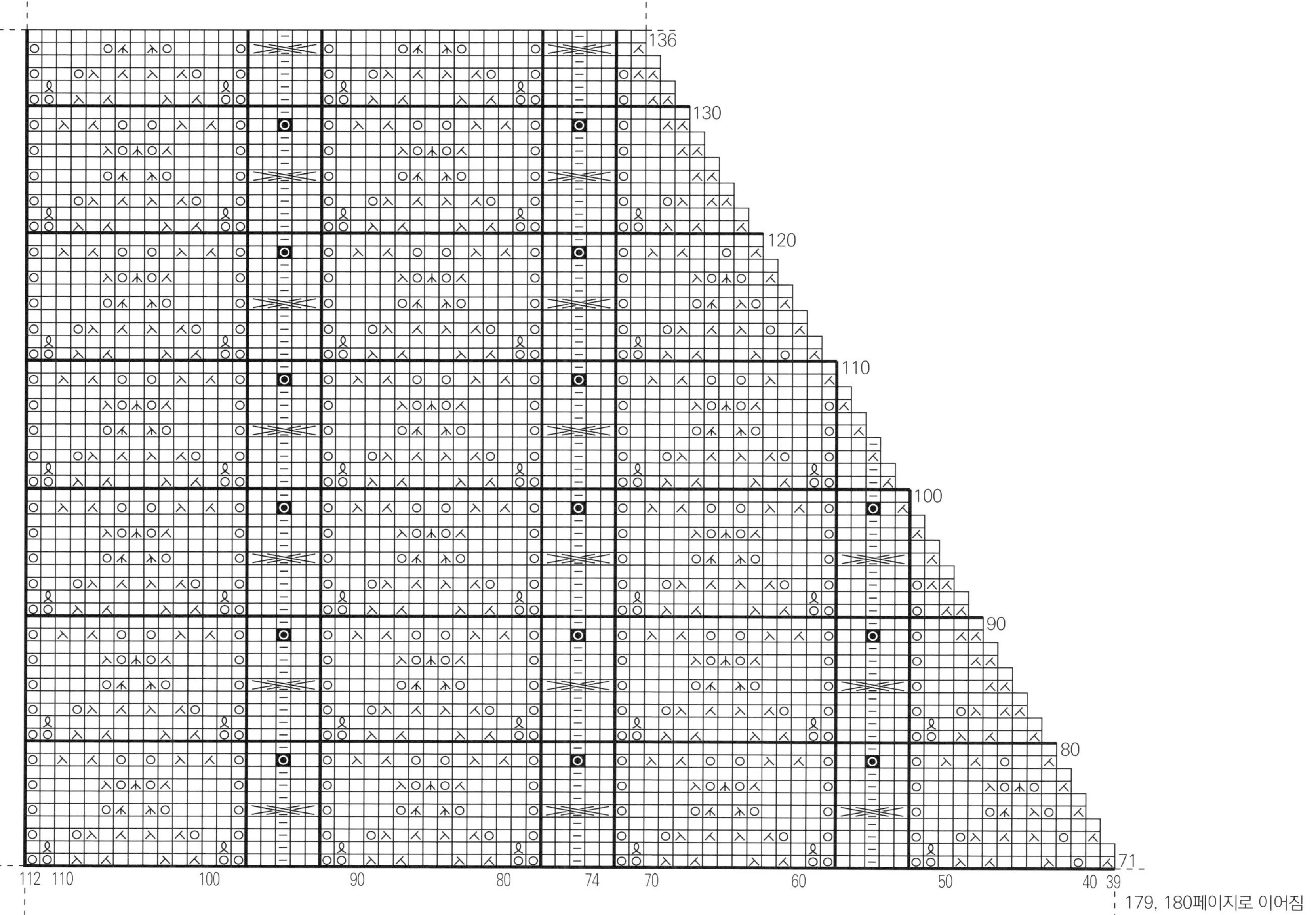

테두리 뜨기는
201단까지 한다.
7
(432)
209
(216/425)
200
190
180
170
160
154
테두리
7코
*
→ * ~ *을 반복
다 뜬 후에는 중심이 된다

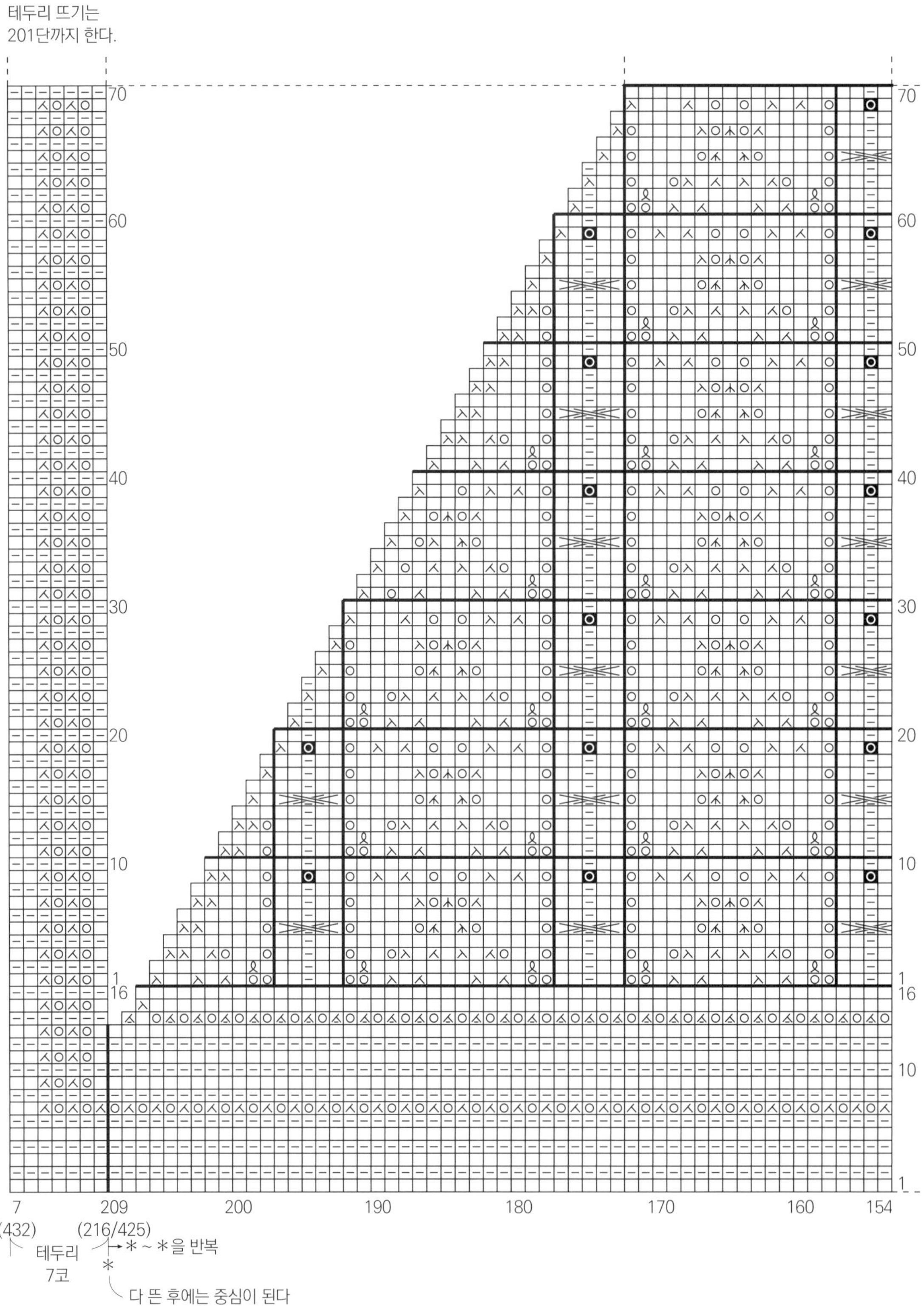

178

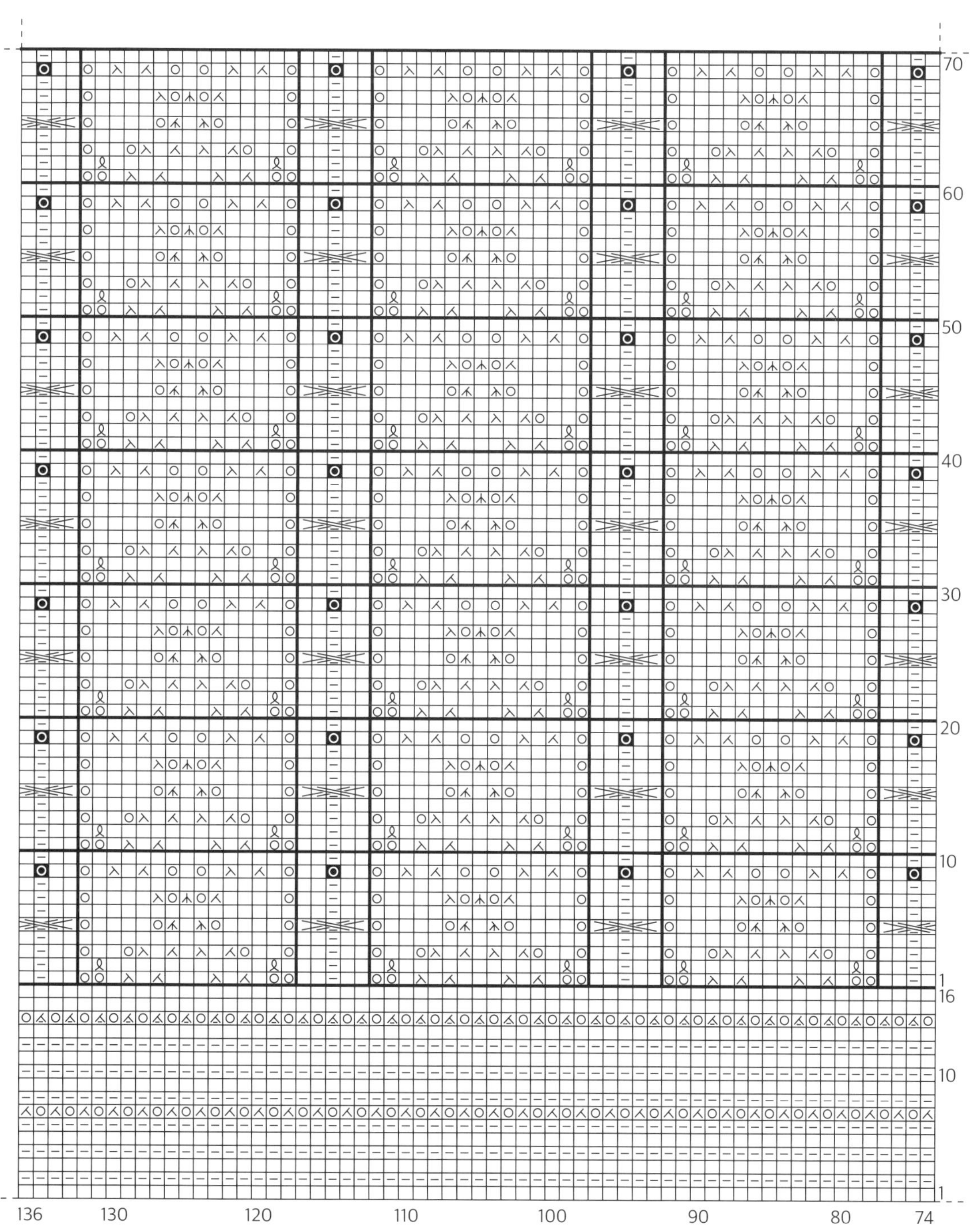

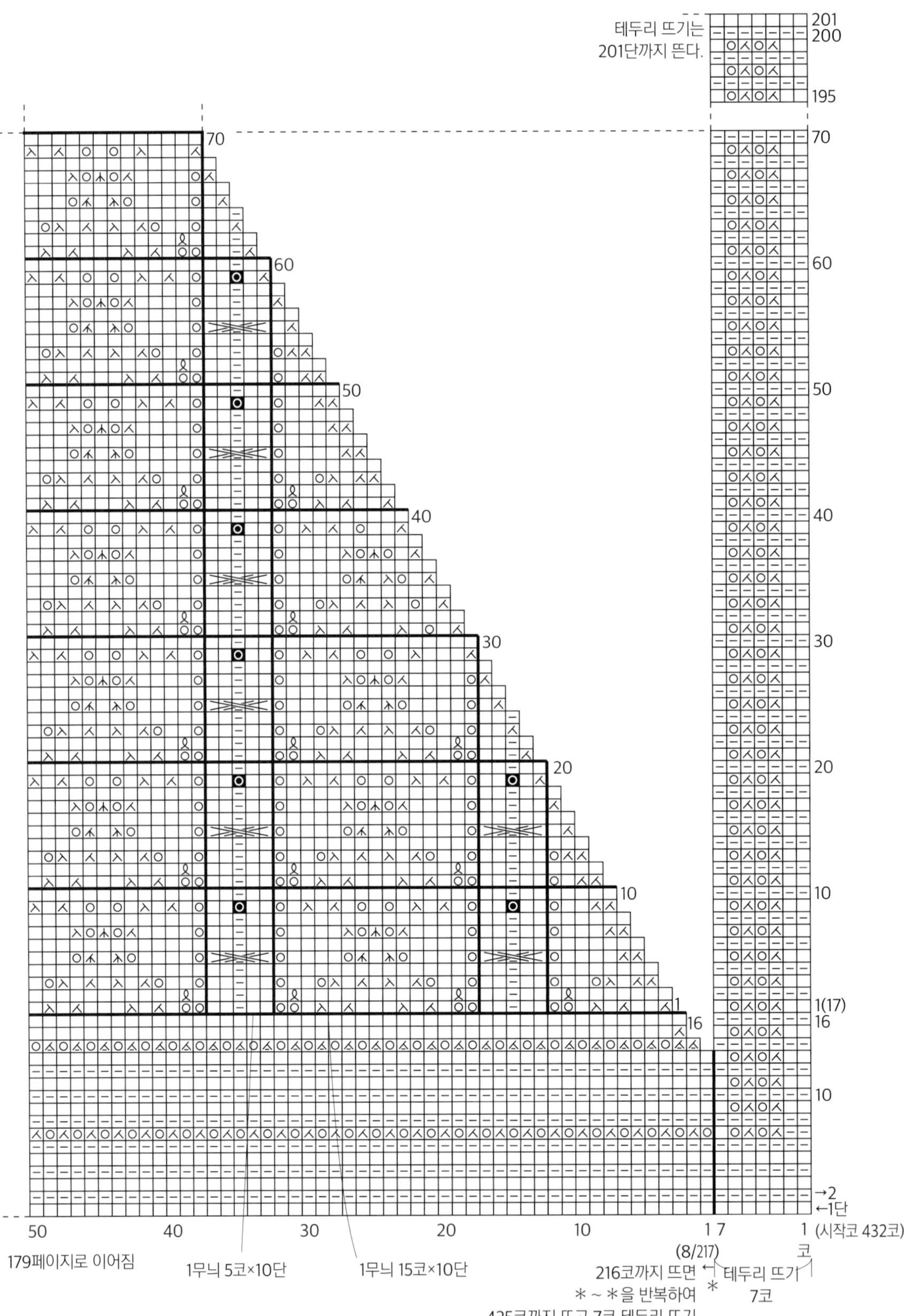

테두리 뜨기는
201단까지 뜬다.
201
200
195
70
60
50
40
30
20
10
1(17)
16
10
→2
←1단
179페이지로 이어짐
1무늬 5코×10단
1무늬 15코×10단
216코까지 뜨면
(8/217)
테두리 뜨기 7코
*~*을 반복하여 *
425코까지 뜨고 7코 테두리 뜨기
1 7
1 (시작코 432코)
코

 # 엠보스 스티치 여름 풀오버

완성 치수 폭104㎝×길이 41㎝

▶ 도구와 재료

실

[퍼피] 린넨 100
#902 베이지   170g
#905 노랑   170g
[다루마] 라메 레이스 #30
#1 골드   10g
#6 샴페인 골드   10g
#902와 #905를 2겹으로 합쳐 뜬다.
#1과 #6을 2겹으로 합쳐 뜬다.
별 사슬코잡기용 실   적당량

기타

직경 1.5㎝ 자개 단추   4개

바늘

40㎝ 줄바늘   6호(3.9㎜)
대바늘   6호, 10호(5.1㎜)
코바늘   2/0호, 4/0호, 10/0호

▶ 게이지

15코×13단/10㎝×10㎝

▶ 만드는 법

① 별 사슬코잡기로 시작코를 만들어 기호 도안대로 엠보스 스티치(118페이지 참조)를 뜬다. 54번째 단에서 59코씩 나누어 왼쪽에서 113번째 단까지 뜨면 쉼코로 두고, 오른쪽에 실을 이어서 113번째 단까지 뜨고 실을 끊는다. 114번째 단부터 실을 이어서 좌우를 함께 165단까지 뜬다.

② 계속해서 소맷부리를 코줄임하면서 기호 도안대로 원통뜨기하고, 안면에서 덮어씌우기 코막음한다.

③ 반대쪽의 소맷부리를 사슬코를 풀어가면서 바늘에 끼워 뜨고, 덮어씌우기 코막음한다.

④ 목둘레를 겹쳐서 뜨고, 짧은 뜨기로 자개 단추를 단다.

⑤ 소맷부리에서 17㎝정도를 2장을 합하여 떠서 꿰매기 한다.

⑥ 옷단을 각각 130코씩 주워 뜨고 안면에서 덮어씌우기 코막음한다.

⑦ 스팀다리미질을 하고 형태를 정리한다.

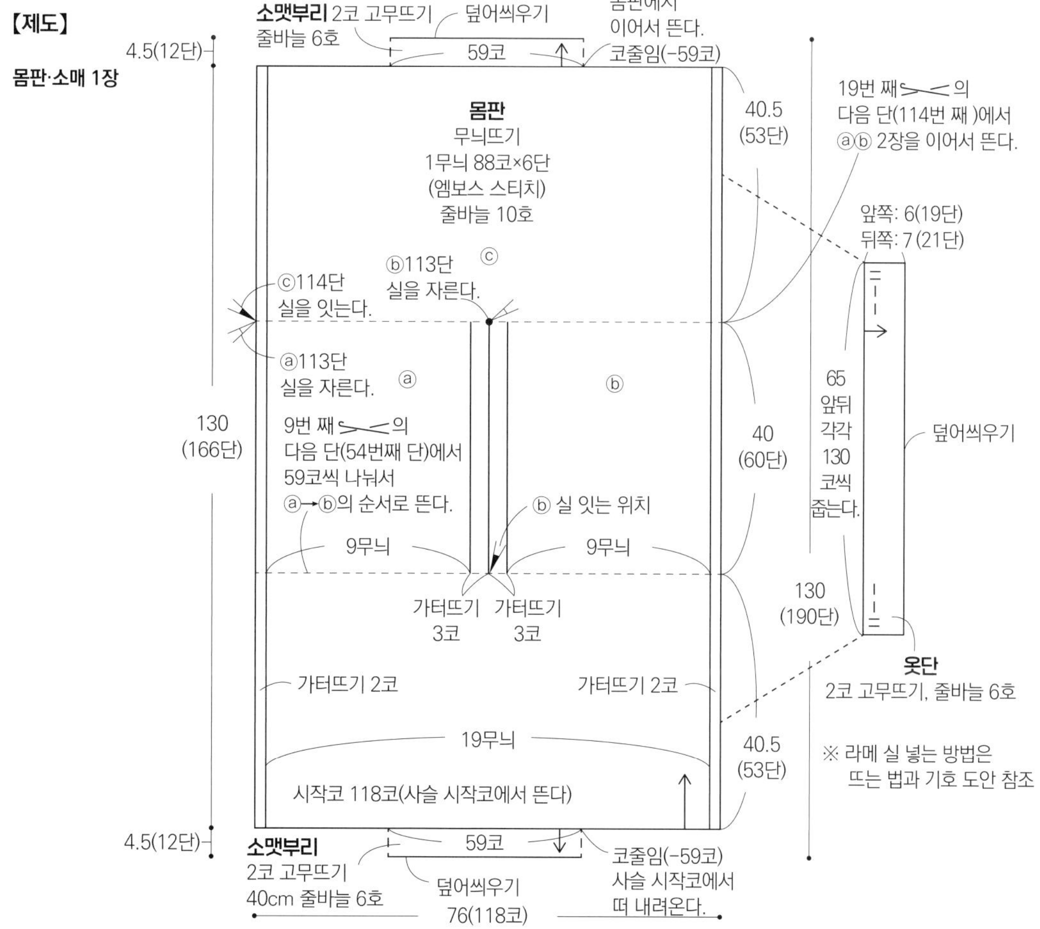

【뜨는 법】

① **본체** 대바늘 10호
1. 별 사슬코잡기로 118코를 만들고 무늬뜨기
2. 9번째의 교차뜨기(53번째 단) 후 54번째 단에서 59코씩 나눠서 뜬다.
   제도 그림의 ⓐ(왼쪽 반 분량)를 뜬다.
   왼쪽 맨끝 가터뜨기 2코, 무늬뜨기 6코×9회, 가터뜨기 3코 = 59코.
   113번째 단까지 뜨고 실을 끊고 쉼코로 둔다.
3. 제도 그림의 ⓑ(오른쪽 반 분량)을 뜬다.
   남긴 59코의 왼쪽 끝에 바늘을 끼워 가터뜨기 3코, 무늬뜨기 54코,
   가터뜨기 2코를 113번째 단까지 뜨고 실을 끊는다.
   뜨개 바탕의 왼쪽 끝에 실을 이어 114번째 단부터
   2장을 이어서 165단까지 뜬다.

④ **목둘레**
1. 목 트임의 가터뜨기를
   6cm 겹쳐서 꿰맨다.
2. 단추를 꿰매 단다.
3. 목둘레에 라메 실로 짧은뜨기를 1단 뜬다.

② **소맷부리** 40cm 대바늘 6호
본체에서 이어서(166번째 단) 2코 모아뜨기로 59코 뜨고 양 옆선에서 코줄임하여 56코로 줄인다. 라메 실로 2코 고무뜨기 4단, 바탕실로 8단 뜬다.
안면에서 모든 코를 덮어씌우기 코막음한다.

⑤ **옆선과 옷단** 대바늘 6호
1. 양 소맷부리에서 약 17cm까지 겉면에서 떠서 꿰매기한다.
2. 앞에서 130코(65cm)를 바탕실로 주워 2코 고무뜨기를 6단 뜬다.
3. 라메 실로 바꿔서 6단, 바탕실로 앞은 7단, 뒤는 9단 뜬다.
   앞: 바탕실 6단 + 라메 실6단 + 바탕실 7단
   뒤: 바탕실 6단 + 라메 실6단 + 바탕실 9단
4. 안면에서 모든 코를 덮어씌우기 코막음한다.

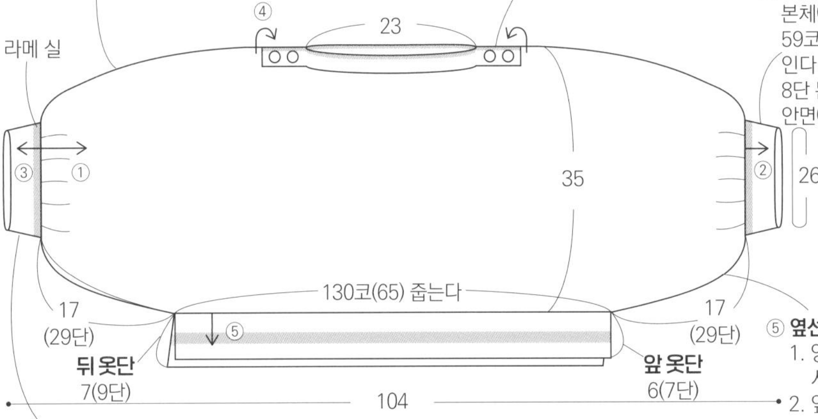

③ **소맷부리** 40cm 대바늘 6호
사슬시작코를 풀어서 바탕실로 주워 1단을 뜨고, 다음 단에서 모든 코 2코 모아뜨기, 라메 실로 2코 고무뜨기 4단, 바탕실로 8단 뜨고 안면에서 모든 코를 덮어씌우기 코막음한다.

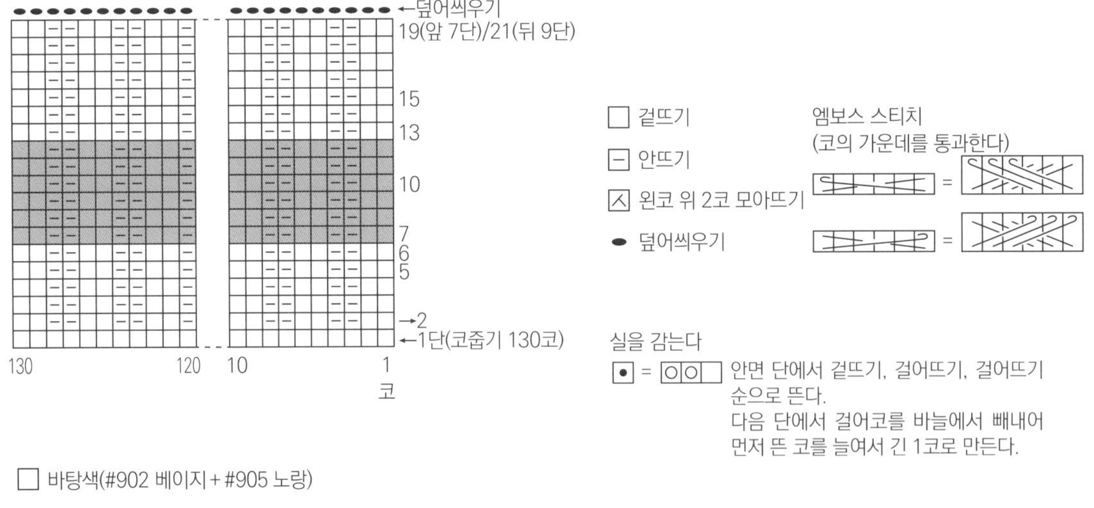

【기호 도안】

옷단

→덮어씌우기
19(앞 7단)/21(뒤 9단)
15
13
10
7
6
5
→2
←1단(코줍기 130코)
130   120   10   1
코

□ 겉뜨기
– 안뜨기
人 왼코 위 2코 모아뜨기
● 덮어씌우기

엠보스 스티치
(코의 가운데를 통과한다)

실을 감는다
● = ○│○│ 안면 단에서 겉뜨기, 걸어뜨기, 걸어뜨기 순으로 뜬다.
다음 단에서 걸어코를 바늘에서 빼내어 먼저 뜬 코를 늘여서 긴 1코로 만든다.

□ 바탕색(#902 베이지 + #905 노랑)
▨ 라메색(#1 골드 + #6 샴페인 골드)

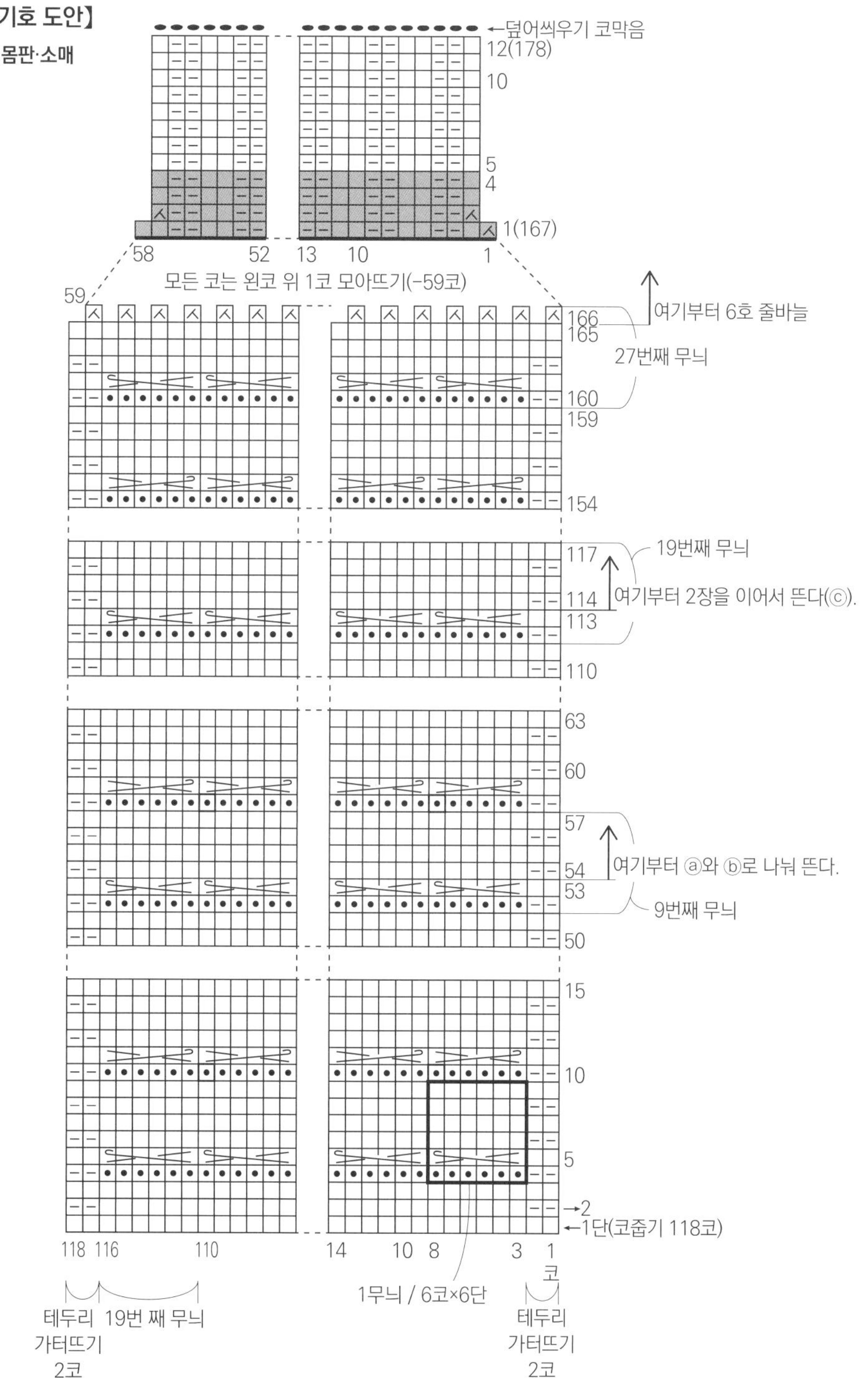

【기호 도안】
몸판·소매
←덮어씌우기 코막음
12(178)
10
5
4
1(167)
58
52
13
10
1
모든 코는 왼코 위 1코 모아뜨기(−59코)
59
여기부터 6호 줄바늘
166
165
27번째 무늬
160
159
154
117
19번째 무늬
114
여기부터 2장을 이어서 뜬다(ⓒ).
113
110
63
60
57
54
여기부터 ⓐ와 ⓑ로 나눠 뜬다.
53
9번째 무늬
50
15
10
5
→2
←1단(코줍기 118코)
118 116
110
14
10 8
3
1
코
1무늬 / 6코×6단
테두리 19번 째 무늬
가터뜨기
2코
테두리
가터뜨기
2코

▶ 도구와 재료

실
[다루마] 긱
#2 블루×크롬 옐로　280g
별 사슬코잡기용 실　적당량

바늘
80cm 줄바늘　10호(5.1mm)
대바늘　6호(3.9mm), 10호(5.1mm) 5자루
코바늘　10/0호

▶ 게이지
본체 17코×20단/10cm×10cm
칼라 15코×20단/10cm×10cm

▶ 만드는 법

① 별 사슬코잡기하여 기호 도안대로 엠보스 스티치(118페이지 참조)로 170단까지 뜬다. 소맷부리는 코줄임을 하여 뜨고 덮어씌우기 코막음한다. 반대쪽 소맷부리도 코줄임을 하여 뜨고 덮어씌우기 코막음한다.

② 칼라를 뜨고, 칼라와 몸판의 중심을 맞추어 7무늬만큼을 꿰맨다.

③ 소맷부리에서 20cm 정도에서 2장을 맞춰 떠서 꿰맨다.

④ 스팀다리미질을 하여 형태를 정돈한다.

※ 소맷부리는 자신의 팔목 둘레에 맞춰서 코줄임 한다.
※ 118코로 뜨면 1볼로 15cm정도 뜰 수 있으므로 무늬의 수(1무늬는 약 가로 3.5cm, 세로 4.5cm)를 변경하여 원하는 길이로 조절할 수 있다.

【제도】

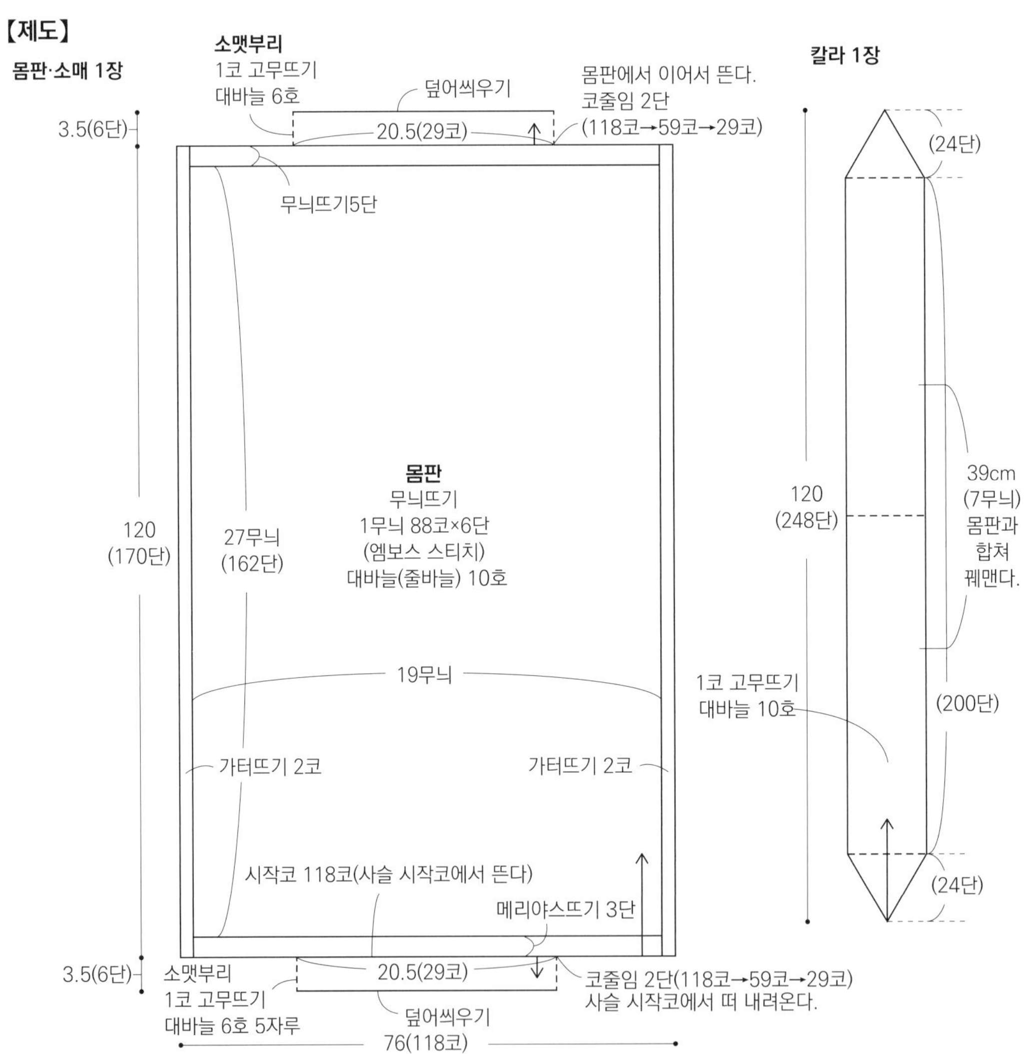

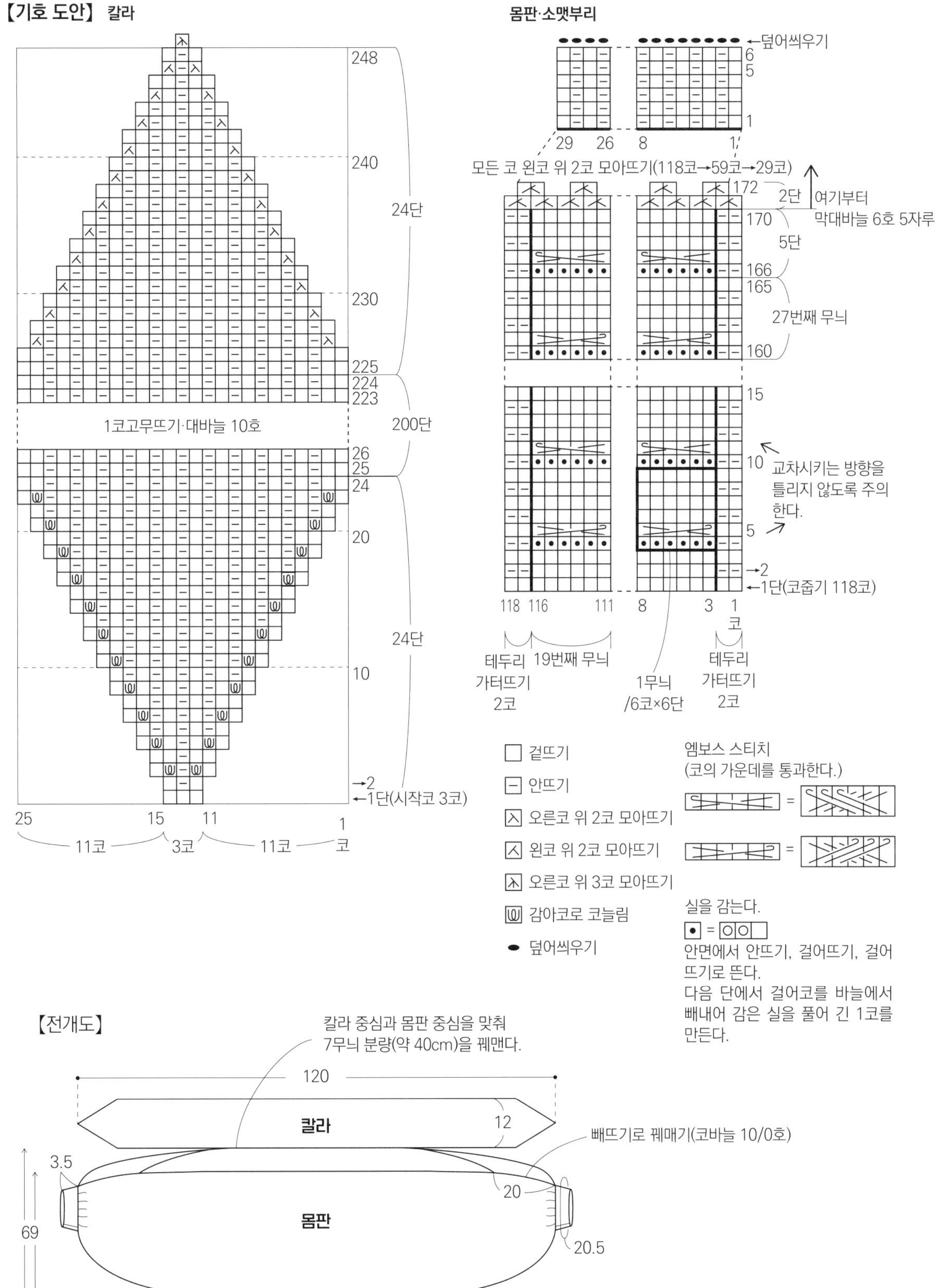

【기호 도안】 칼라
몸판·소맷부리
248
240
24단
230
225
224
223
1코고무뜨기·대바늘 10호
200단
26
25
24
20
24단
10
→2
←1단(시작코 3코)
25
15
11
1
11코
3코
11코
코
←덮어씌우기
6
5
1
29 26 8 1
모든 코 왼코 위 2코 모아뜨기(118코→59코→29코)
172
2단 여기부터
막대바늘 6호 5자루
170
5단
166
165
27번째 무늬
160
15
10 교차시키는 방향을 틀리지 않도록 주의한다.
5
→2
←1단(코줍기 118코)
118 116 111 8 3 1 코
테두리 가터뜨기 2코
19번째 무늬
1무늬 /6코×6단
테두리 가터뜨기 2코
□ 겉뜨기
− 안뜨기
오른코 위 2코 모아뜨기
왼코 위 2코 모아뜨기
오른코 위 3코 모아뜨기
감아코로 코늘림
덮어씌우기
엠보스 스티치
(코의 가운데를 통과한다.)
=
=
실을 감는다.
● =
안면에서 안뜨기, 걸어뜨기, 걸어뜨기로 뜬다.
다음 단에서 걸어코를 바늘에서 빼내어 감은 실을 풀어 긴 1코를 만든다.
【전개도】
칼라 중심과 몸판 중심을 맞춰 7무늬 분량(약 40cm)을 꿰맨다.
120
칼라
12
빼뜨기로 꿰매기(코바늘 10/0호)
3.5
20
몸판
69
20.5
127

▶ 도구와 재료

실

[로완] 키드실크 헤이즈
#694 Lilla　25g
#720 Apple　25g
#709 Rose　25g
#634 Cream　25g
#653 Shadow　25g
#688 Sweet　25g
#606 Candy Girl　25g

바늘

80cm 줄바늘　11호(5.4mm)

▶ 게이지

20코×16단/10cm×10cm

▶ 만드는 법

① 일반코잡기로 시작코를 잡아 기호 도안대로 줄바늘로 평면뜨기하고 덮어씌우기 코막음한다. 실 정리를 하고 스팀다리미질을 한다.
② 세탁하여 건조한다.
③ 취향에 따라 태슬을 만들어 단다.

【제도】

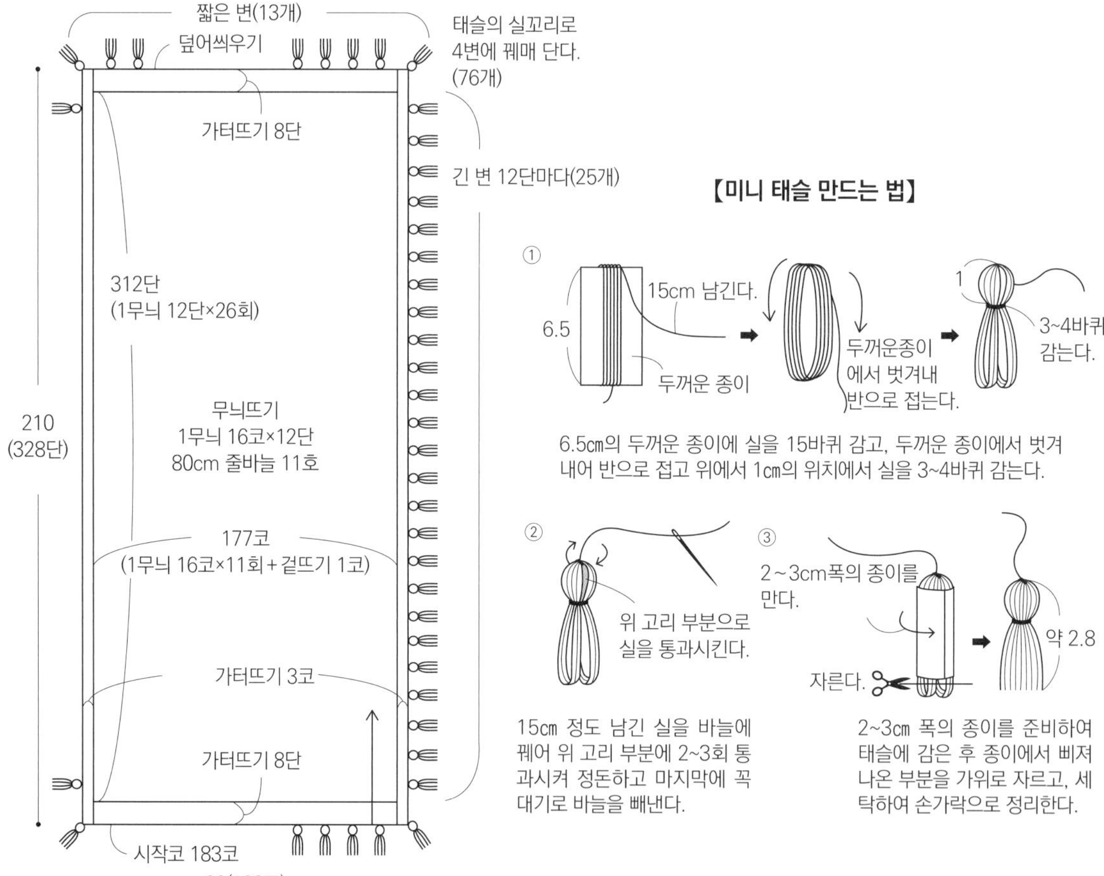

【기호 도안】

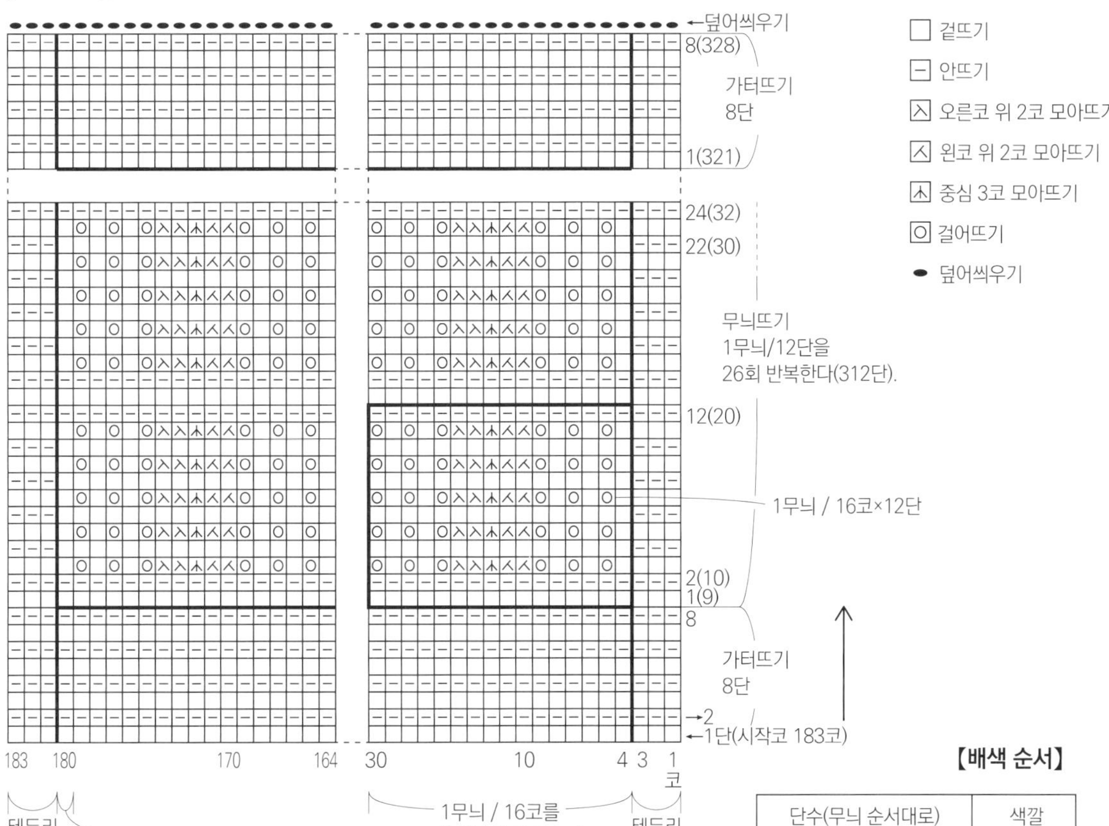

□ 겉뜨기

− 안뜨기

⋏ 오른코 위 2코 모아뜨기

⋋ 왼코 위 2코 모아뜨기

⋏ 중심 3코 모아뜨기

O 걸어뜨기

● 덮어씌우기

7색×각 1볼(20~25g)
#694 릴라
#720 애플
#709 로즈
#634 크림
#653 섀도우
#688 스위트
#606 캔디 걸

다른 색상 버전
#722 블루 데이지
#697 라벤더
#600 듀베리
#684 이브 그린
#590 펄
#687 넥타
#694 릴라

【배색 순서】

단수(무늬 순서대로)	색깔
321~328(가터뜨기)	#694
309~320(26)	#694
297~308(25)	#688
285~296(24)	#694
273~284(23)	#694
261~272(22)	#634
249~260(21)	#720
237~248(20)	#694
225~236(19)	#720
213~224(18)	#720
201~212(17)	#709
189~200(16)	#720
177~188(15)	#709
165~176(14)	#634
153~164(13)	#709
141~152(12)	#634
129~140(11)	#634
117~128(10)	#653
105~116(9)	#634
93~104(8)	#653
81~92(7)	#688
69~80(6)	#653
57~68(5)	#653
45~56(4)	#688
33~44(3)	#606
21~32(2)	#688
9~20(1)	#606
시작코~8(가터뜨기)	#606

완성 치수　길이 15㎝×손목둘레 17㎝

▶ 도구와 재료

실

[로완] 키드실크 헤이즈
#590 펄　13g
#710 블러섬　2g
#688 스위트　1g

바늘

대바늘　4호(3.3㎜) 5자루
코바늘　2/0호

▶ 게이지

1코 고무뜨기 28코×28단/10㎝×10㎝

▶ 만드는 법

① 대바늘 1자루로 일반코잡기하여 기호 도안대로 뜬다. 코바늘로 역방향으로 덮어씌우기 코막음하고 첫 코에서 빼뜬다.
② 안쪽 프릴을 뜬다. 31번째 단의 4코 1무늬에서 3코씩 주워 기호 도안대로 뜨고 코바늘로 역방향으로 덮어씌우기 코막음하고 첫 코에서 빼뜬다.
③ 실 정리를 하고 세탁하여 건조한다.
④ 스팀다리미질을 하고 형태를 정돈한다.

【제도】

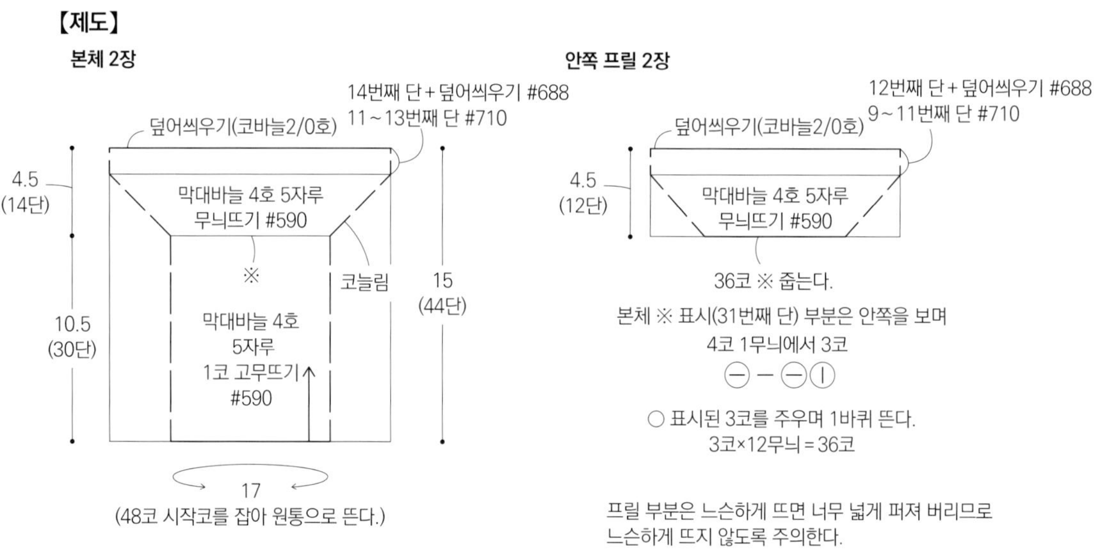

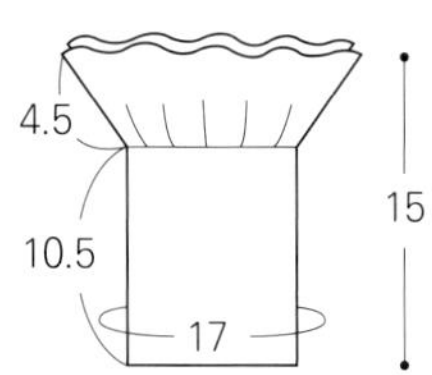

본체

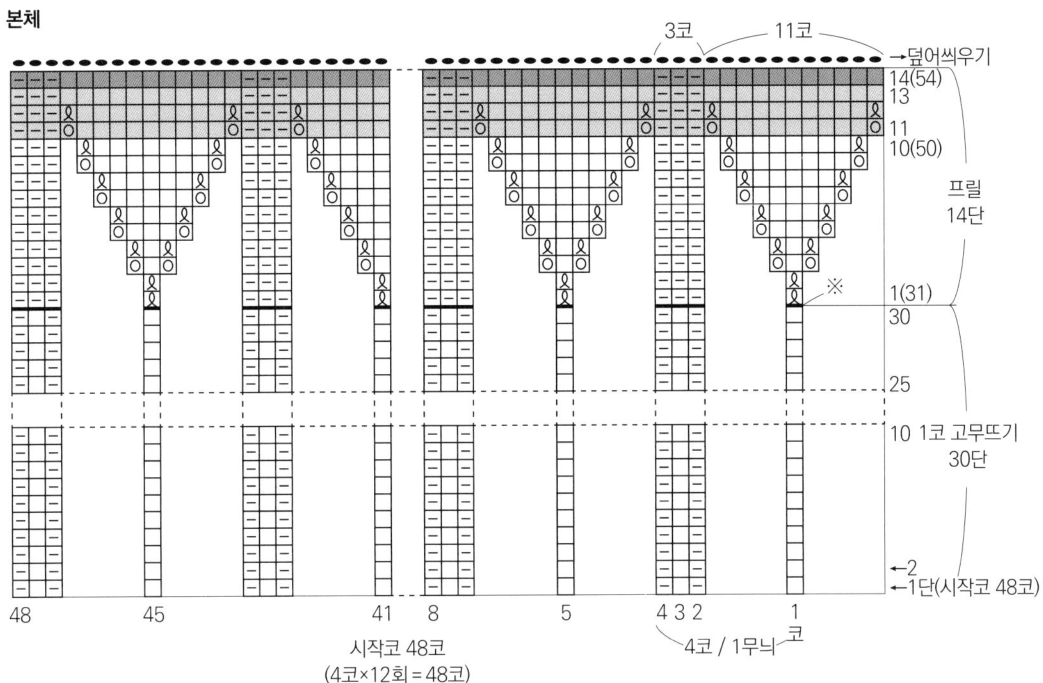

안쪽 프릴

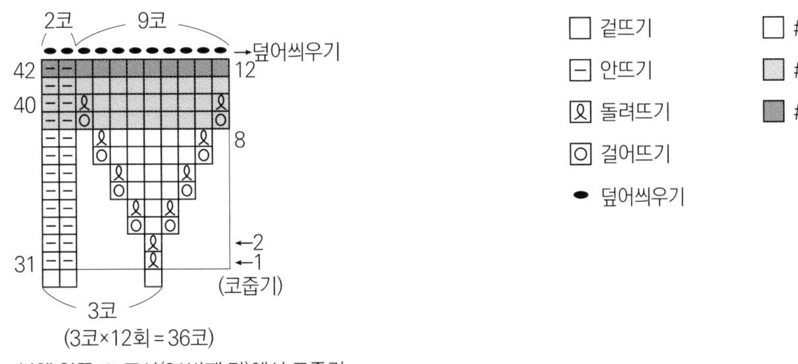

본체 안쪽 ※ 표시(31번째 단)에서 코줍기

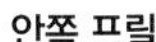

☐ 겉뜨기	☐ #590 펄
☐ 안뜨기	☐ #710 블러섬
☒ 돌려뜨기	☐ #688 스위트
☒ 걸어뜨기	
● 덮어씌우기	

▶ 도구와 재료

실

[다루마] 손으로 짠 듯한 탐실
#21 펄　40g
#19 페퍼민트　2g
#15 미모사　3g

기타

시판 파우치　1개
(무인양품 자유롭게 조합 가능한 수납 케이
스·장방형 S·가로형 소/9.5cm×17cm×깊이
2.7cm)
퀼트용 접착 심지　25cm×18.5cm
펠트　그레이 두께 0.2cm, 19cm×2cm

바늘

대바늘　6호(3.9mm)
코바늘　4/0호
꽈배기바늘

▶ 게이지

22코×24단/10cm×10cm

▶ 만드는 법

① 일반코잡기하여 도안대로 뜨고, 안면에서 덮어씌우기 코막음한다. 실 정리를 하고 스팀다리미질을 한다.
② 뜨개 바탕의 안면에 퀼트용 접착 심지를 붙인다.
③ 뜨개 바탕을 파우치에 넣고 시작코 단(1번째 단)을 지퍼에 꿰매 단다.
④ 양 옆선을 짧은뜨기로 꿰매고 테두리를 빼뜨기한다.
⑤ 뒷면 뜨개 바탕에 지퍼를 꿰매 단다.
⑥ 덮개에 자수를 넣고 펠트를 꿰매 단다. 스팀다리미질을 하여서 형태를 정돈한다.
⑦ 취향에 따라 태슬을 만들어 단다.

【제도】　　　　　　　　　　　　　　**【마무리 방법】**

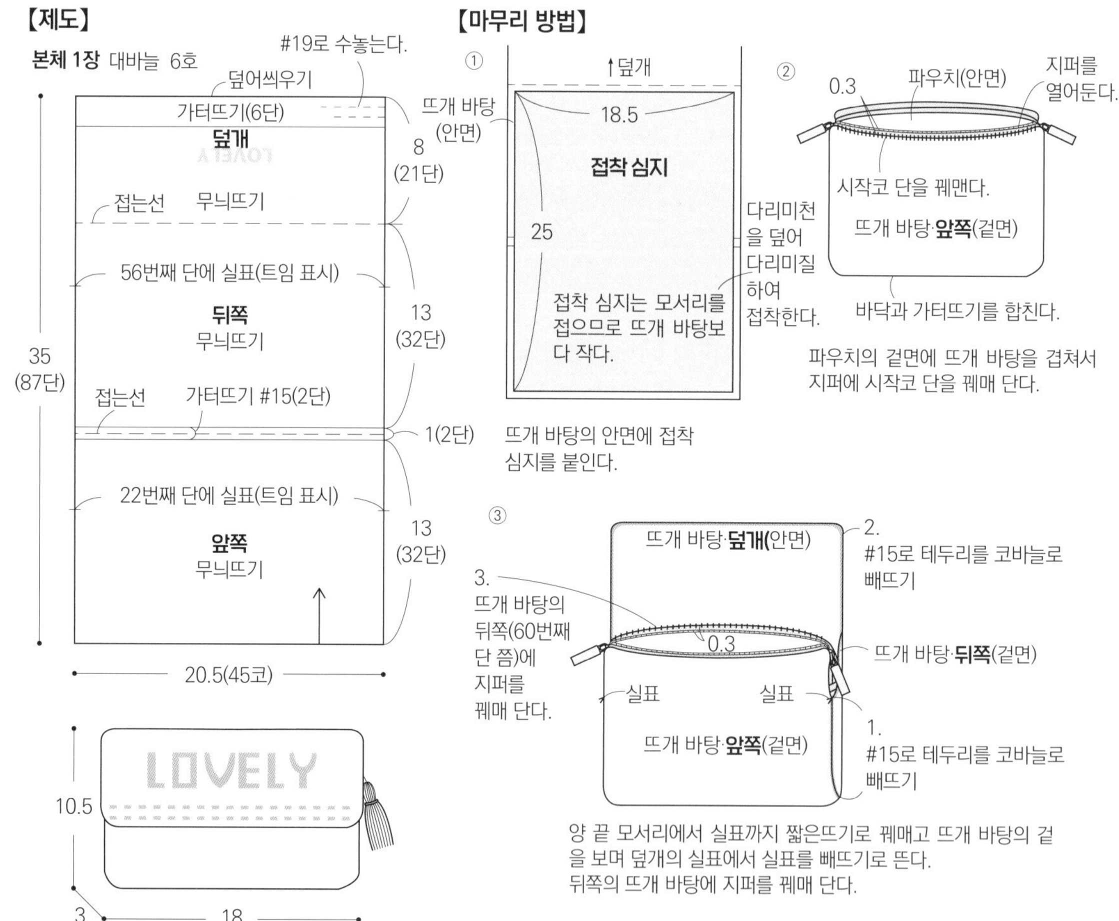

양 끝 모서리에서 실표까지 짧은뜨기로 꿰매고 뜨개 바탕의 겉
을 보며 덮개의 실표에서 실표를 빼뜨기로 뜬다.
뒤쪽의 뜨개 바탕에 지퍼를 꿰매 단다.

④
뜨개 바탕·덮개(겉면)
LOVEL
펠트
덮개의 가터 부분에
돗바늘로 #19를 1코씩
걸러가며 펜다.
자수를 놓은 후 뒤쪽 부분에
펠트를 꿰매 단다.
덮개를 마무리한다.
⑤
파우치의 D링
코바늘 4/0호
사슬뜨기 20코로 만든 끈
꿰매 단다.
5
#19
15바퀴 감기(30가닥)
※ 태슬 만드는 방법은
152페이지 참조
취향에 따라 태슬을 단다.

【기호 도안】

←덮어씌우기
87
1코 간격으로 건너 뛰며 실을 펜다.
가터뜨기 6단
80
덮개 21단
70
67
←덮어씌우기
파우치 뒤쪽 무늬뜨기 32단Ⓐ(35단~66단)
☆실표(56번째 단)
34
가터뜨기 2단
32
30
☆실표(22번째 단)
22
20
파우치 앞쪽
무늬뜨기 32단Ⓐ
11
10
→2
→1단
45   40   30   20   10   1 (시작코 45코)
코
입구
지퍼를 꿰매 단다.
1무늬 / 7코×6단

□ #21 펄(바탕색)   □ 겉뜨기   오른코 위 2코 교차뜨기
■ #19 페퍼민트   - 안뜨기
□ #15 미모사   Ⓠ 돌려뜨기   ● 덮어씌우기

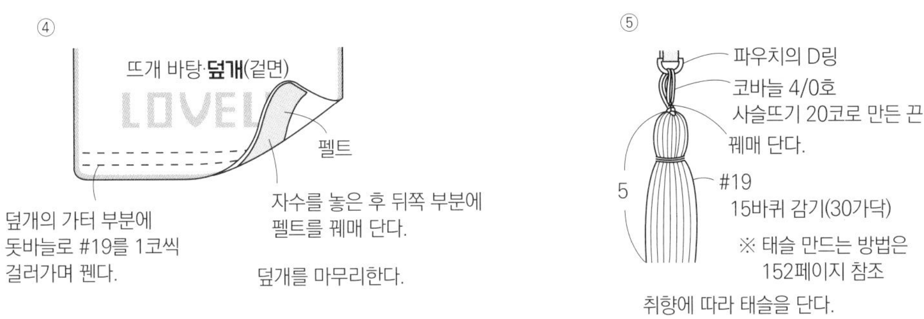

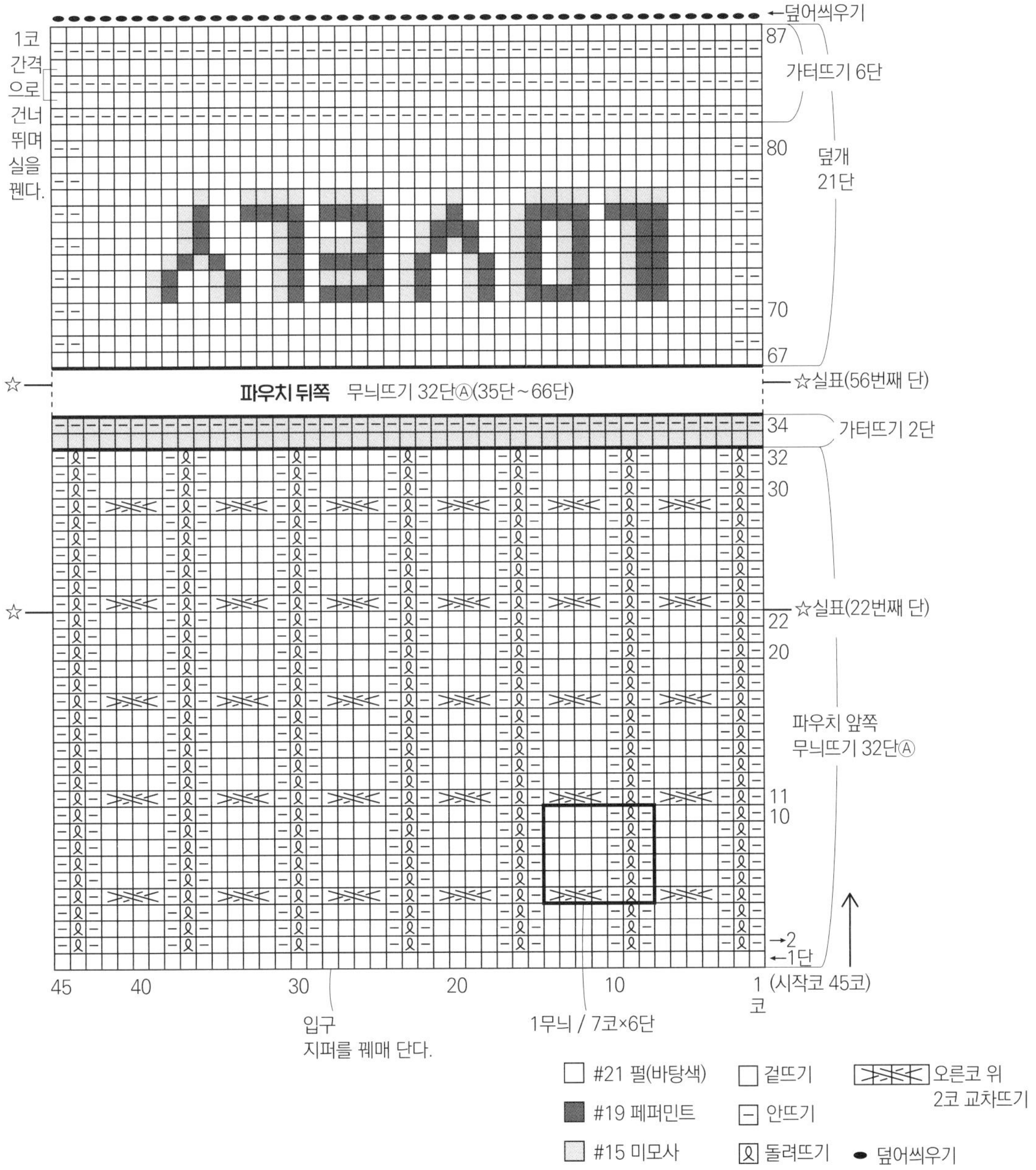

 # 잠자는 고양이 티 코지

완성 치수 높이16cm×둘레 44cm

▶ 도구와 재료

실

[제이미슨스] 스핀드리프트
#929 아쿠아   16g
#720 이슬방울   16g
#104 내추럴 화이트   32g
#599 조디악   2g
#999 블랙   2g
#929와 #720를 2겹으로 사용,
  나중에는 각 색을 각각 2겹으로 사용한다.
자수용 중세사 울실   핑크 적당량
사슬뜨기용 실   적당량

기타

쿠션용 원단   8cm×8cm
솜   적당량

바늘

40cm 줄바늘   8호(4.5mm)
막대바늘   8호(4.5mm) 5자루
대바늘   2호(2.7mm)
코바늘   8/0호
자수용 바늘

▶ 게이지

32코×28단/10cm×10cm

▶ 만드는 법

① 사슬뜨기로 코를 잡아 도안대로 뜬다. 줄바늘로 7단을 뜨면 8번째 단에서 코늘림하여 10단까지 뜨고, 11번째 단에서 각각 72코씩 32단까지 평면뜨기로 플리츠를 뜬다(119페이지 참조). 33번째 단에서 144코를 줄바늘로 원통뜨기 한다. 39번째 단에서 막대바늘 5자루로 코줄임을 하여 49번째 단에서 마지막의 8코에 실을 통과시켜 조인다.

② 실 정리를 하고 따뜻한 물을 묻혀 가터뜨기가 펼쳐지도록 위아래로 살살 당겨, 전체를 가볍게 비벼 펠팅시킨다.

③ 건조하여 스팀다리미질로 형태를 정돈한다.

④ 고양이를 만든다. 각 부속을 만들고, 각각 꿰매어 합친다. 꿰매서 형태를 만들고 자수를 놓는다. 따뜻한 물에 담가 비벼 펠팅시킨다.

⑤ 쿠션을 만들어 고양이를 앉히고 꿰매어 고정한다.

⑥ 티 코지 위에 쿠션을 꿰매 단다.

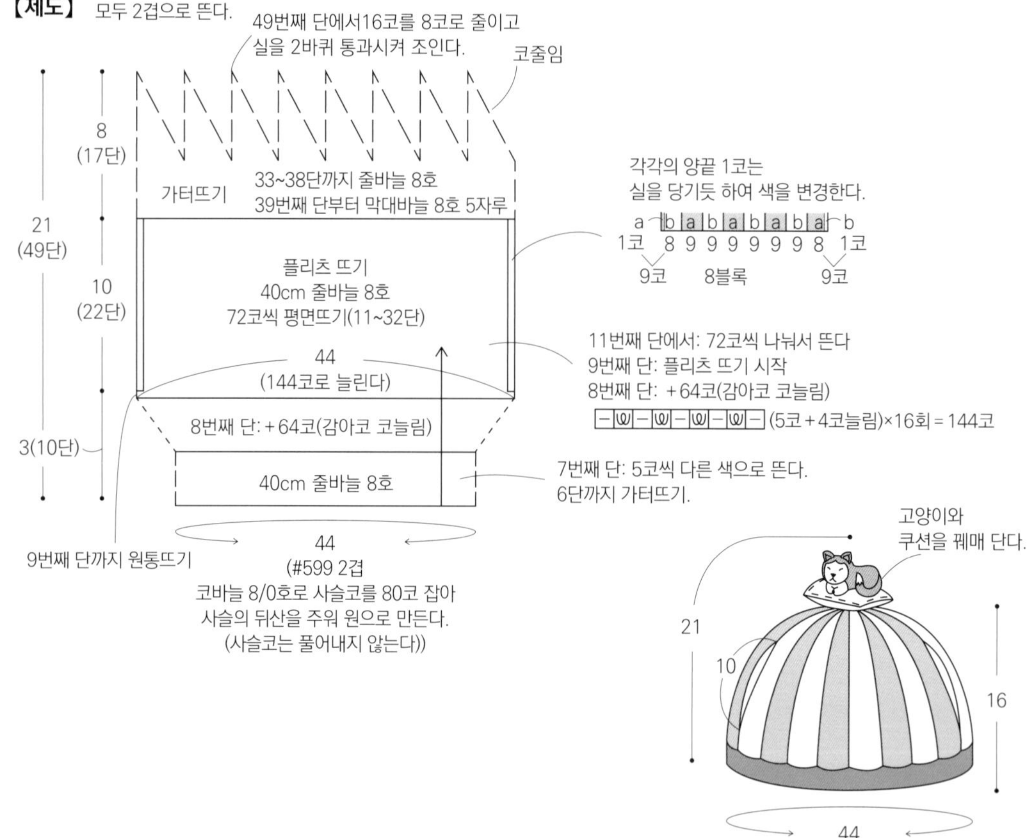

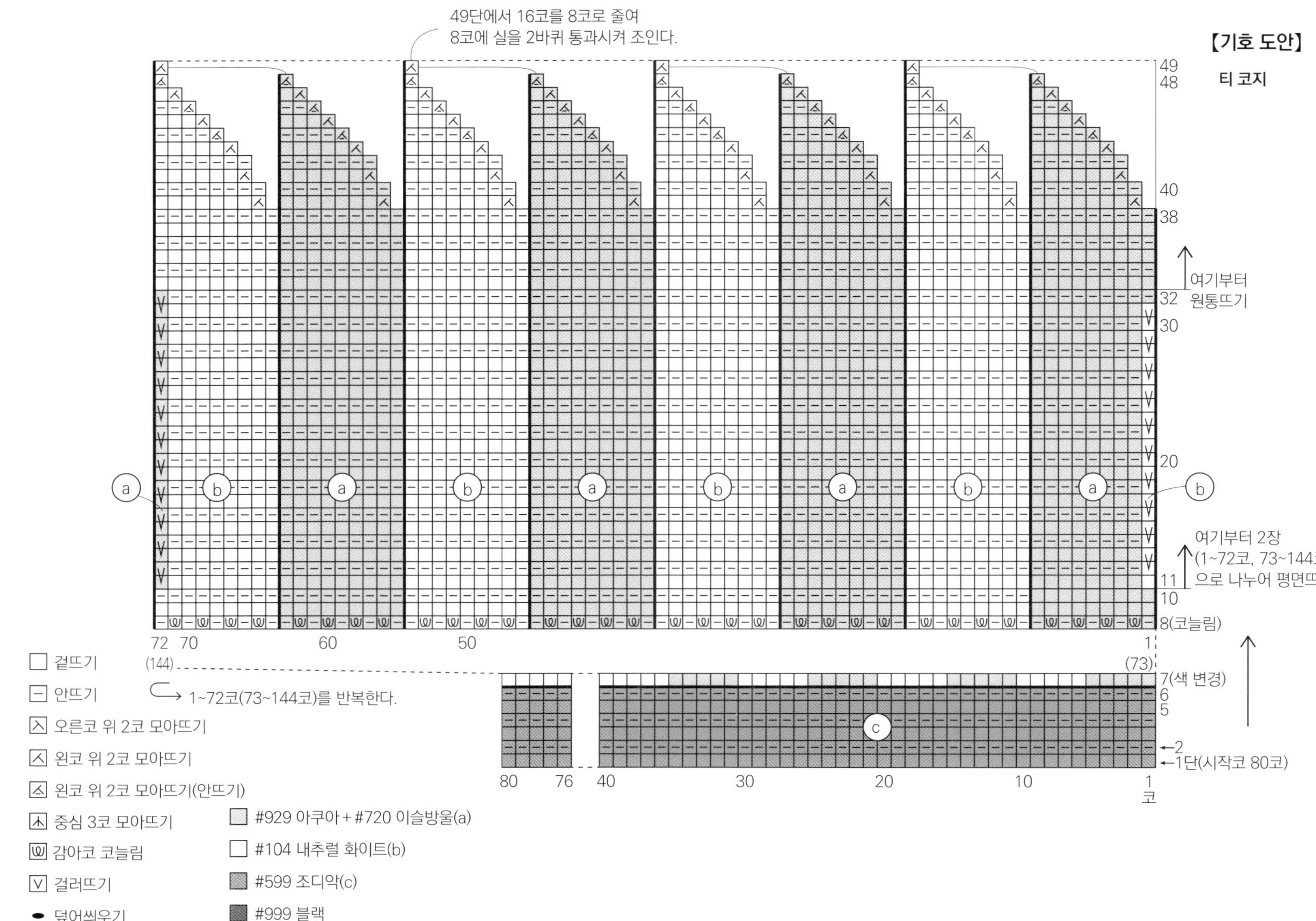

【기호 도안】
티 코지
49단에서 16코를 8코로 줄여
8코에 실을 2바퀴 통과시켜 조인다.
49
48
40
38
여기부터 원통뜨기
32
30
20
11
10
8(코늘림)
여기부터 2장
(1~72코, 73~144코)
으로 나누어 평면뜨기
72 70
(144)
60
50
1
(73)
a
b
7(색 변경)
6
5
c
2
1단(시작코 80코)
80 76 40 30 20 10 1
코
1~72코(73~144코)를 반복한다.
겉뜨기
안뜨기
오른코 위 2코 모아뜨기
왼코 위 2코 모아뜨기
왼코 위 2코 모아뜨기(안뜨기)
중심 3코 모아뜨기
감아코 코늘림
걸러뜨기
덮어씌우기
#929 아쿠아 + #720 이슬방울(a)
#104 내추럴 화이트(b)
#599 조디악(c)
#999 블랙
193

【기호 도안】 고양이

본체 좌우 각 1장

대바늘 2호

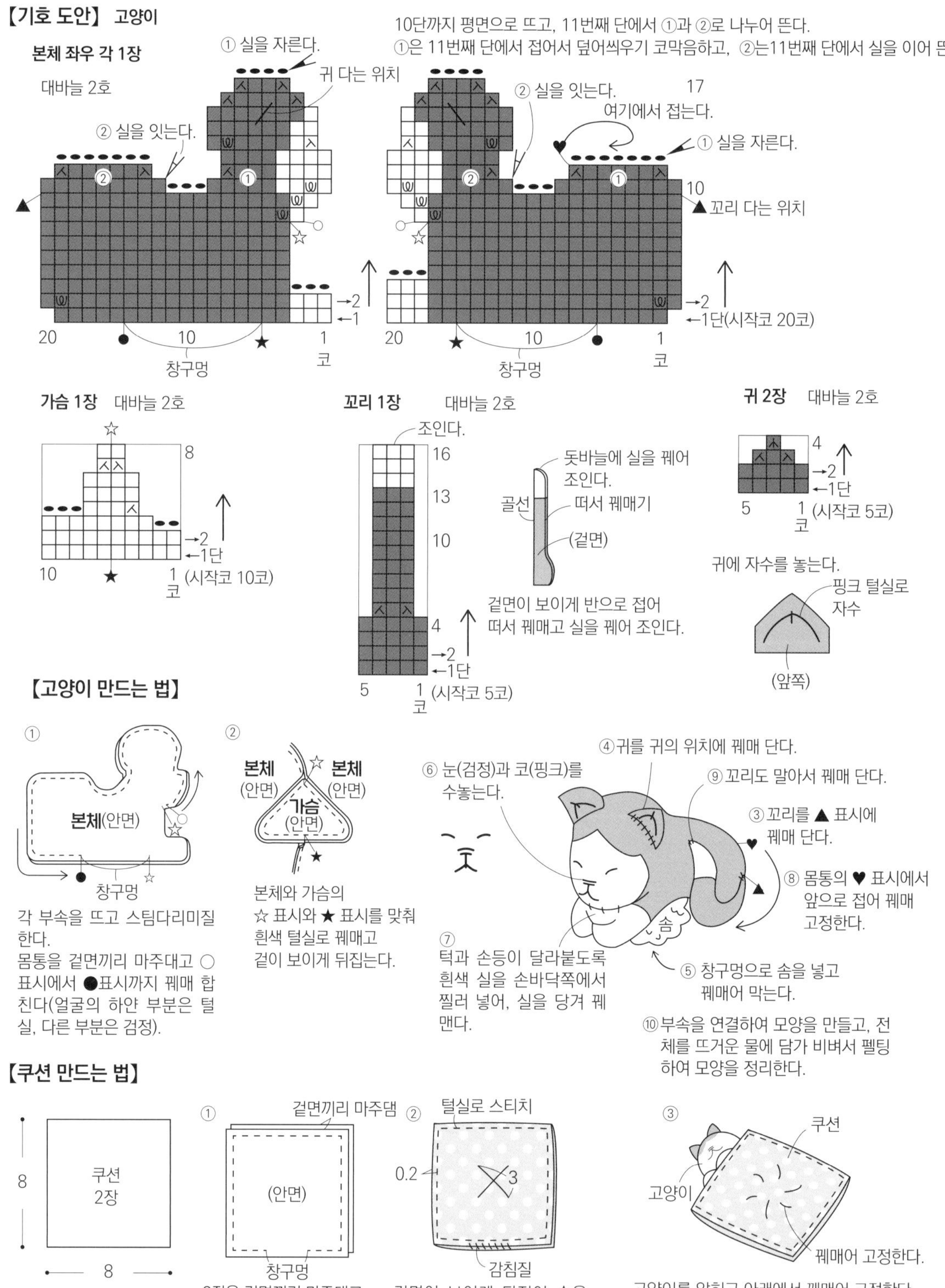

【고양이 만드는 법】

【쿠션 만드는 법】

 # 아란 무늬 패치워크 가방

완성 치수　높이 27cm×폭 44.5cm×깊이 20cm

▶ 도구와 재료

실

[퍼피] 브리티시 에로이카

#192 담갈색　60g

#143 베이지　42g

#186 오렌지　26g

#206 레몬 옐로　23g

#207 연파랑　20g

#183 보라　15g

#116 빨강　15g

#197 연두　15g

#209 녹색　11g

#203 노랑　8g

기타

기성품 토트백　1개

　(높이 25cm×폭 44cm×깊이 20cm)

　※토트백은 기성품도 좋고 직접 만들어도

　좋다. 만들어 쓸 때에는 안주머니용 원단

　80cm×46cm

길이 44cm 손잡이　1쌍

퀼트용 접착 심지　67×44cm

바닥판　19.5×24.5cm

바늘

80cm 줄바늘　8호(4.5mm)

대바늘　8호(4.5mm)

코바늘　4/0호, 8/0호

꽈배기바늘　2개

도구

양면테이프

▶ 게이지

20코×24단/10cm×10cm

▶ 만드는 법

① 일반코잡기로 시작코를 잡아 기호 도안대로 콧수링을 넣어가며 62단까지 뜨고, 그대로 둔다. 같은 방법으로 1장을 더 뜬다. 줄바늘로 2장을 이어서
　뜨고 안면에서 덮어씌우기 코막음한다. 실 정리를 하고 스팀다리미질을 한다.

② 겉면끼리 마주대고 옆선을 코바늘로 빼뜨기하여 꿰맨다.

③ 바닥을 손가락으로 걸어 만드는 시작코 기호 도안대로 뜨고 덮어씌우기 코막음한다. 실 정리를 하고 스팀다리미질을 한다.

④ 바닥과 본체 앞·뒤판을 겉면끼리 마주대고 코바늘로 빼뜨기하여 꿰맨다.

⑤ 시판 토트백 또는 만든 안주머니 바닥에 바닥판을 붙인다.

⑥ 퀼트용 접착 심지로 주머니 모양을 만들어 안주머니에 겹쳐서 접착한다.

⑦ 뜨개 바탕 주머니에 안주머니를 겹쳐서 64번째 단에서 접어서 꿰매 고정한다.

⑧ 손잡이를 단다.

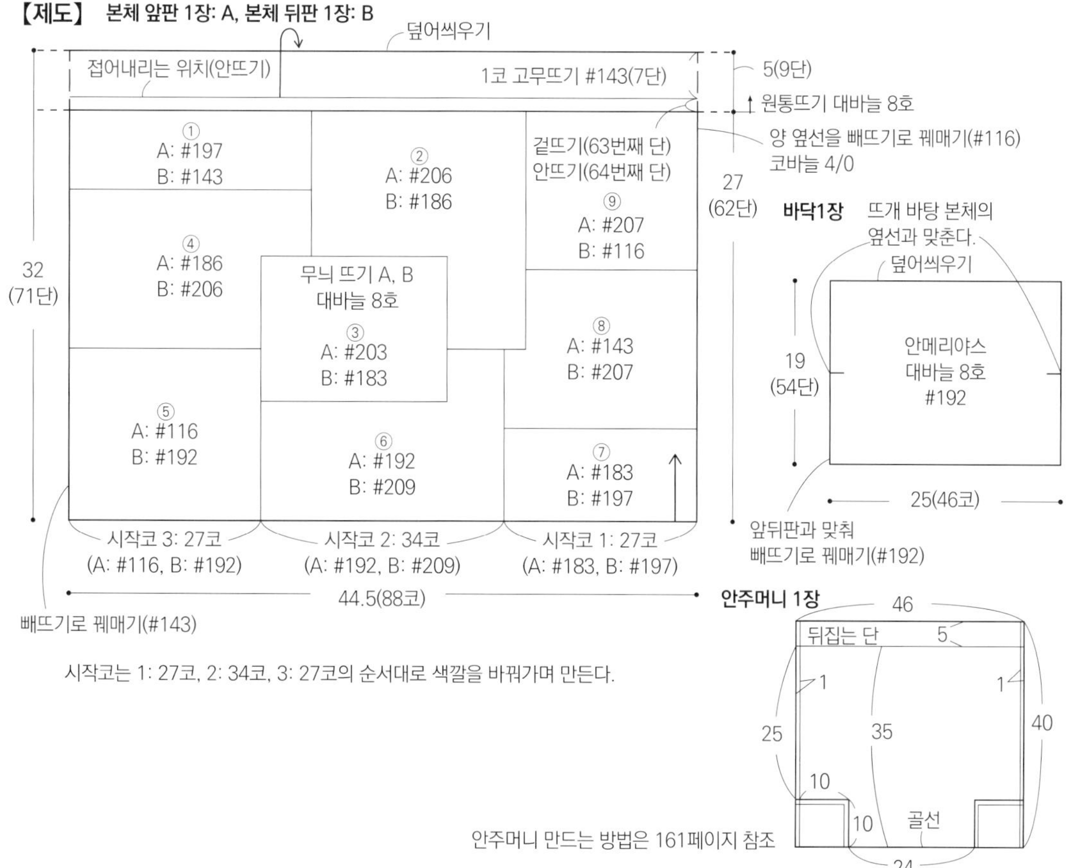

【마무리 방법】

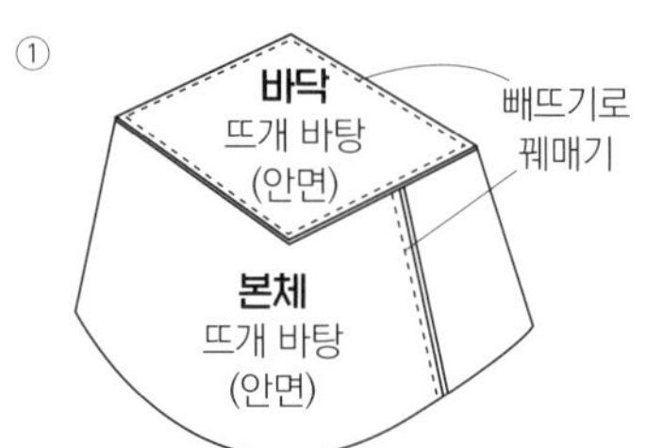

본체 뜨개 바탕 2장을 겉면끼리 마주대
고 옆선을 코바늘 4/0호로 빼뜨기하여
꿰매고 바닥과 겉면끼리 마주대어 빼뜨
기로 꿰맨다.

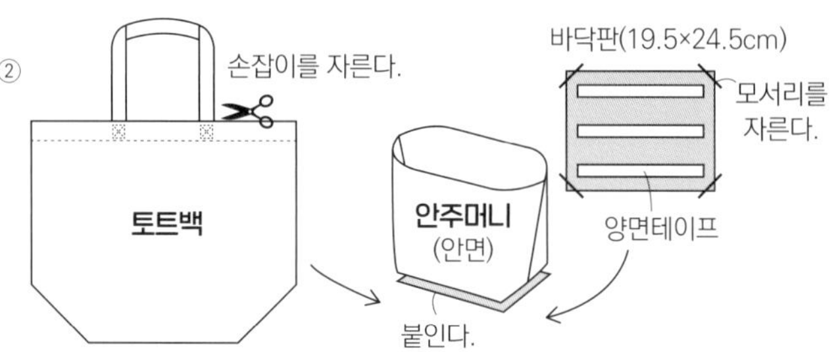

기성품 토트백을 사용할 경우에는 손잡이를 안단의 위치에서 잘라내고, 만
들어서 사용할 때에는 시접1㎝로 접착 심지와 같은 방법으로 꿰맨다. 바닥
에 바닥판을 양면테이프로 붙인다.

【기호 도안】

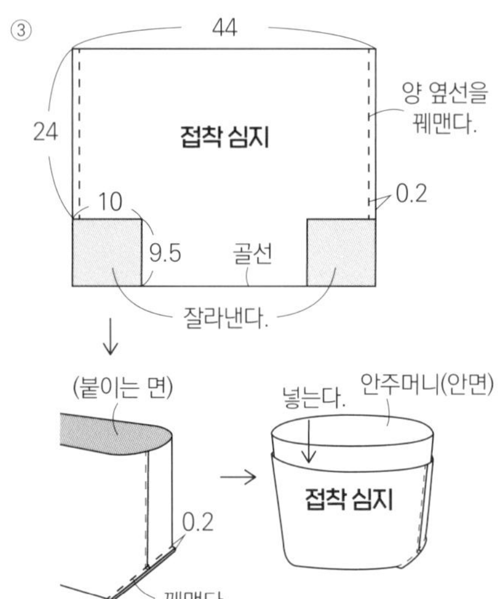

접착 심지의 접착면을 안쪽으로 하여 옆선과 바닥
옆선을 꿰매어 주머니 모양으로 만든다.
안주머니와 겹쳐서 안쪽에서 다리미질하여 접착
한다.

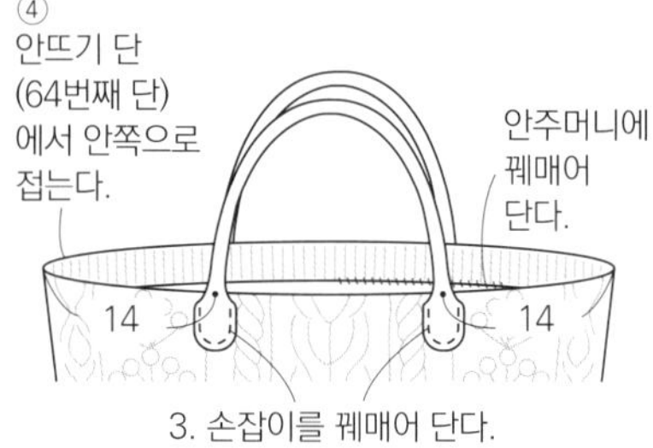

뜨개 바탕의 주머니 안쪽에 안주머니를 넣고 바닥,
옆선, 입구를 맞추어 뜨개 바탕의 접어 내린 위치에
서 안쪽으로 접고, 안주머니의 단에 사이즈를 맞춰
정돈하여 꿰매 단다.

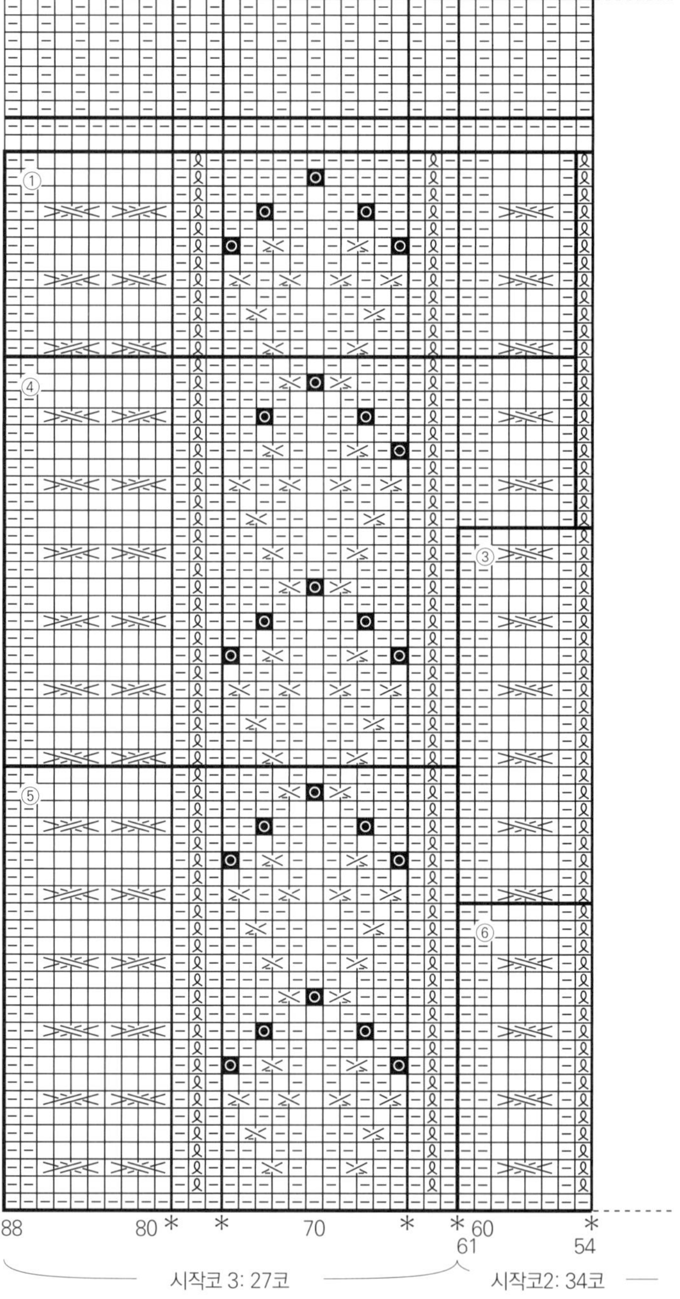

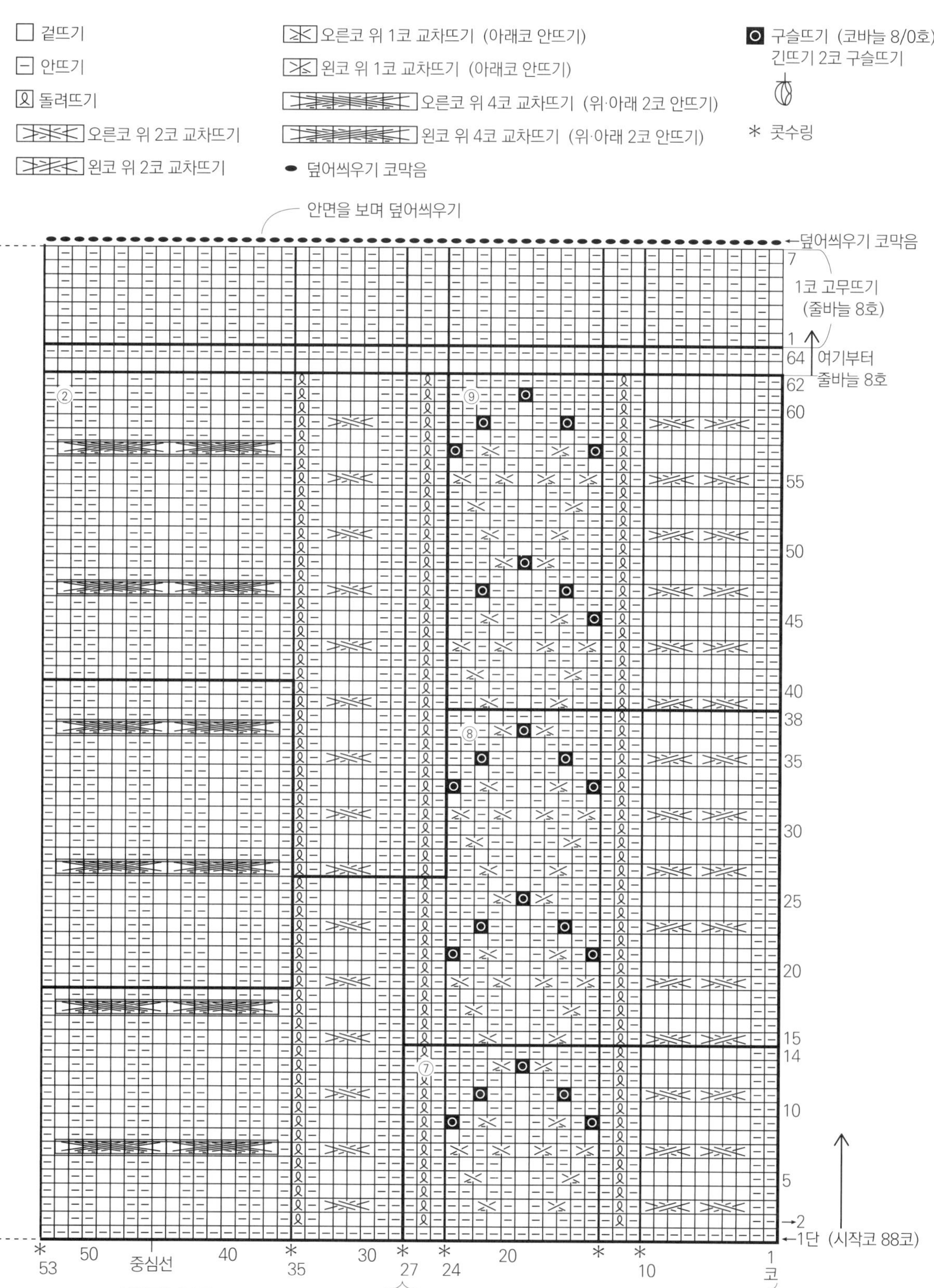

□ 겉뜨기
－ 안뜨기
Ⅹ 돌려뜨기
오른코 위 2코 교차뜨기
왼코 위 2코 교차뜨기
오른코 위 1코 교차뜨기 (아래코 안뜨기)
왼코 위 1코 교차뜨기 (아래코 안뜨기)
오른코 위 4코 교차뜨기 (위·아래 2코 안뜨기)
왼코 위 4코 교차뜨기 (위·아래 2코 안뜨기)
덮어씌우기 코막음
구슬뜨기 (코바늘 8/0호)
긴뜨기 2코 구슬뜨기
＊ 콧수링
안면을 보며 덮어씌우기
←덮어씌우기 코막음
7
1코 고무뜨기 (줄바늘 8호)
1
64 여기부터 줄바늘 8호
62
60
55
50
45
40
38
35
30
25
20
15
14
10
5
→2
←1단 (시작코 88코)
②
⑨
⑧
⑦
＊53
50
중심선
40
＊35
30
＊27
＊24
20
＊
＊10
1코
시작코2: 34코
시작코1: 27코

● 대바늘 뜨기

일반코잡기(손가락으로걸어 만드는 시작코) ※ 시작코가 헐렁해지는 경우에는 대바늘 한 자루로 코를 잡는다.

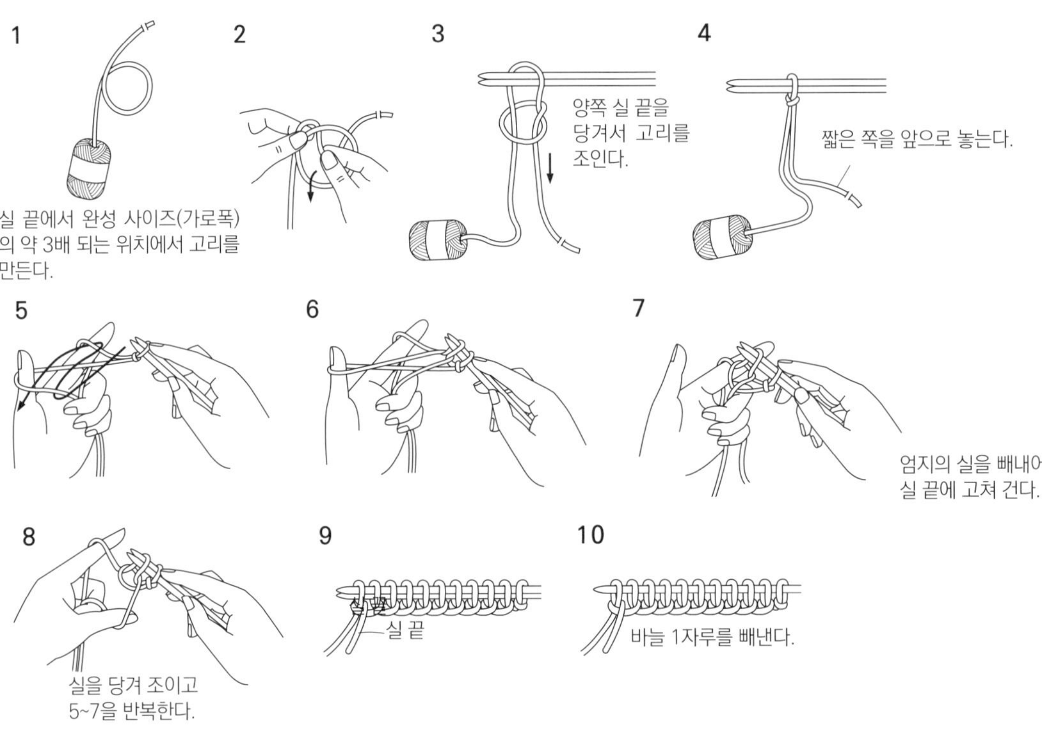

별 사슬코잡기

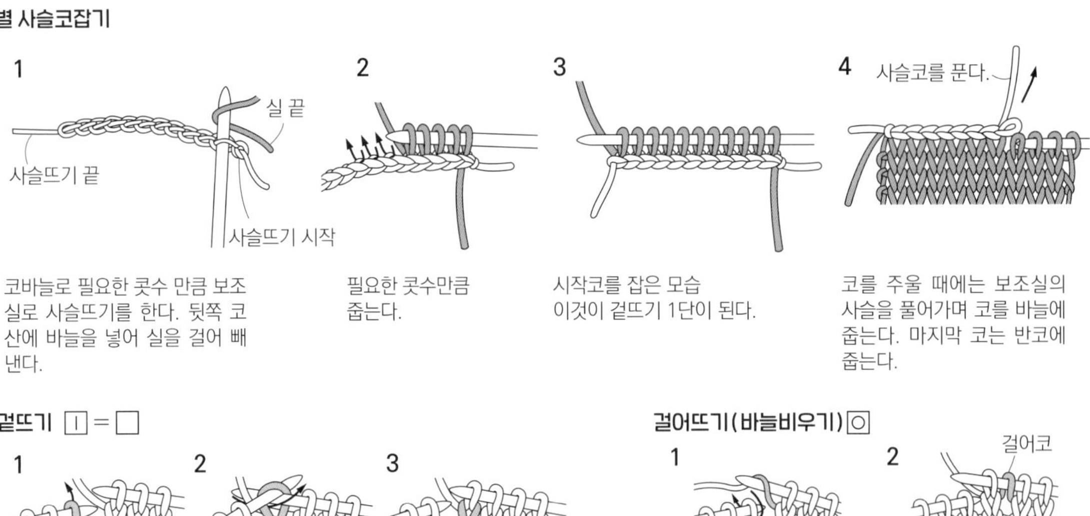

겉뜨기 ▯ = ▢

걸어뜨기(바늘비우기) ▢

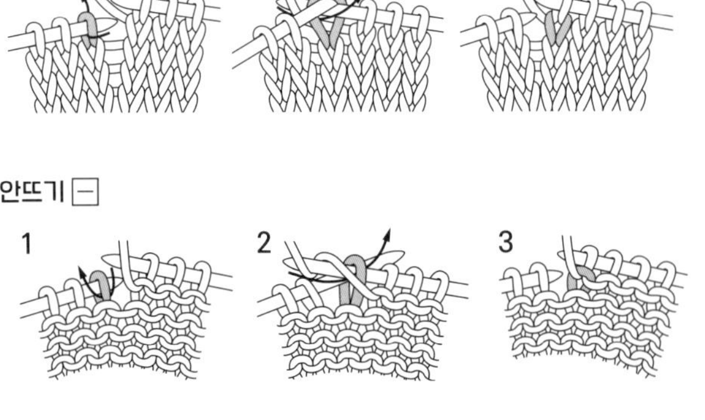

안뜨기 ▭

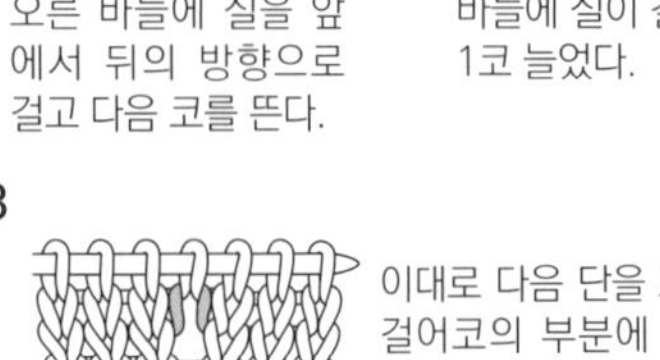

돌려뜨기 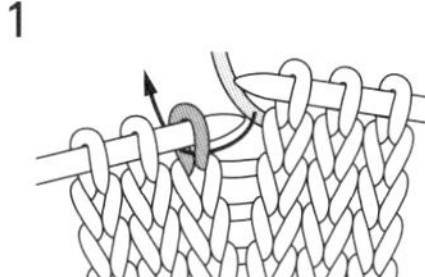

1

화살표 방향으로 바늘을 넣어
안뜨기한다.

2

실을 걸어 끌어당긴다.

3

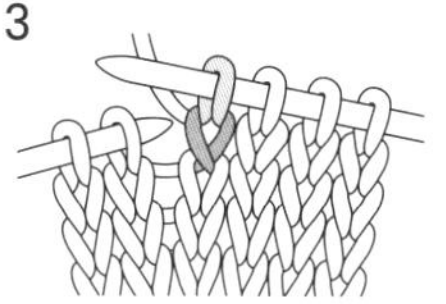

아래의 고가 꼬이며
완성된다.

돌려뜨기(안뜨기)

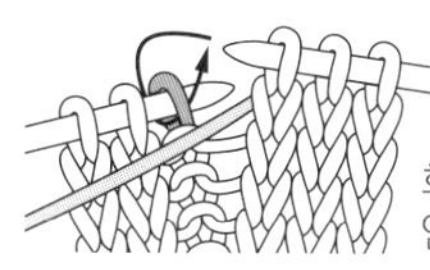

화살표 방향으로 바늘을 넣어
안뜨기한다.

돌려뜨기 코늘림) 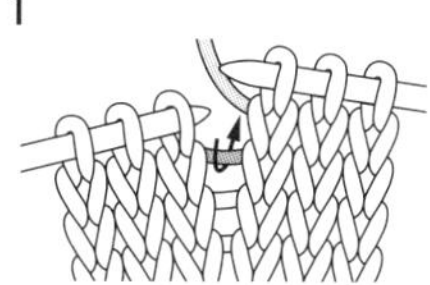

1

전 단의 싱커루프(가로로
건넌 실)을 끌어 올린다

2

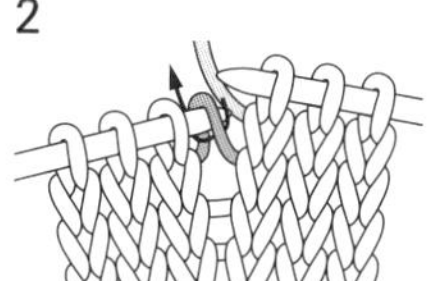

바늘을 비틀듯이 넣어서
겉뜨기를 한다.

3

완성(1코 늘어남).

감아코 코늘림 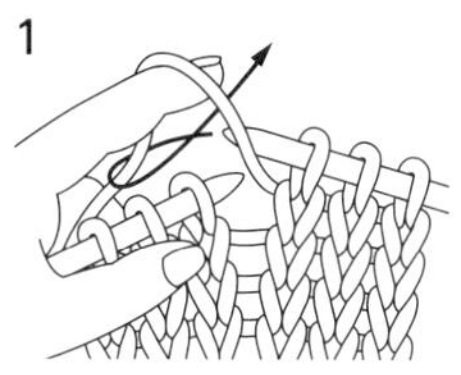

1

실을 화살표 방향으로 걸
어 바늘에 건다.

2

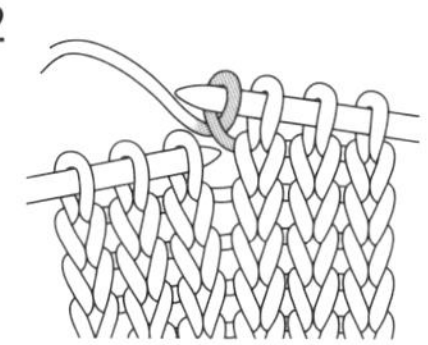

바늘에 실이 감겨서 감아
코가 된다.

3

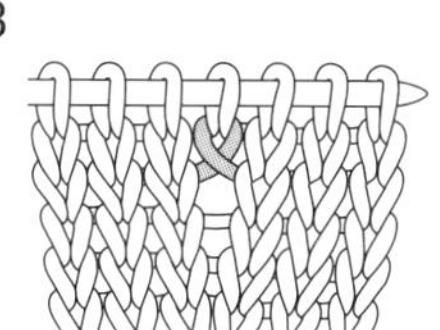

그대로 이어 뜨고 다음 단을
뜬 모습.

걸러뜨기 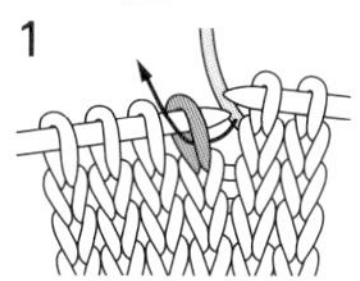

1

실을 뒤쪽에 놓고 뜨지 않
고 오른쪽으로 옮긴다.

2

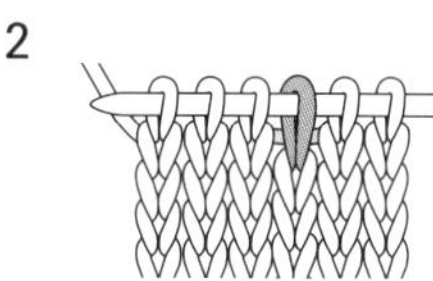

계속하여 다음의 코를 겉뜨기로 뜬다.
2단의 걸러뜨기는 다음단도 안뜨기로
걸러뜬다.

걸러뜨기(안뜨기) 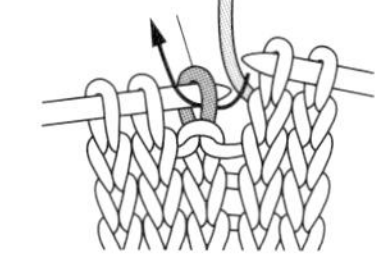

1

뜨지 않고 오른
바늘에 코를 옮긴다

실을 뒤쪽에 놓고 뜨지 않고
오른쪽 바늘로 옮긴다.

2

다음의 코를 뜬다.

3

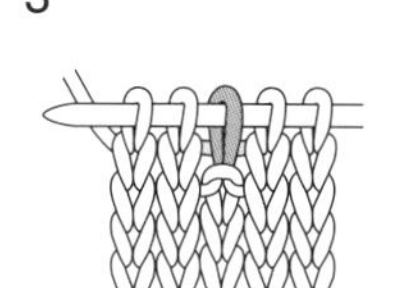

앞 걸러뜨기 코 완성.

4

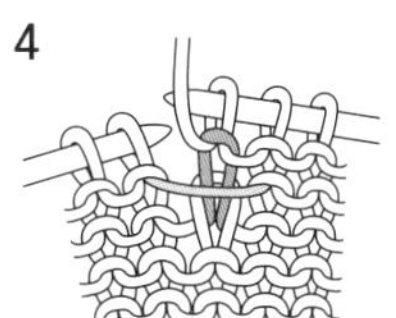

다음 단은 안뜨기한다.

덮어씌우기 코막음 ●

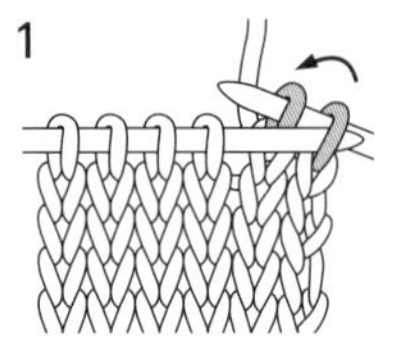

1 **2** **3** 실을 빼내어
조인다.

겉뜨기 2코를 덮어씌운다.
코막음할 때에는 이를 반복한다.

덮어씌우기(안뜨기) ●

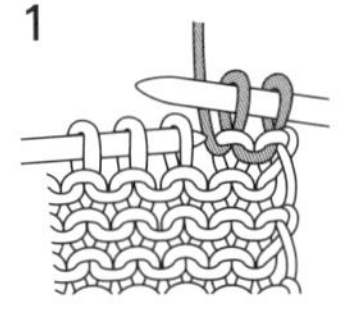 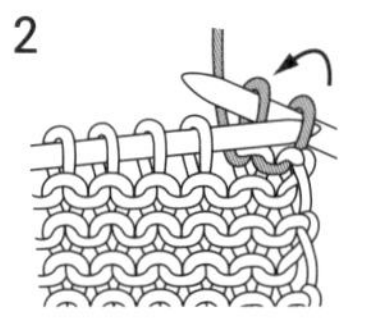 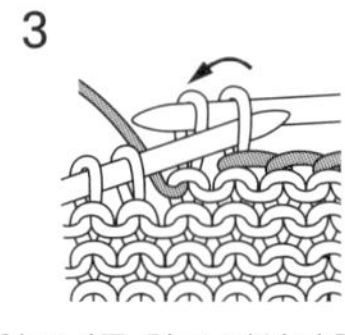 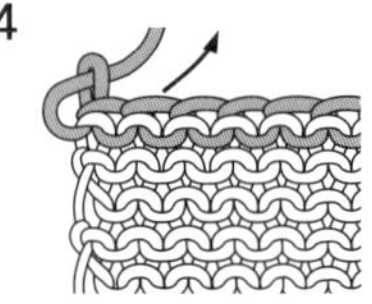

1 **2** **3** **4**

맨 끝의 2코를 안뜨기 하고 첫 번째 코를
두번째 코에 덮어씌운다.

안뜨기를 하고 덮어씌우기
를 반복한다.

마지막 코는 실을 빼내어
조인다.

실 앞 걸러뜨기(1단) 덮어씌우기(안뜨기) ▽

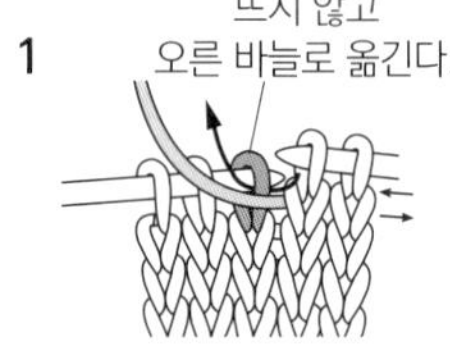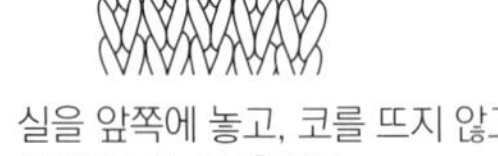 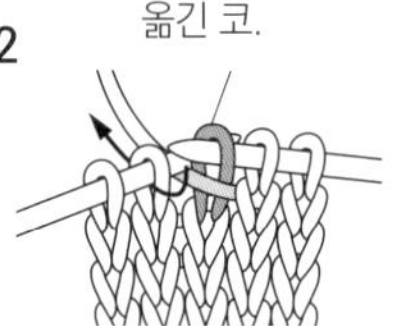 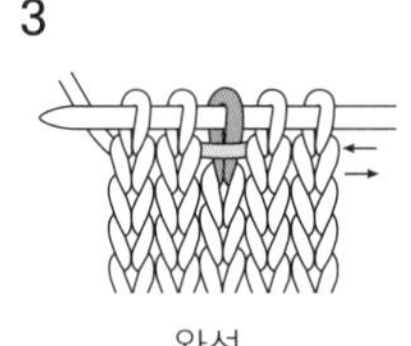 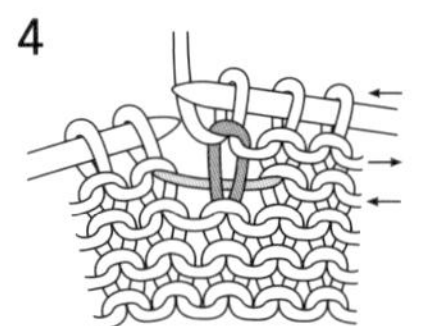

1 뜨지 않고
오른 바늘로 옮긴다.
2 옮긴 코.
3
4

실을 앞쪽에 놓고, 코를 뜨지 않고
오른쪽 바늘로 옮긴다.

다음 코를 옮긴다

완성.
※ 안뜨기를 할 때에는
　실을 겉면으로 둔다.

다음 단은 안뜨기한다.

오른코 위 2코 모아뜨기씌우기(안뜨기) ╲

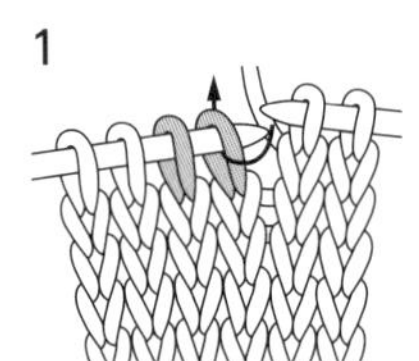 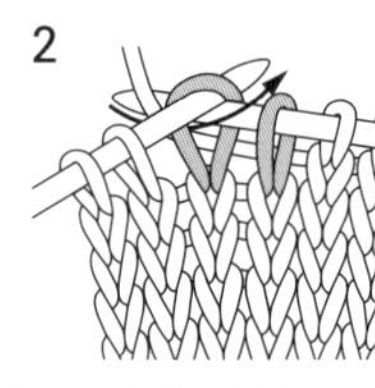 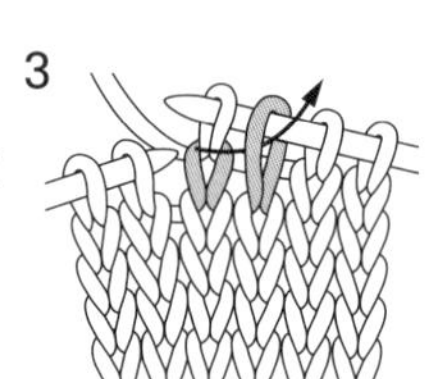 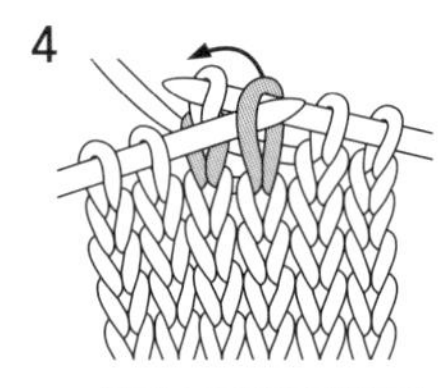 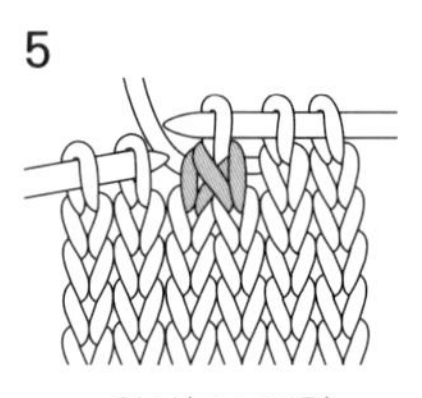

1 **2** **3** **4** **5**

뜨지 않고 오른쪽 바늘에 옮긴다.

겉뜨기한다.

옮긴 코를 덮어씌운다.

완성(1코 줄음).

오른코 위 2코 모아뜨기씌우기(안뜨기) ╱

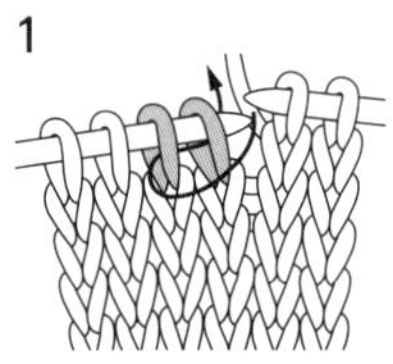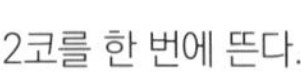 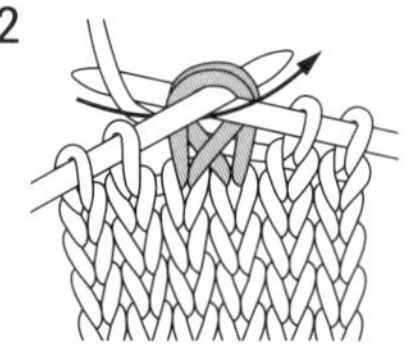 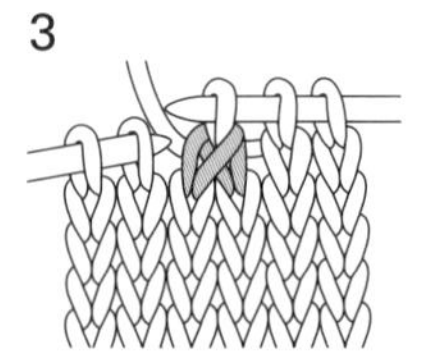

1 **2** **3**

2코를 한 번에 뜬다.

완성(1코 줄음).

오른코 위 2코 모아뜨기(안뜨기) ⊡

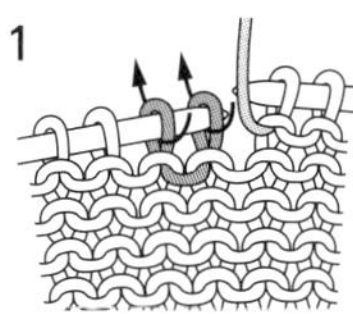

1

오른쪽 바늘에 2코를
옮긴다.

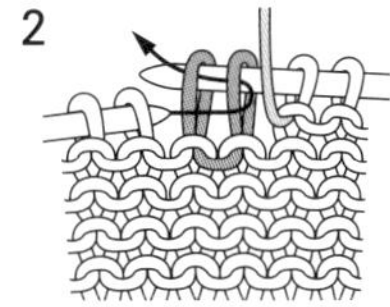

2

오른쪽 바늘에 옮긴 2코
에 왼쪽 바늘을 오른쪽에
서 넣는다.

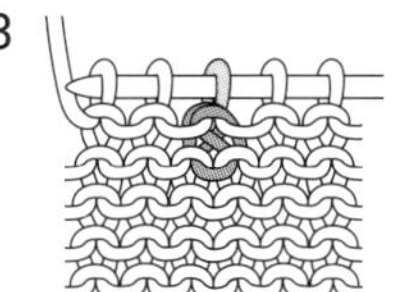

3

2코를 한꺼번에 안뜨기
하면 완성된다.

왼코 위 2코 모아뜨기(안뜨기) ⊡

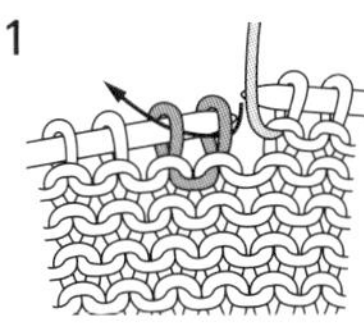

1

오른쪽 바늘을 화살표
방향으로 넣는다.

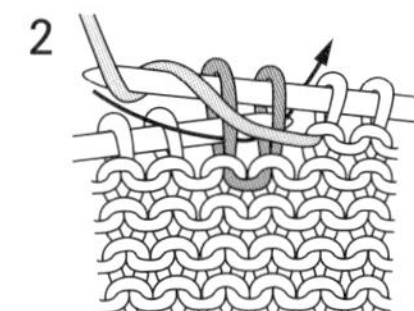

2

실을 걸어 2코를 한꺼번에
안뜨기한다.

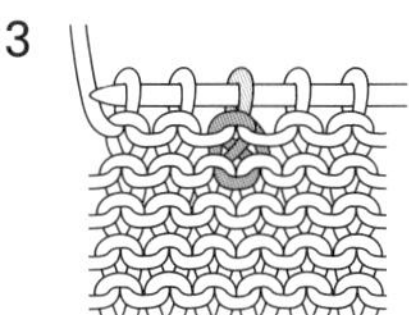

3

완성.

왼코 위 3코 모아뜨기 ⊡

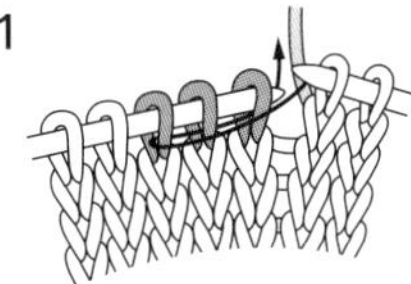

1

2

3코를 한꺼번에 뜬다.

오른코 위 3코 모아뜨기 ⊡

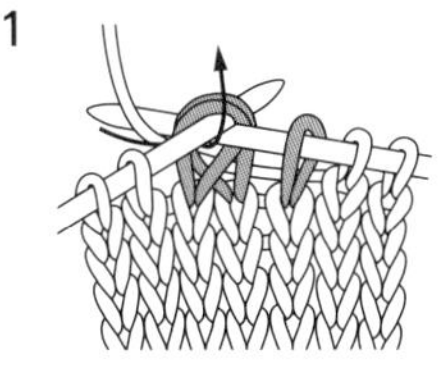

1

1코를 뜨지 않고 앞쪽에서 바
늘을 넣어 오른쪽으로 옮기고,
다음의 2코를 한꺼번에 한꺼번
에 겉뜨기한다.

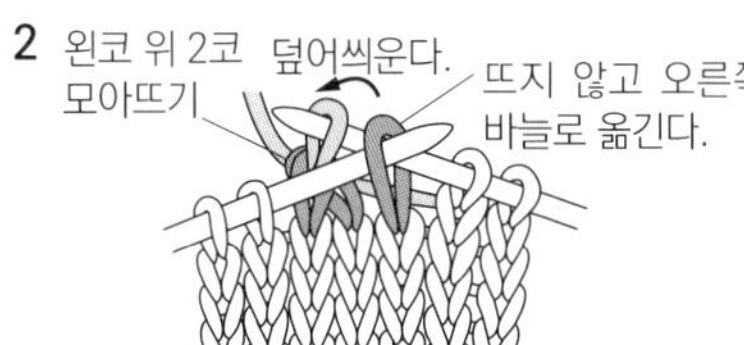

2

옮긴 코를 뜬 코에 덮어씌운다.

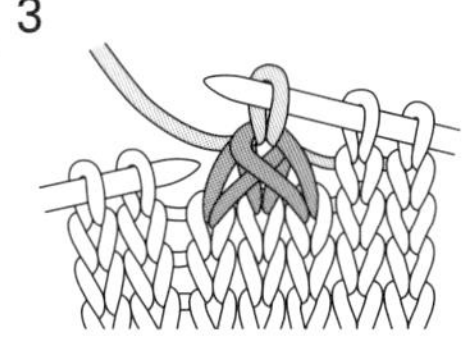

3

완성.

중심 3코 모아뜨기 ⊡

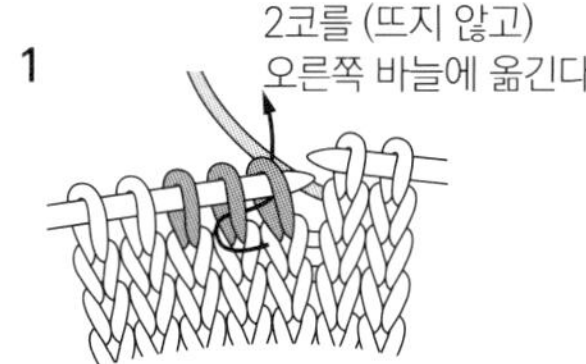

1

2코에 오른쪽 바늘을 왼쪽에서
넣어 뜨지 않고 옮긴다.

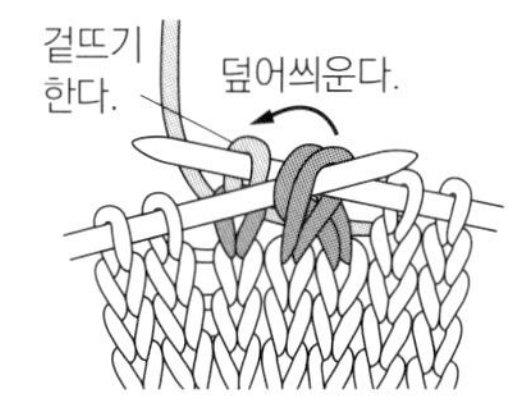

2

3번째 코는 겉뜨기로 뜨고 이
코에 오늘 바늘의 2코를 한꺼
번에 덮어씌운다.

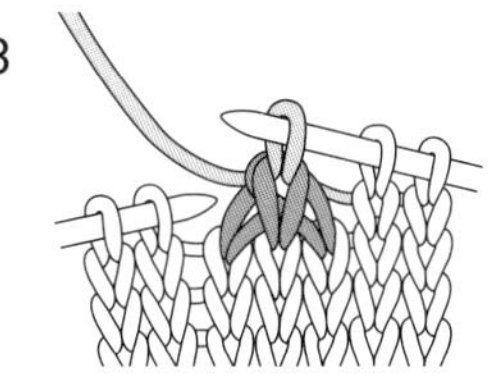

3

완성.

오른코 위 1코 교차뜨기 [※]

1

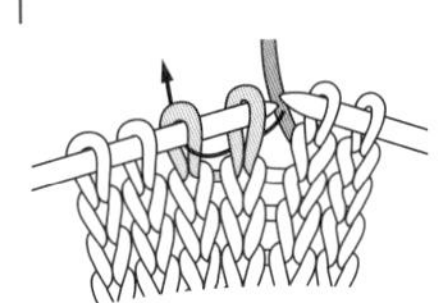

오른쪽 바늘을 다음 코의 뒤를 통과해 화살표처럼 1코 건너뛰어 넣고 겉뜨기한다.

2

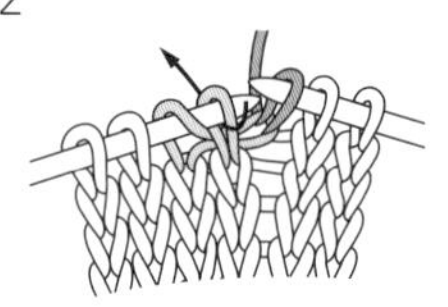

건너뛴 코를 겉뜨기한다.

3

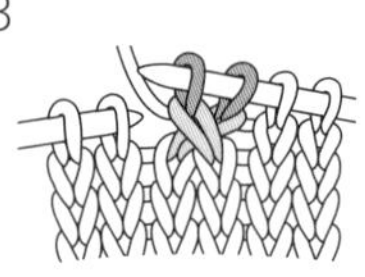

왼쪽 바늘에서 2코를 뺀다.
완성.

왼코 위 1코 교차뜨기 [米]

1

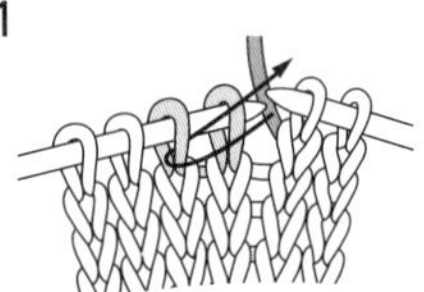

오른쪽 바늘을 다음 코의 앞을 통과해 화살표처럼 1코 건너뛰어 넣고 겉뜨기한다.

2

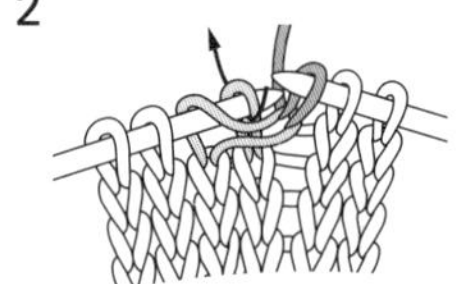

건너뛴 코를 겉뜨기한다.

3

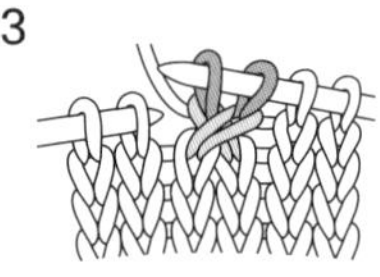

왼쪽 바늘에서 2코를 뺀다.
완성.

오른코 위 2코 교차뜨기 [米米]

1

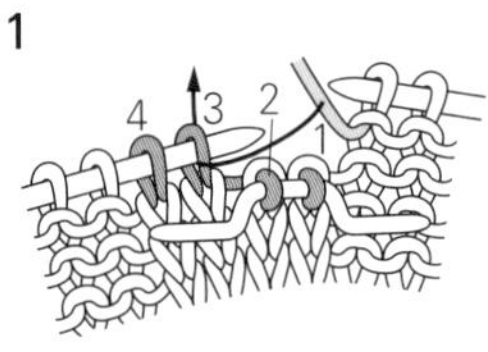

꽈배기바늘에 2코를 옮겨서 앞쪽으로 놓고 다음 2코를 겉뜨기한다.

2

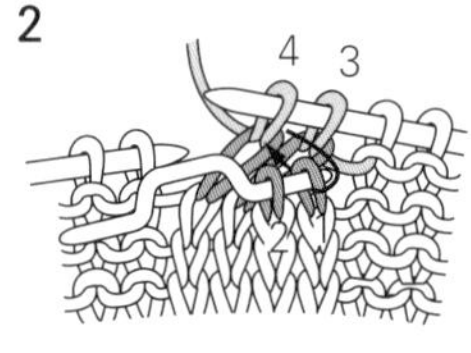

꽈배기바늘의 코를 겉뜨기한다.

3

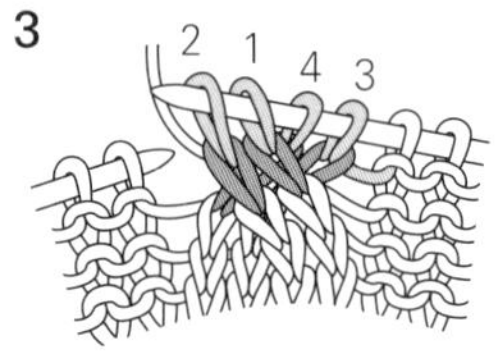

완성.

왼코 위 2코 교차뜨기 [米米]

1

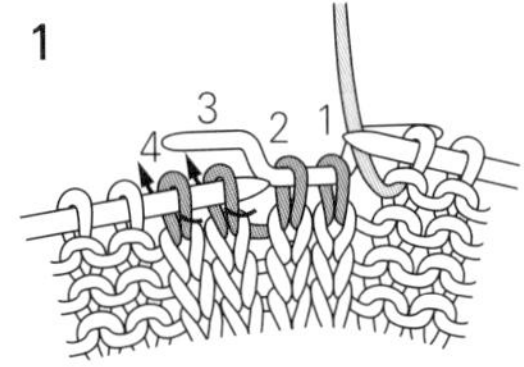

꽈배기바늘에 2코를 옮겨서 뒤쪽으로 놓고 다음 2코를 겉뜨기한다.

2

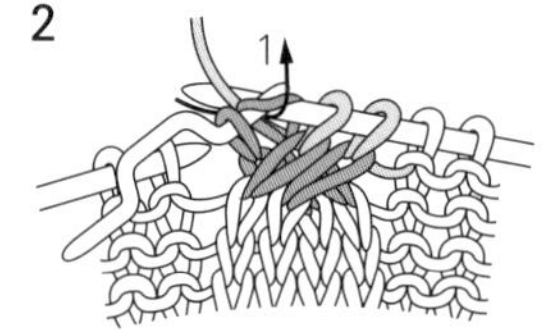

꽈배기바늘의 코를 겉뜨기한다.

3

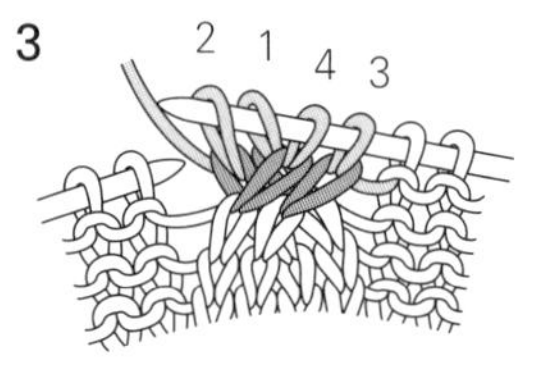

완성.

오른코 위 1코와 3코 교차뜨기 [米米]

1

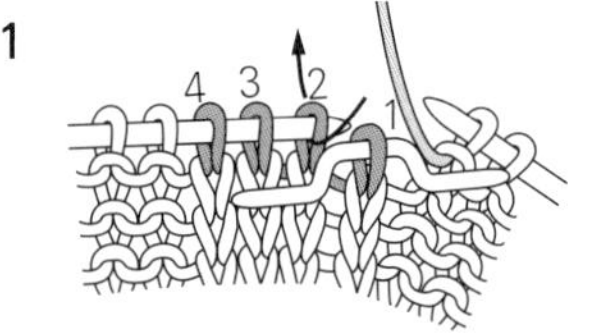

꽈배기바늘에 1코를 옮겨서 앞쪽으로 놓고 다음 2코(2,3,4)를 겉뜨기한다.

2

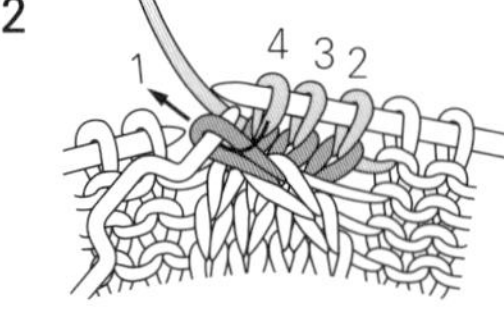

꽈배기바늘의 코를 겉뜨기한다.

3

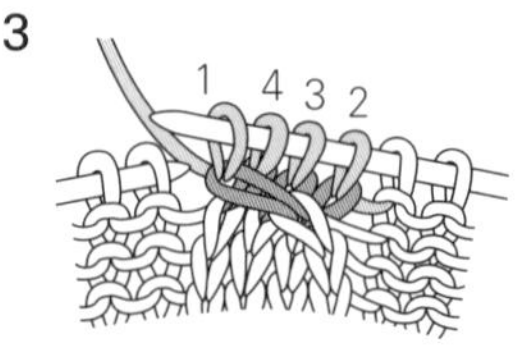

완성.

왼코 위 1코와 3코 교차뜨기 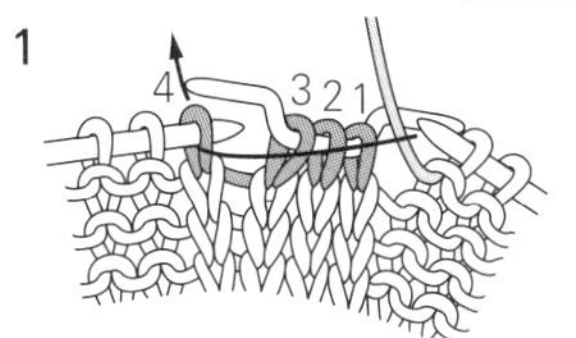

1

꽈배기바늘에 3코를 옮겨서 뒤쪽으로 놓고 다음 1코(4)를 겉뜨기한다.

2 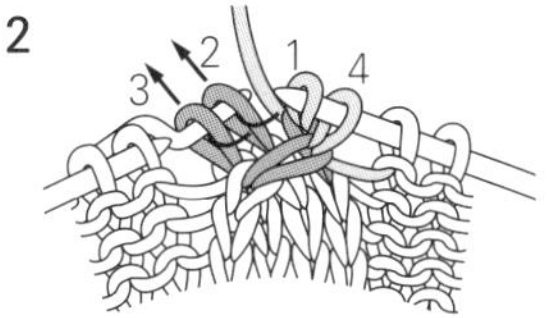

꽈배기바늘의 코(1,2,3)을 겉뜨기한다.

3 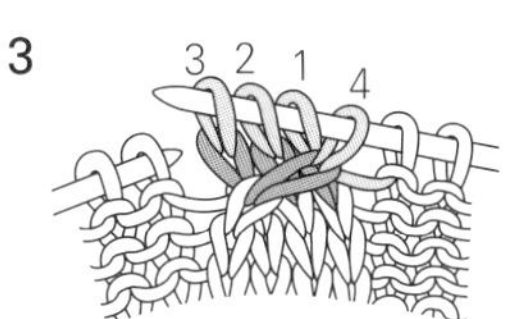

완성.

오른코 위 1코 교차뜨기 (아래코가 안뜨기)

1 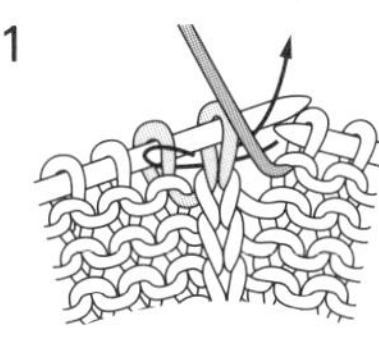

실을 앞쪽에 놓고 다음 코 뒤에서 그 다음 코에 오른쪽 바늘을 넣고 뒤쪽으로 통과시켜 당긴다.

2 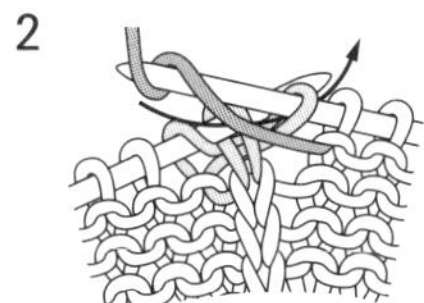

바늘에 실을 걸어 안뜨기한다.

3 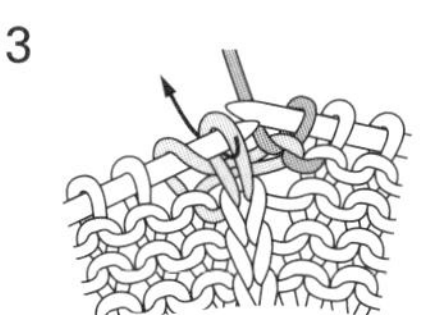

오른 바늘을 왼쪽 바늘의 첫번째 코에 넣어 겉뜨기한다.

4 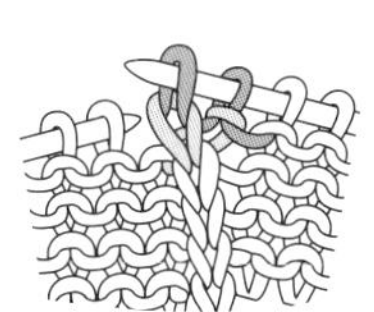

완성.

왼코 위 1코 교차뜨기 (아래코가 안뜨기)

1 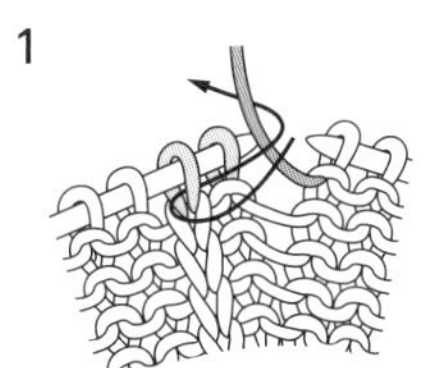

다음 코의 그 다음 코에 오른 바늘을 앞에서 넣어 겉뜨기한다.

2 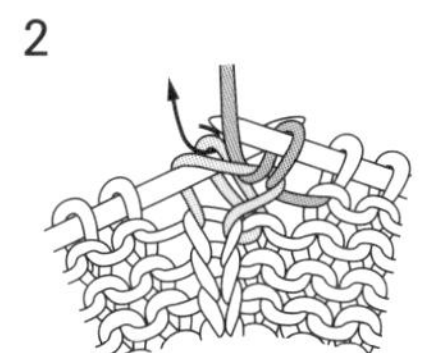

뜬 코에서 오른쪽 바늘을 빼지 않고 왼쪽 바늘의 첫 코의 뒤쪽에서 바늘을 넣는다.

3 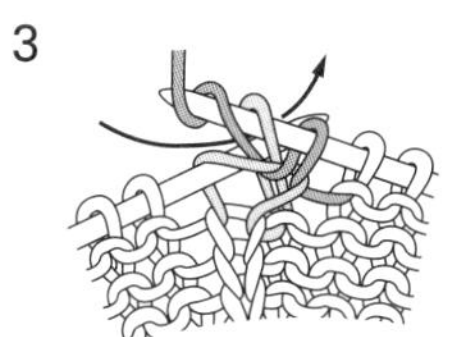

오른쪽 바늘에 실을 걸어 화살표 방향으로 안뜨기한다.

4 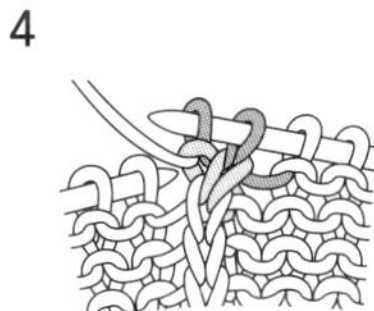

완성.

오른코 위 1코 교차뜨기 (가운데 1코)

1 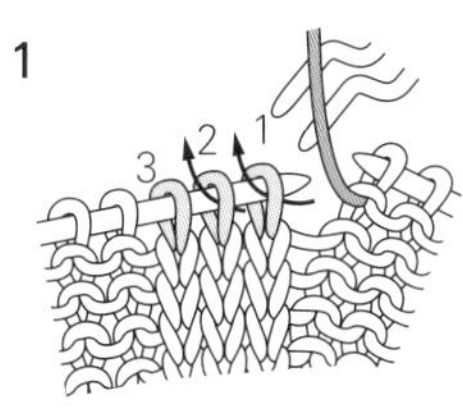

코 1,2를 꽈배기바늘 2개에 옮긴다.

2 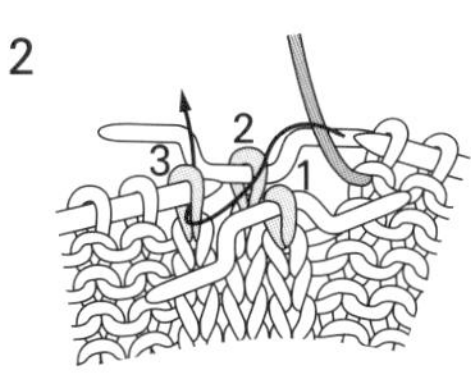

코 1은 앞쪽, 코 2는 뒤쪽에 두고 코 3에 오른쪽 바늘을 넣어 겉뜨기한다.

3 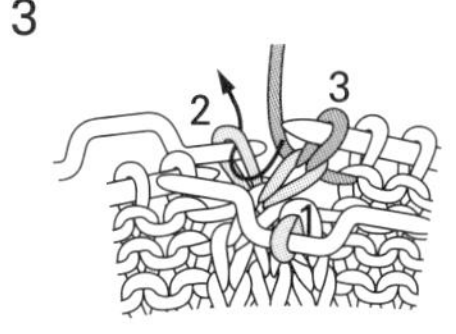

2를 겉뜨기한다.

4 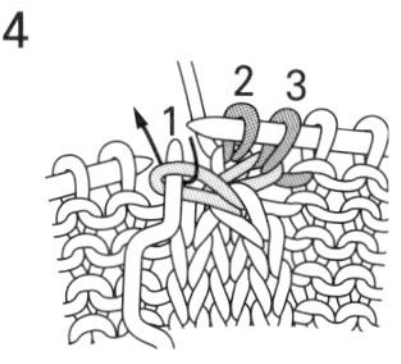

1도 겉뜨기한다.

5 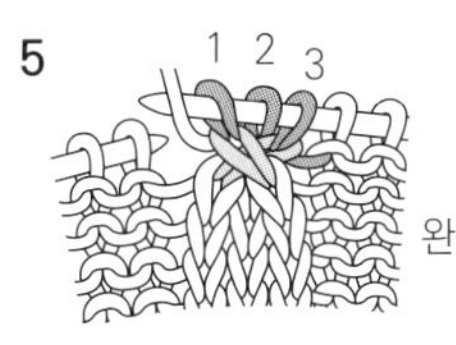

완성.

왼코 위 1코 교차뜨기 (가운데 안뜨기 1코) ⊠

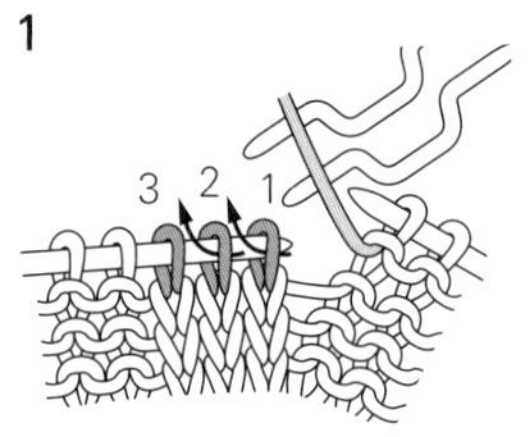

코 1, 2를 각각 꽈배기바늘로
옮기고 뒤쪽으로 넘겨둔다.

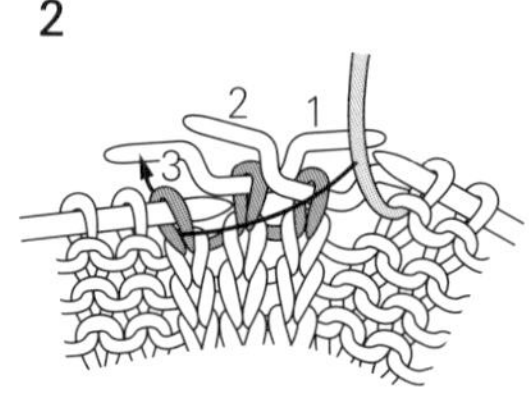

코 3을 겉뜨기로 뜬다.

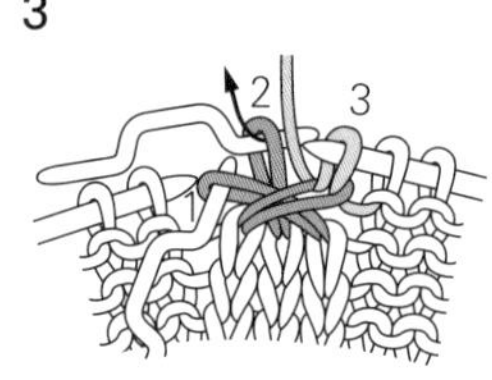

코 2를 코 1의 뒤에서 안
뜨기로 뜬다.

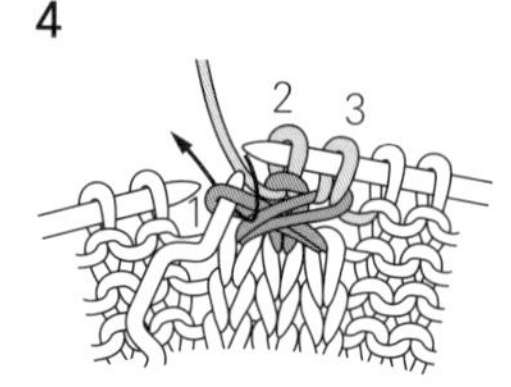

코 1을 겉뜨기로 뜬다.

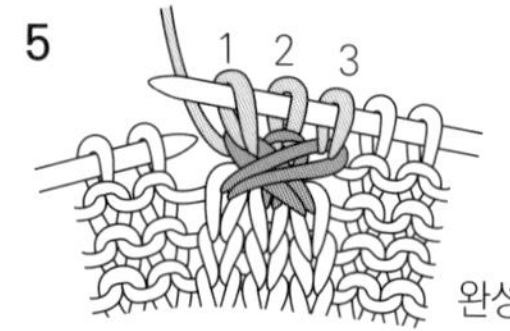

완성

오른코 위 1코 교차뜨기 (가운데 안뜨기 1코) ⊠

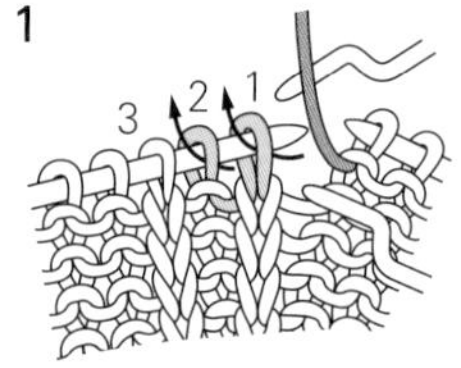

코 1, 2를 각각 꽈배기바늘로
옮긴다.

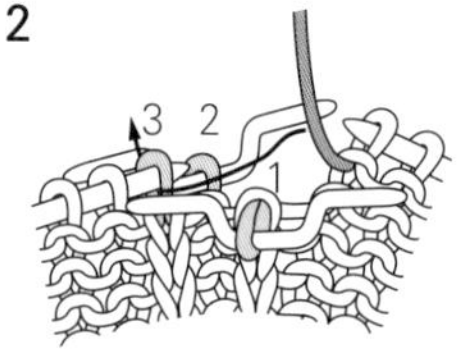

1은 앞쪽, 2는 뒤쪽으로 두고
3에 오른쪽 바늘을 넣어 겉뜨
기한다.

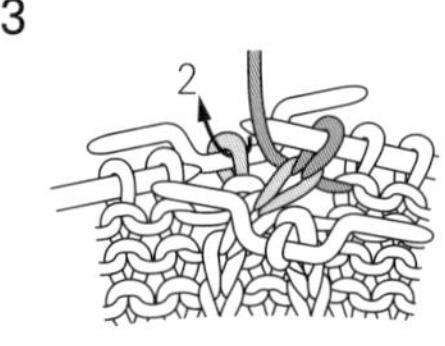

꽈배기바늘에 끼워둔 코 2에
뒤에서부터 바늘을 넣는다.

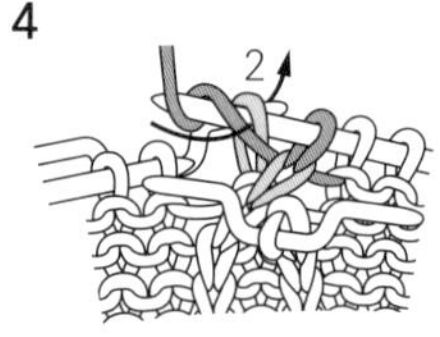

안뜨기한다.

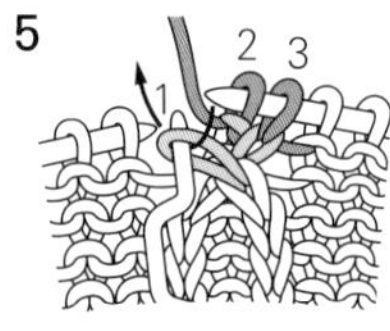

꽈배기바늘에 끼운 코1에
오른쪽 바늘을 넣어 겉뜨기
한다.

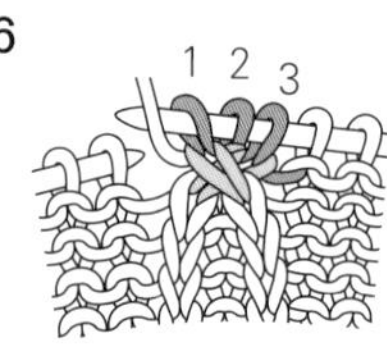

완성

※ 교차뜨기(가운데 겉뜨기 안뜨기)나 교차뜨기(아래
코가 안뜨기)는 교차하는 코나 가운데, 아래의 콧수
가 늘어도 같은 요령으로 뜹니다.

오른코 위 2 코 교차뜨기 (가운데 안뜨기 1코) ⊠

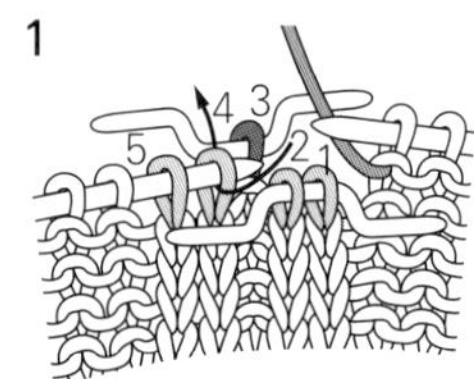

코 1, 2는 앞쪽, 3은 뒤쪽에 놓
아둔다. 코 4, 5를 겉뜨기한다.

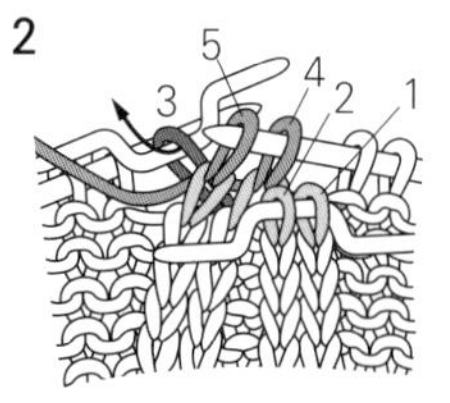

오른쪽 바늘을 코 3에 화살표
방향으로 넣어 안뜨기한다.

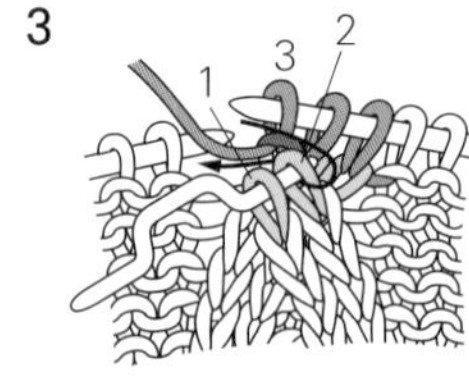

코 1, 2를 겉뜨기한다.

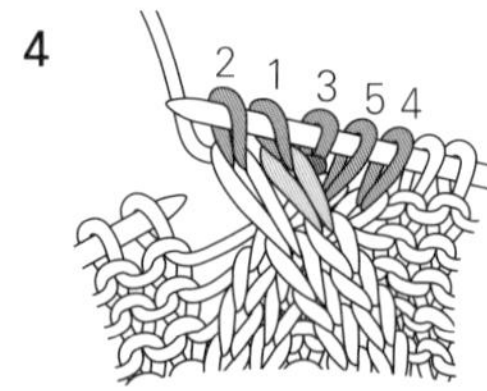

완성

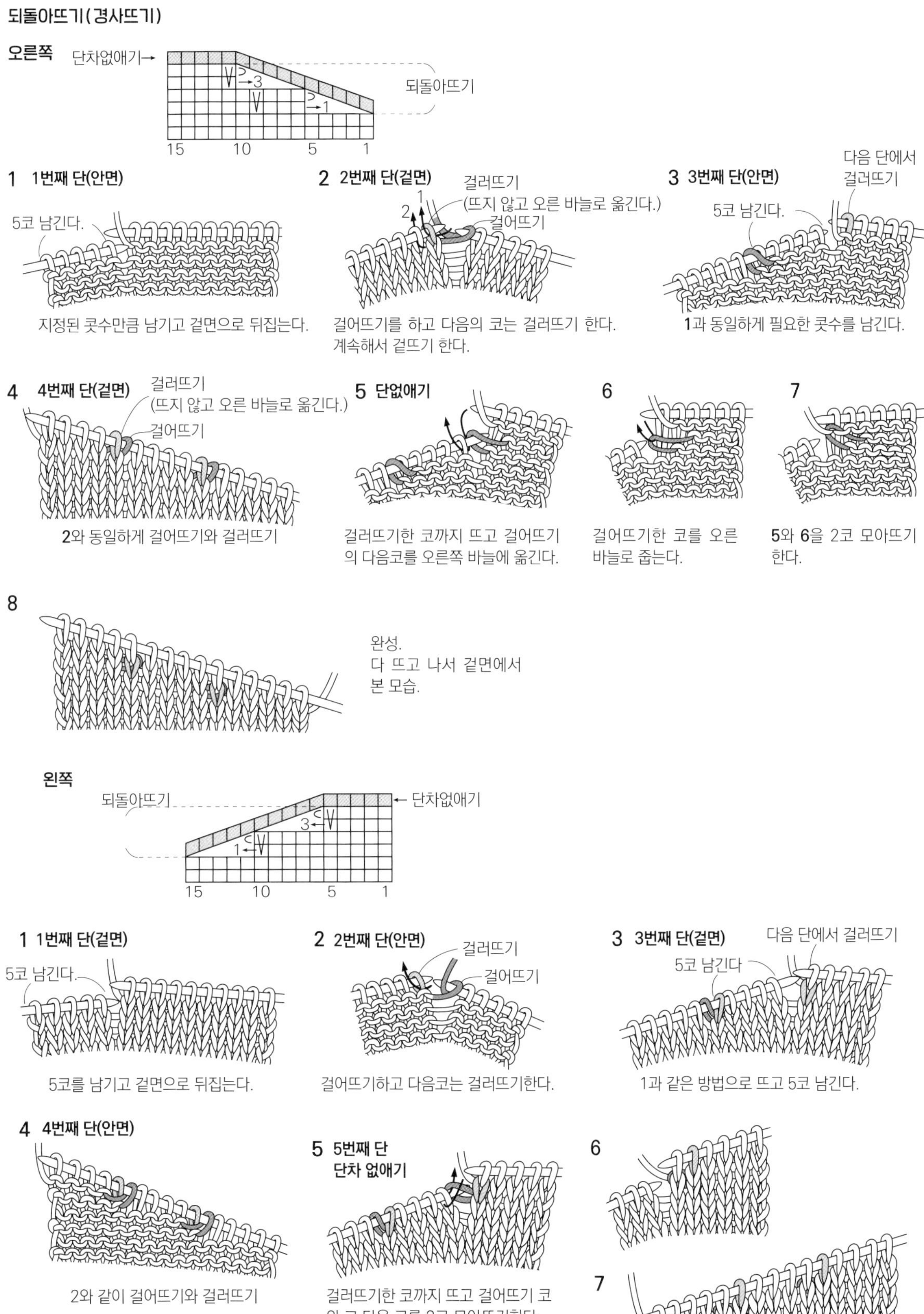

되돌아뜨기(경사뜨기)

오른쪽
단차없애기→
되돌아뜨기
15 10 5 1

1 1번째 단(안면)
5코 남긴다.
지정된 콧수만큼 남기고 겉면으로 뒤집는다.

2 2번째 단(겉면)
걸러뜨기
(뜨지 않고 오른 바늘로 옮긴다.)
걸어뜨기
걸어뜨기를 하고 다음의 코는 걸러뜨기 한다.
계속해서 겉뜨기 한다.

3 3번째 단(안면)
다음 단에서 걸러뜨기
5코 남긴다.
1과 동일하게 필요한 콧수를 남긴다.

4 4번째 단(겉면)
걸러뜨기
(뜨지 않고 오른 바늘로 옮긴다.)
걸어뜨기
2와 동일하게 걸어뜨기와 걸러뜨기

5 단없애기
걸러뜨기한 코까지 뜨고 걸어뜨기
의 다음코를 오른쪽 바늘에 옮긴다.

6
걸어뜨기한 코를 오른
바늘로 줍는다.

7
5와 6을 2코 모아뜨기
한다.

8
완성.
다 뜨고 나서 겉면에서
본 모습.

왼쪽
되돌아뜨기
단차없애기
3
1
15 10 5 1

1 1번째 단(겉면)
5코 남긴다.
5코를 남기고 겉면으로 뒤집는다.

2 2번째 단(안면)
걸러뜨기
걸어뜨기
걸어뜨기하고 다음코는 걸러뜨기한다.

3 3번째 단(겉면)
다음 단에서 걸러뜨기
5코 남긴다
1과 같은 방법으로 뜨고 5코 남긴다.

4 4번째 단(안면)
2와 같이 걸어뜨기와 걸러뜨기

5 5번째 단
단차 없애기
걸러뜨기한 코까지 뜨고 걸어뜨기 코
와 그 다음 코를 2코 모아뜨기한다.

6

7
완성.
다 뜨고 나서 겉면에서 본 모습.

메리야스잇기 (한 쪽이 시작코)

1

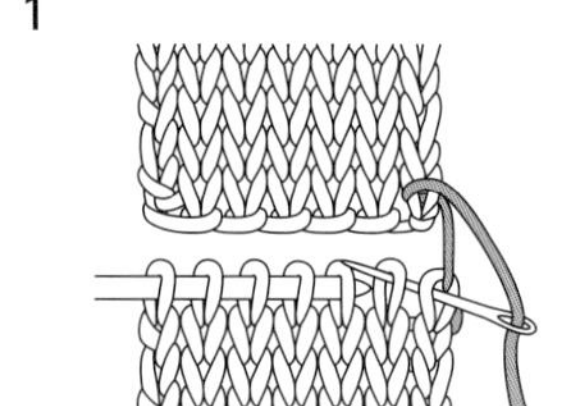

아래의 뜨개바탕의 끝코에서 실을 빼네어 위의 뜨개바탕 끝 2코에 바늘을 넣고 아래의 뜨개바탕의 끝코와 2번째 코에 바늘을 넣는다.

2

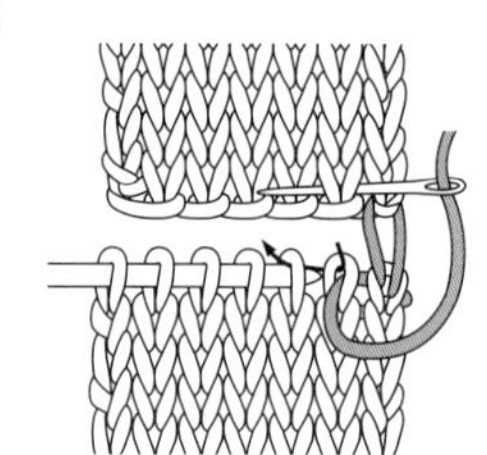

위 뜨개바탕과 아래 뜨개바탕에 교대로 2코씩 바늘을 넣어 간다.

3

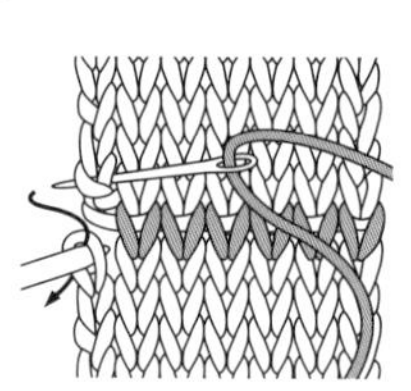

마지막에는 아래쪽의 반코에 바늘을 넣는다.

공그르기

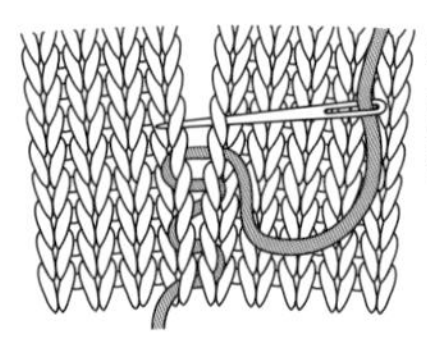

꿰매는 실은 바로바로 당겨서 평평하게 정리한다.

빼뜨기로 꿰매기

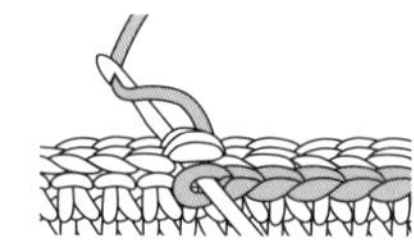

뜨개 바탕을 겉면끼리 마주대고 끝 코와 2번째 코 사이에 코바늘을 넣어 실을 빼내가면서 꿰맨다.
코바늘은 뜨개 바탕에 수직으로 넣는다.

● 코바늘 뜨기

원형코잡기

1

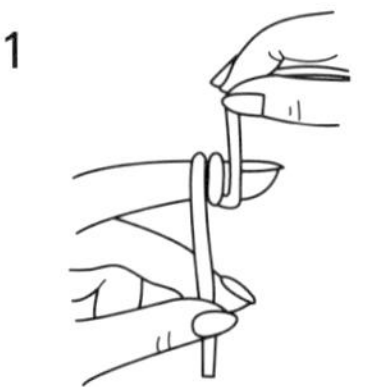

왼손의 검지에 실을 가볍게 2바퀴 돌려 감는다.

2

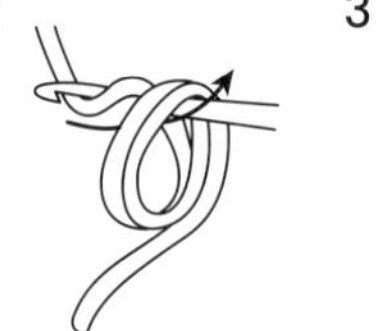

손가락에서 고리를 벗겨내어 2겹의 실을 주워가며 필요한 콧수 만큼 뜬다.

사슬뜨기 ○

1

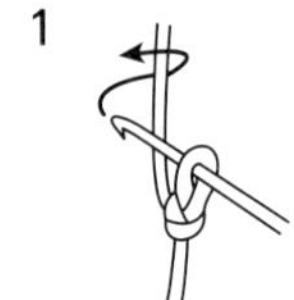

화살표 방향으로 바늘에 실을 건다.

2

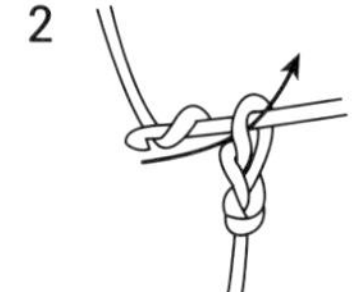

바늘에 걸린 코의 가운데로부터 실을 빼내어 첫 코를 뜬다. 바늘에 실을 건다.

3

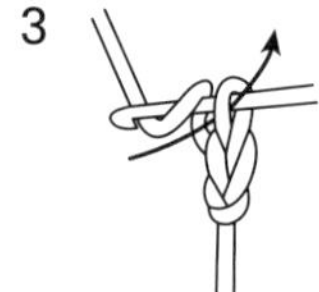

실을 걸어 바늘에 걸린 코의 가운데에서 실을 빼내어 두 번째 코를 뜬다.

짧은뜨기 ╳

1

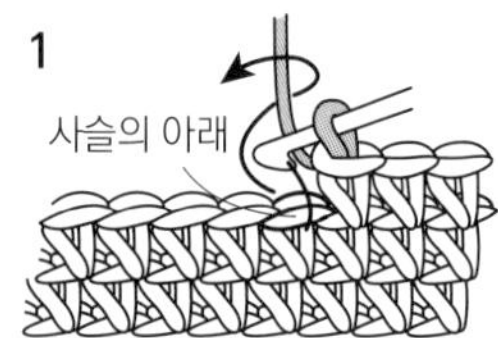

아래 단에 바늘을 넣어 바늘에 실을 건다.

2

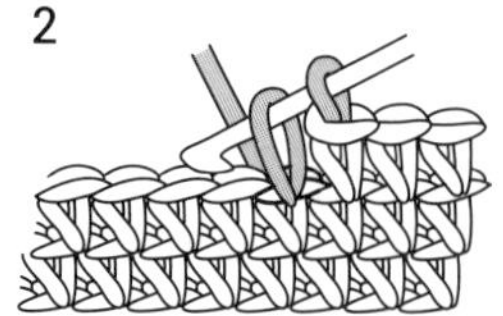

건 실을 앞쪽으로 끌어 뺀다.

3

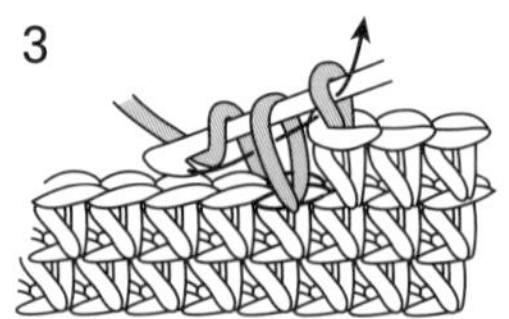

바늘에 실을 걸어 한 번에 빼낸다.

4

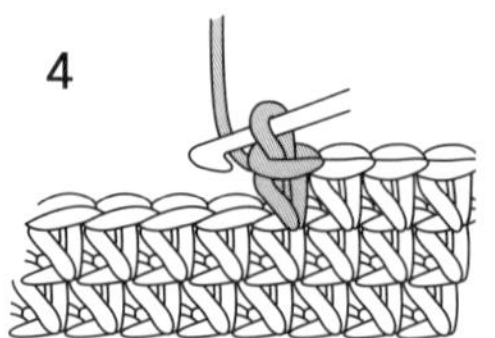

1코 뜬 모습

빼뜨기 ●

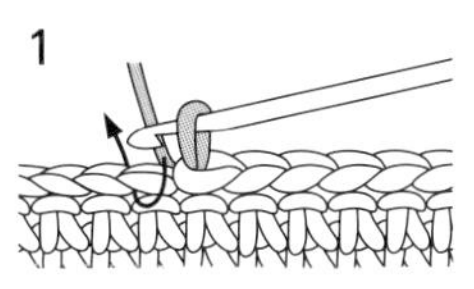

1 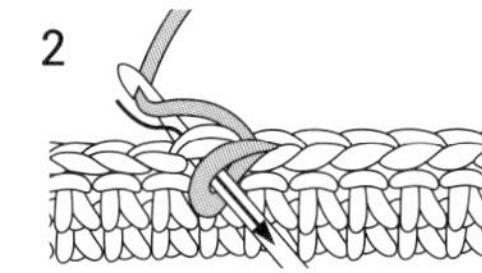 **2** 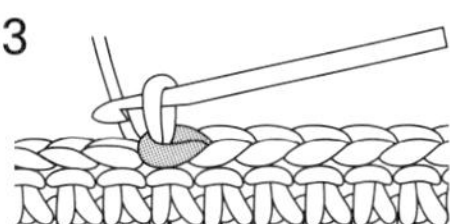 **3**

전 단에 바늘을 넣는다.

바늘에 실을 걸어 빼낸다.

긴뜨기 ⌐

1 **2**

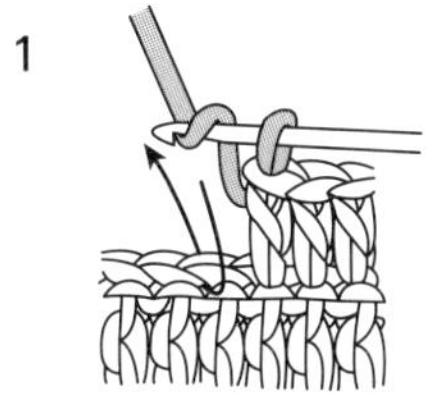 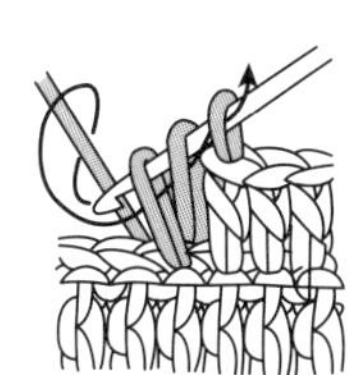

실을 걸어서 전 단 뜨개코의
사슬을 통과시켜 빼낸다.

바늘에 실을 걸어
한번에 빼낸다.

더블체인 스티치

1  **2**  **3**

필요한 길이만큼 사슬뜨기 한다.
빼뜨기를 뜨면 조금 줄어들므로
10% 정도 길게 만든다.

필요한 길이만큼 사슬을 뜨면 사슬의 뒷산
을 주워서 빼뜨기를 한다.

●수놓기

레이지데이지 스티치

1  **2**

아우트라인스티치

1 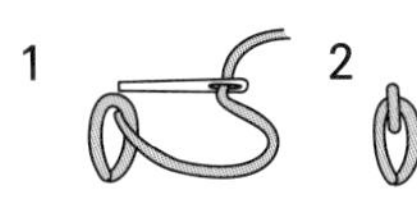 **2**

아우트라인스티치

1 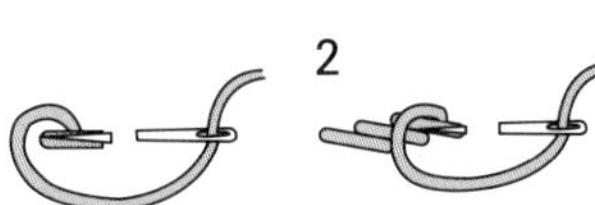 **2** 

크로스 스티치

1 **2**

3 빼낸다 2 넣는다
1 빼낸다
4 넣는다

스트레이트 스티치

1 **2**
2 넣는다
1
빼낸다

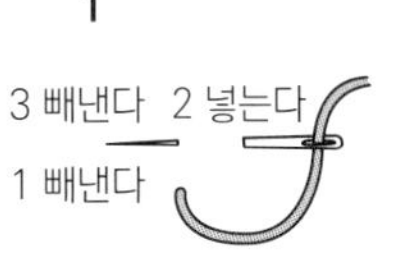

프렌치 노트 스티치

1 **2** **3**
실을 감는다

1 빼낸다 2 넣는다

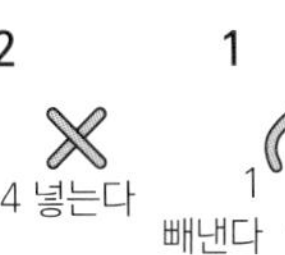 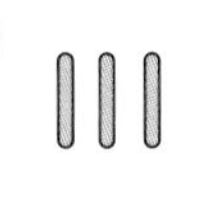

플라이 스티치

1
2 넣는다
1 빼낸다
3 빼낸다

2 **3**
4 넣는다

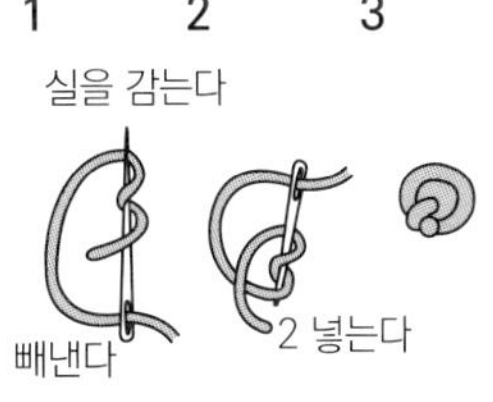 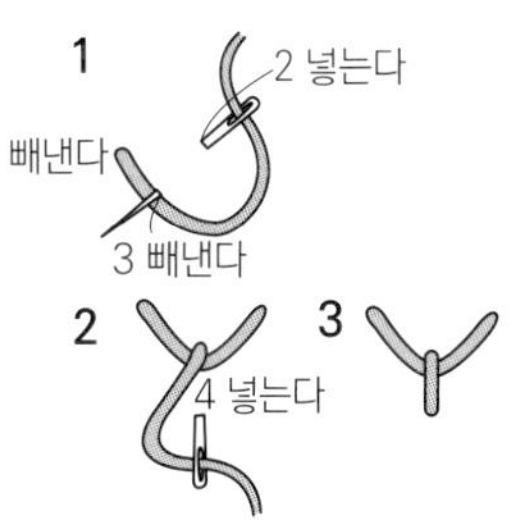

이부키 히로코 伊吹 広子 Hiroko Ibuki

수예가이자 니트 디자이너. 14세부터 런던에 체재하여 해외의 수예 문화에도 친숙하다. 귀국 후 손뜨개 지도원이 되어 수예 잡지, 〈NHK 수예 텍스트〉 등의 저자로 활약중이다. 섬세한 테크닉과 독창적인 색 조합으로 정평이 나 있으며 93년부터 도쿄, 교토, 상하이에서 개인전을 개최하고 있다. 아틀리에나 뜨개실 전문점, 문화센터 등에서 워크숍을 개최하고 손뜨개 도서(4권), 러그 만들기 도서(1권), 손뜨개인형 도서(1권)를 집필했다.

http://http://love-live-laugh.cocolog-nifty.com/
Instargram @hirokoibuki

옮긴이 제리
《실과 뜨개 — 뜨고 싶은 실, 소재감을 즐기는 니트》《뜨개 옷장》《(에코안다리아로 떠서 즐기는) 코바늘 키즈 모자 & 가방 세트》《어른스러운 손뜨개 가방과 모자》《뜨개 노트》《플라워 니팅》을 옮겼다.

해피 니팅
대바늘로 뜨는 귀여운 동물과 생활 속 무늬 100가지

초판 1쇄 발행 2026년 4월 10일

지은이 이부키 히로코
옮긴이 제리

펴낸이 고은애
펴낸곳 북스앤디지털
출판신고 제 25100-2018-000023호
전화 02-6448-6322
e-mail book@booksndigital.co.kr
Instargram @acompleteday_pub

한국어판 출판권 ⓒ 북스앤디지털 2026
오롯한날은 북스앤디지털의 출판 브랜드입니다.

ISBN 979-11-986459-5-1 (13590)
책값은 뒤표지에 있습니다.

ハッピーニッティング 棒針で編む 動物と暮らしのかわいいモチーフ100
著者：伊吹 広子

© 2025 Hiroko Ibuki
© 2025 Graphic-sha Publishing Co., Ltd.
This book was first designed and published in Japan in 2025 by Graphic-sha Publishing Co., Ltd.
This Korean edition was published in 2026 by Booksndigital through AMO AGENCY,Korea.

Original edition creative staff
Photos : Yuko Fukui
Book design : Motoko Kitsukawa
Model : Roman Yoshizawa, Mina Shida
Patterns : Mari Saito (ATELIER MARIRI.)
Editor : Ayako Enaka (Graphic-sha Publishing Co., Ltd.)

Special thanks
DAIDOH FORWARD LTD. / Puppy
DMC [Dollfus Mieg & Cie, S.A.]
YOKOTA CO.,LTD (DARUMA)
MARCHEN ART CO., LTD.
KUNIKO'S FACTORY(Kuniko's Factory Nui Co. Ltd.)

Production cooperation: Chiharu Okahara, Setsuko Orii